PUBLICATIONS
DU CONSTITUTIONNEL

HISTOIRE DE LA TURQUIE

PAR

A. DE LAMARTINE

HUIT VOLUMES

DONNÉS
GRATUITEMENT AUX ABONNÉS DU CONSTITUTIONNEL

VOLUME VI

PARIS
AUX BUREAUX DU CONSTITUTIONNEL
RUE DE VALOIS, 10, PALAIS-ROYAL

1855

HISTOIRE
DE
LA TURQUIE

TOME VI

Paris. — Typographie Morris et Cie, rue Amelot, 64.

HISTOIRE

DE

LA TURQUIE

PAR

A. DE LAMARTINE

TOME SIXIÈME

PARIS
LIBRAIRIE DU CONSTITUTIONNEL
10, RUE DE VALOIS, 10

1855

L'auteur et les éditeurs de cet ouvrage se réservent le droit de le traduire
ou de le faire traduire en toutes les langues.

LIVRE VINGT-CINQUIÈME.

I

Le règne d'un enfant ne devait être pendant longtemps encore que celui de sa mère. La sultane Kœsem, mère d'Amurat IV, femme accoutumée à gouverner sous Ahmed Ier, jeune et belle encore, liée de cœur ou d'intérêt avec les hommes éminents de l'empire, pénétrante d'intelligence, prudente d'esprit, ambitieuse sinon par nature, au moins par situation, avait su, du fond du vieux sérail, sauver les jours de son fils et préparer son avénement. La sultane Validé, mère de Mustafa Ier, intimidée par l'ascendant de la sultane Kœsem sur le divan et sur le peuple, avait reculé devant le meurtre souvent proposé de sa rivale et d'Amurat. Le meurtre d'Othman II avait soulevé trop d'impopularité et trop d'horreur contre elle pour y ajouter le meurtre des autres fils d'Ahmed. Les Ottomans ne lui auraient pas pardonné de trancher en faveur d'un prince précaire et imbécile les racines vivantes de la dynastie impériale ; c'est à ces scrupules qu'Amurat avait dû la vie, et qu'il devait maintenant le trône. La main de sa mère qui l'y avait porté était seule capable de l'y soutenir.

Amurat IV n'était qu'un enfant ; mais c'était de plus un enfant maladif. Son intelligence précoce, mûrie dans le recueillement du vieux sérail par une mère attentive, était non obscurcie, mais éclipsée par une infirmité natale, triste héritage de son père. Quelques accès d'épilepsie lui présageaient une vie courte et un règne convulsif comme les spasmes de son âme. Son visage ovale, pâle, mélancolique, mais d'une expression pensive et pénétrante, rappelait les traits de la sultane Kœsem, surnommée Mahpetker, ou splendeur de lune ; ses cheveux et ses sourcils étaient noirs comme ceux de cette esclave persane ; ses yeux, grands, bien fendus et d'un bleu sombre, étaient doux à regarder dans le repos ; mais la moindre émotion des passions remuées au fond de son âme imprimait à ses regards, dit la relation vénitienne, un caractère d'égarement et de menace qui devançait l'âge de la tyrannie. Sa mère, que tous les annalistes du temps représentent comme une grande âme et un grand caractère, l'avait habitué dès le berceau à dominer et à vouloir avec le caprice absolu et prompt d'une femme. Élevé pendant douze ans entre le trône et le cordon, sous la terreur du sort perpétuellement indécis sur sa tête, incertain s'il allait être victime ou bourreau, il était devenu ombrageux comme l'une, féroce comme l'autre. Cette éducation sous le couteau semblait admirablement combinée pour former un prince sanguinaire. Elle avait produit son fruit ; cette Agrippine avait son Néron.

II

La cérémonie de sa circoncision suivit immédiatement celle de son investiture religieuse du sabre d'Othman dans la mosquée d'Aïoub. Sa mère lui dicta les noms des vizirs auxquels il devait remettre son autorité jusqu'à ce qu'il pût l'exercer convenablement lui-même. Keman-Kesch Ali-Pacha, l'auteur de la révolution qui venait de la porter du fond du vieux sérail à côté du trône de son fils, fut maintenu par elle dans les fonctions de grand vizir; aucun homme n'était plus intéressé qu'Ali-Pacha à soutenir ce qu'il avait créé.

Ali, qui avait été si courageusement secondé dans ce mouvement populaire par le muphti Yahya, se hâta d'être ingrat, de peur d'être asservi à l'autorité morale de son complice; il déposa le muphti et l'éloigna de la capitale. Il nomma à sa place l'ancien muphti Ezaad, petit-fils de Séadeddin, homme estimé pour ses vertus, mais dont l'élévation ne devait servir qu'à colorer l'injustice commise envers Yahya, et à préparer cette dignité à Bostanzadé, beau-père d'Ali. Il fit arrêter et conduire aux Sept-Tours l'ancien grand vizir Gourdji-Mohammed et le capitan-pacha Khalil, sous l'accusation imaginaire d'un complot d'État contre le jeune sultan. Leur seul crime était d'offusquer son ambition dans le divan. Le kiaya des janissaires Béiram, qui avait harangué les soldats dans la caserne contre Meri-Housseïn, et préparé ainsi la coalition des janissaires et des spahis en faveur du détrônement de Mustapha Ier, fut nommé aga de cette milice, et reçut pour épouse une sœur du sultan. Le capitan-pacha Redjeb en épousa une autre. Hafiz-Pacha, gouverneur de Diarbékir et homme de grande espérance, avait déjà épousé l'aînée de ces trois sœurs.

III

L'avénement d'Amurat IV coïncidait tristement non-seulement avec la révolte d'Abaza en Anatolie, mais avec la chute de Bagdad entre les mains des Persans.

Schah-Abbas, aussi digne du nom de Grand chez les Persans que Soliman II chez les Turcs, avait continué à négocier, à régner et à combattre depuis son enfance, jusqu'à ce que toutes les provinces de la Perse antique, démembrées sous ses prédécesseurs, fussent rentrées soumises, reconquises et pacifiées dans le vaste cadre de son empire. Plus sage que Gengis et que Timour, au lieu de consumer les forces de son peuple en invasions précaires et aventureuses dans les Indes ou dans la Turquie, Schah-Abbas s'était borné à consolider le noyau primitif de la Perse, jugeant avec la sagacité d'un homme d'État que la postérité ne décerne pas la gloire durable aux aventuriers mais aux fondateurs, et qu'elle ne mesure pas la renommée d'un grand homme à l'espace qu'il a parcouru, mais à l'empire qu'il a laissé après lui.

Ses dernières guerres contre les Turcs, contre les Ouzbeks n'avaient été que des guerres défensives pour ressaisir Tauris et Bagdad conquis par les Ottomans sur ses territoires. Après chaque campagne et chaque victoire, il avait écouté ou adressé lui-même des propositions de trêve ou de paix. Ses ambassadeurs venaient tout récemment encore d'apporter à Mustapha Ier des présents dignes de la somptuosité de l'Orient. Mais ces ambassadeurs eux-mêmes avaient pu mesurer à l'imbécillité du sultan, à l'anarchie du sérail, à la révolte impunie d'Abaza, la décadence de l'empire et la facilité d'en détacher un débris de plus. Toutefois Schah-Abbas était patient comme les hommes qui sentent le courant des choses humaines rouler dans le sens de leur fortune. Il ne déclarait pas les hostilités à un peuple dont les calamités combattaient pour lui-même mieux que lui. Il savait attendre, ce secret divinatoire des esprits qui laissent mûrir les événements.

Sa dernière victoire contre les Turcs pour récupérer Tauris avait failli lui coûter la vie. A la chute du jour, pendant que ses soldats vainqueurs ramenaient des masses de prisonniers turcs et kurdes dans son camp, il s'était assis pour boire le sorbet sur un tertre du champ de bataille auprès duquel passaient les captifs. Il aperçut dans le nombre un guerrier d'une stature colossale conduit par un jeune soldat persan à peine sorti de l'enfance. Il fit approcher le prisonnier, et l'interrogea sur sa nation et sa famille. « Je suis, répondit le géant enchaîné, de » la race des Kurdes et de la tribu des Moukris. »

A cette réponse, Schah-Abbas se rappelant qu'il avait parmi ses propres généraux un Kurde, transfuge de sa nation et ennemi implacable de cette tribu, ordonna de remettre le prisonnier de guerre entre les mains de son compatriote, nommé Roustem-Beg, pour qu'il en fît son esclave ou son hôte selon sa volonté. Mais Roustem-Beg, qui se trouvait en ce moment assis parmi les convives du roi, refusa avec noblesse le présent qu'on voulait lui faire : « Mon honneur, il est vrai, » dit-il à Schah-Abbas, « demanderait que je tirasse vengeance de cet en- « nemi de ma maison, mais j'ai juré de ne jamais « abuser de la faiblesse d'un ennemi désarmé, cap- « tif et malheureux, pour satisfaire ma vengeance « de famille. »

Schah-Abbas, ivre en ce moment du vin qu'il venait de boire et du reste de colère qui l'animait contre les Kurdes, oublia sa magnanimité ordinaire, et fit signe de trancher la tête au prisonnier. Au geste, le Kurde aux muscles de fer, brise d'un effort les cordes qui le garrottaient, saisit un poignard à la ceinture d'un des chefs persans, et se précipite sur le roi, pour mourir du moins en immolant l'ennemi de sa race. Dans la confusion de cette lutte, les flambeaux qui éclairaient la table tombent et s'éteignent; les guerriers d'Abbas se lèvent pour le secourir; mais les mains cherchent au hasard les mains dans les ténèbres; le fer croise le fer; tous les poignards sont levés, et nul n'ose frapper de peur d'atteindre le cœur d'un ami en voulant immoler un ennemi; à la fin on entendit Abbas s'écrier en se débattant dans la poussière : « Je tiens « sa main, je lui ai arraché le poignard ; frappez « sans crainte de m'atteindre. »

A ces mots, les serviteurs et les convives avaient percé de cent coups de poignard le colosse kurde, enlacé à terre au corps du roi. Les torches rallumées éclairent le vin et le sang confondus sur le tapis de la tente. Abbas, sans rien perdre de son sang-froid, s'était assis de nouveau devant sa tente, et avait continué toute la nuit à boire et à compter les têtes que ses soldats jetaient à ses pieds.

Peu de temps après, il avait repris l'île et le port opulent d'Ormus sur les Portugais. Un ambassadeur anglais, Dodmore-Cotton, au nom de la compagnie des Indes, était venu avec une suite de gentilshommes de sa nation le féliciter de cette conquête, et conclure avec la Perse un traité de commerce. Ces envoyés racontent, dans leur rapport à la compagnie des Indes, leur réception somptueuse à l'audience d'Abbas le Grand.

« Sir Dodmore-Cotton et les gentilshommes qui
« l'accompagnaient, restèrent quelques moments
« avant d'être présentés dans une antichambre; et
« au lieu de café que l'on présente ordinairement
« dans de semblables occasions, ils trouvèrent là un
« repas somptueux, servi en plats d'or, avec grande
« abondance de vins qui coulaient de flacons d'or
« massif dans des gobelets de même métal. De cette
« pièce ils furent conduits au travers de deux autres
« appartements qu'on nous peint comme splendi-
« dement décorés, remplis de vases d'or et enrichis
« de pierreries qui contenaient de l'eau de rose, des
« fleurs et du vin, après avoir traversé ces deux ap-
« partements, ils arrivèrent dans la grande salle de
« parade; les grands officiers de la couronne étaient
« rangés tout autour, le long de la muraille, comme
« autant de statues; aucun d'eux ne faisait le moin-
« dre mouvement, tout était dans un profond silence.
« De beaux enfants, avec des turbans brillants et
« des habits brodés, portaient des coupes pleines de
« vin et les présentaient à ceux qui en voulaient.

« Abbas était vêtu très-simplement en drap rouge ;
« il n'avait sur lui aucun ornement ; la poignée de
« son sabre seulement était dorée : les principaux
« seigneurs, qui étaient assis à côté de lui, étaient
« mis avec aussi peu de recherche, et l'on voyait
« que le roi, au milieu de cet appareil de richesse
« et de grandeur, affectait la simplicité. Peut-être
« ses prétentions au caractère religieux exigeaient-
« elles qu'en public il montrât son mépris person-
« nel pour les richesses et les vanités du monde.

« L'ambassadeur expliqua par son interprète l'ob-
« jet de sa mission ; il s'agissait de former une ligue
« avec la Perse contre les Turcs ; d'obtenir satisfac-
« tion pour sir Robert Sherley, gentilhomme anglais
« au service de Schah-Abbas, qui avait été injurié
« et pillé par un seigneur persan.

« La réponse du roi, dit le récit, fut tout à fait
« gracieuse. Il exprima son mépris pour les Turcs,
« promit de forcer les fils du seigneur mort de
« rendre satisfaction à sir Robert Sherley, et offrit
« enfin de recevoir, tous les ans, du drap anglais en
« échange de mille balles de soie qu'il ferait re-
« mettre par ses officiers aux agents anglais à Gom-
« bron. Abbas, dit-on, s'amusa beaucoup de l'em-
« barras où se trouvait sir Dodmore-Cotton pour
« s'asseoir les jambes croisées suivant l'usage du

« pays; mais voulant plaire à son hôte, il demanda
« un verre et but à la santé du roi d'Angleterre; au
« nom de son souverain, l'ambassadeur se leva et
« ôta son chapeau : Abbas sourit en ôtant aussi son
« turban pour montrer qu'il prenait part à ce res-
« pect pour le roi d'Angleterre.

« La seule pensée de ce prince, au comble de la
« gloire où il était monté, était, poursuivent ces
« ambassadeurs européens, de pacifier ses États.
« Sa sévérité n'était pas son caractère, c'était sa
« politique. Il savait qu'un gouvernement despo-
« tique ne pouvait être fondé que sur une soumis-
« sion craintive et complète à l'autorité du monar-
« que. Il réussit parfaitement à atteindre ce but;
« et la longue paix dont il fit jouir la Perse doit
« être attribuée surtout à la sagesse de ses mesures.
« Il travailla plus que n'avait fait aucun autre sou-
« verain à l'amélioration et au bien-être de son
« royaume. Il prit la ville d'Ispahan pour capitale
« de ses États; et la population de cette cité fut
« presque doublée pendant son règne. La grande
« mosquée, le magnifique palais de Chehel-Sétoon,
« les belles avenues et les palais appelés Char-
« Bagh ou les *quatre Jardins*, le principal pont sur
« la rivière Zainderood, et plusieurs des plus beaux
« palais de la ville et des faubourgs, furent bâtis

« par ce prince. Mushed lui dut aussi beaucoup
« d'importants ouvrages. Il fit faire, avec des frais
« immenses, une chaussée qui traverse tout le Ma-
« zenderan, et rendit ainsi ce difficile pays prati-
« cable pour les armées et les voyageurs dans toutes
« les saisons de l'année. Il construisit des ponts
« sur toutes les rivières de la Perse ; et c'est à la
« munificence de ce prince que le voyageur doit de
« trouver dans ce pays, sur tous les points, les cara-
« vansérails les plus spacieux et les plus solides.

« Il avait quatre fils, » ajoute ce récit, « qu'il
« avait regardés avec délices tant qu'ils n'avaient
« pas atteint l'âge d'homme, et n'avaient pas montré
« encore ces grandes et nobles qualités qu'il devait
« leur souhaiter comme père ; mais quand tous les
« vœux de son cœur semblèrent satisfaits, il ne put
« souffrir que les yeux de ses sujets se tournassent
« vers un autre que lui. Il eut des soupçons sur
« l'ambition prématurée de l'aîné de ses fils, nommé
« Sophi-Mirza. »

Ce jeune prince, doué de l'héroïsme et de la magnanimité de son père, avait, croyait-on, conspiré
contre la vie d'Abbas, par ressentiment du supplice
que le roi avait fait infliger à un favori corrupteur
de son fils. Abbas, comme Constantin et Soliman,
oublia qu'il était père pour se souvenir qu'il était

juge et roi. Il confia sa douleur et sa résolution de punir son fils à un de ses généraux nommé Karatchy-Khan, vainqueur des Turcs et le plus dévoué des soutiens de son trône; il le pria de se charger lui-même de frapper son fils, comme il avait frappé ses ennemis, puisque ce fils dénaturé méditait le parricide. Le vieux khan se jeta aux pieds de son maître, et le supplia de lui ôter la vie plutôt que de la lui rendre odieuse en le forçant de devenir l'assassin d'un prince si généreux.

Abbas ne le pressa pas davantage; mais il trouva bientôt dans Beh-Bood-Khan un instrument plus disposé à le servir. Ce seigneur, comme pour venger une injure particulière, frappa le prince au moment où il montait à cheval dans la cour même du palais, et se sauva dans l'écurie du roi. Le monarque, sous prétexte du respect qu'il devait à un ancien usage qui rend cet asile sacré, empêcha l'exécution du coupable. S'il l'avait permis, disait-il, c'eût été préjuger sa cause et jeter quelques soupçons dans une affaire qui avait besoin d'être éclaircie : il fallait arrêter toute poursuite jusqu'à ce que le fils de Sophi-Mirza, qui était encore enfant, fût en âge de demander vengeance du sang de son père. Mais ce voile même fut bientôt écarté : Beh-Bood-Khan quitta son asile, et fut élevé à des emplois distingués. Cependant on apprend avec quelque satisfaction que ce misérable trouva à la fin une digne récompense de son infamie.

Abbas, aussitôt que le crime eut été commis, fut en proie à des remords déchirants; il chercha des occasions de faire périr tous ceux de ses courtisans qui avaient envenimé son âme contre un fils qu'il pleura, dit-on, sincèrement. Mais il réserva pour Beh-Bood un supplice plus cruel : il ordonna à cet homme si obéissant de lui apporter la tête de son propre fils. Le vil esclave obéit. Au moment où il présenta à Abbas la tête du jeune homme, ce prince, avec le sourire amer du mépris, lui demanda ce qu'il éprouvait : « Je suis bien malheureux, » lui répondit Beh-Bood. — « Tu seras heureux, Beh-Bood, » dit Abbas, « car tu es ambitieux et ton cœur est main-
» tenant semblable à celui de ton maître. »

Bientôt après la mort de Sophi-Mirza, son cruel père, toujours soupçonneux, fit arracher les yeux à ses deux autres fils. S'il faut en croire un écrivain contemporain et de notre propre nation, le sort de l'un de ces princes fut accompagné des circonstances les plus tragiques. Ce jeune homme, dont le nom était Khoda-bendeh, était aussi distingué par son courage et ses talents que son frère aîné; mais il savait éviter avec plus de prudence tout ce qui pouvait éveiller les soupçons et la jalousie de son père. Il éloignait de lui les flatteurs, et repoussait jusqu'aux louanges justement dues à ses nobles actions. Cette conduite ne faisait qu'ajouter à cette gloire qui causait son danger.

La première preuve qu'Abbas donna de ses soupçons fut de faire mettre à mort un homme qui était le tuteur et l'ami intime de son fils. Sachant que le seul crime de cet officier était le respect trop grand qu'il portait à son maître, le jeune prince se présenta à la cour ; là, donnant un libre essor à sa juste indignation contre ce qu'avait fait Abbas, il oublia toute prudence et ne songea plus à sa propre sûreté. On dit qu'il était irrité jusqu'à la déraison, et qu'il osa, en présence même de son père et de son roi, tirer son épée. L'ordre fatal de sa mort fut donné sur-le-champ ; mais Abbas consentit à ne lui ôter que la vue.

Privé de la lumière du jour, le prince tomba dans un sombre désespoir : rien ne pouvait plus lui plaire, et toute sa vie se passait à faire de vains projets et d'inutiles plans de vengeance contre l'auteur de sa vie et de ses malheurs. Il avait deux enfants ; le plus âgé était une aimable jeune fille nommée Fatime, qui était l'idole de son grand-père, et qui avait pris sur lui une influence extraordinaire. Abbas paraissait malheureux quand la petite Fatime n'était pas auprès de lui; sa voix pouvait seule adoucir ces accès violents où le jetaient des passions terribles et auxquels il devenait chaque jour plus sujet. Le prince écoutait avec une joie féroce ce qu'on lui disait de la faveur de sa fille et du besoin que le roi avait d'elle pour être heureux.

Un jour qu'elle venait jouer dans ses bras, il la saisit avec la furie d'un insensé et au moment même l'égorgea. La mère, stupéfaite, poussait des cris et lui disait que c'était sa fille chérie qu'il venait de tuer : au lieu de l'écouter, il s'avance pour saisir son fils encore enfant, et assouvir également sur lui sa fureur. La princesse éplorée parvient à lui arracher l'enfant et envoie prévenir Abbas. La rage et le désespoir du monarque en voyant cette horreur donnèrent à son fils un moment de joie; le misérable se rassasia avec avidité de cette épouvantable vengeance, et finit cette scène terrible en avalant une dose de poison qui termina dans un instant sa malheureuse vie.

Ce prince expiait, comme tous les despotes de l'Orient, la grandeur de sa puissance extérieure par les angoisses de sa vie domestique. Le système dynastique de l'Orient faisait, des fils et des frères, des ennemis présumés de leur propre sang. Ce système forçait les rois ou les sultans à outrager la nature, et la nature se vengeait en torturant le cœur des sultans et des rois.

IV

Tel était l'état de la Perse, et tel était l'apogée de grandeur et de misère de Schah-Abbas au moment où un enfant épileptique montait à Constantinople sur le trône d'un oncle idiot. De toutes les revendications que la Perse avait à désirer sur les Turcs, Bagdad était la seule qui n'eût pas encore comblé la gloire et l'ambition d'Abbas.

Mais Bagdad, quoique nominalement soumise aux Turcs, s'agitait dans une indépendance à laquelle il ne manquait en réalité que le nom de révolte. Cette ancienne et splendide capitale de l'Arabie et des khalifes se déchirait entre les pachas rebelles du sultan et les chefs de factions arabes, qui lui imposaient tour à tour la domination de leurs grandes tribus du désert. Elle était à elle seule un empire perdu aux confins de la Mésopotamie. Les révolutions intestines de cette province et de cette capitale offraient autant de mobilité, de drames et de sang qu'Ispahan ou Constantinople.

Peu de temps avant l'avénement d'Amurat IV, le

gouvernement de Bagdad, moitié turc et moitié arabe, était partagé de fait entre le gouverneur civil et le beglerbeg ou gouverneur militaire. Le gouverneur civil était Arabe, le gouverneur militaire était Ottoman ; de là des dissensions incessantes de races et d'attributions entre ces deux pouvoirs rivaux.

Le gouverneur civil ou soubaschi, était **Békir**, chef de tribu, d'une grande autorité dans la ville et dans le désert. Il avait sous sa main douze cents cavaliers (azabs) qui contre-balançaient dans l'occasion la force militaire du beglerbeg Yousouf-Pacha. Békir n'obéissait à la Porte qu'à la condition de régner dans sa patrie.

Un jour, pendant que Békir parcourait les tentes de sa tribu dans la campagne, son fils, le jeune Mohammed, se prétendant menacé par le beglerbeg, insurgea la ville au nom de la popularité de son père et braqua les canons des remparts contre la citadelle. Le père fit massacrer à cette nouvelle cinq cents soldats turcs, qu'il avait emmenés perfidement avec lui hors de la ville, sous prétexte de l'aider à lever les tributs ; puis, il rentra avec ses Arabes dans Bagdad et continua à bloquer Yousouf dans le château. Un de ses rivaux de popularité dans la ville, Mohammed-Aga, qui avait pris le parti du beglerbeg Yousouf, voyant la citadelle près de succomber, en sortit, et vint avec ses deux fils implorer la générosité de Békir. L'Arabe impitoyable les fit jeter tous les trois sur une barque comblée de bitume et de soufre allumés, et les abandonnant au courant du Tigre, s'assit sur le rivage pour voir le supplice et pour entendre les cris de Mohammed et de ses enfants.

Yousouf avait capitulé et s'était retiré de la ville.

V

Békir y régnait sans partage, sous le faux nom des Turcs. Il interdisait à tous les pachas que la Porte y envoyait l'entrée de Bagdad. La Porte indignée nomma enfin Hafiz, pacha de Diarbékir, serdar ou général suprême d'une expédition contre Békir. Les gouverneurs des provinces de Mérasch, de Mossoul, d'Amasie, de Siwas et de toute la Mésopotamie avaient l'ordre de joindre leurs troupes à son armée. Les Kurdes le rejoignirent à Mossoul, sous le commandement du beg du Kurdistan.

Obligé de se retourner pour faire face à Abaza, pacha révolté de Mérasch, qui s'avançait sur son flanc droit, il envoya la moitié de son armée seulement avant lui, sous les murs de Bagdad. Békir en sortit, et, sans accepter de bataille, harcela de ses nuées de cavaliers arabes l'armée immobile des Turcs, enfermée entre le désert et la ville. Hafiz, accouru avec toutes ses forces, foudroya de ses boulets les Arabes de Békir, et dressa dans le désert une pyramide de deux mille têtes de rebelles, devant sa tente, après la victoire. Il franchit le Tigre et assiégea la ville du côté du château *de l'Oiseau*, principale redoute de Bagdad sur le fleuve.

Pressé par Hafiz, dont il n'espérait plus de grâce, Békir offrit par ses émissaires la ville aux Persans, s'ils voulaient le secourir contre Hafiz. Schah-Abbas, toujours vigilant sur les événements qui pouvaient rendre à la Perse la plus regrettée de ses provinces et la plus splendide de ses capitales, fit avancer trente mille hommes, sous les ordres de son meilleur général Sophi-Kouli-Khan.

A l'approche de ces troupes, Békir, changeant de rôle, proposa à Hafiz de défendre avec lui Bagdad contre les Persans, appelés par ses intrigues, à la condition d'être investis par la Porte du gouvernement héréditaire de la ville. Hafiz ne répondit à cette proposition qu'en levant son poignard sur la gorge du négociateur de Békir. Le lendemain, Békir s'était déclaré sujet de Schah-Abbas, et il envoyait insolemment, non plus en son nom, mais au nom du roi de Perse, une sommation à Hafiz d'évacuer avec son armée le territoire persan. Un des trois cents seigneurs persans entrés dans la ville de Bagdad était porteur de la sommation.

« Nous ne sommes pas sur le territoire persan, « répondit Hafiz, nous sommes ici pour châtier un « rebelle, et notre mission ne peut troubler la paix « entre les deux royaumes.

— L'oiseau qui entre dans le filet appartient au « chasseur, » répliqua l'envoyé.

— L'oiseau dont tu parles est dans notre cage, » reprit le serdar la main sur son cimeterre ; « s'il « s'envole dans vos filets, nous ne le poursuivrons « pas.

— Trêve de vaines paroles ! » s'écria fièrement le Persan ; « éloignez-vous des murs de Bagdad, ou « Kartschghaïkhan saura bien vous en chasser.

— Si la paix est violée, » reprit Hafiz-Pacha, « que sa violation retombe sur votre tête ! »

VI

Au moment où ces combats, ces négociations et ces trahisons tenaient en suspens le sort de Bagdad, le grand vizir envoyait à Békir le titre de pacha, de gouverneur héréditaire de la ville et de défenseur de *la Maison du salut,* surnom religieux de la capitale des khalifes. Cette satisfaction de l'ambition de Békir fit de cet Arabe traître aux Ottomans un plus traître encore à son nouveau maître. Il fit appeler devant lui, un à un, les trois cents Persans qu'il avait introduits dans le château *de l'Oiseau*, les massacra et fit suspendre les trois cents cadavres aux créneaux de la ville pour épouvanter l'armée persane. Il n'en conserva qu'un seul pour porter au général de Schah-Abbas la nouvelle de sa trahison. « Longue vie au roi Schah-Abbas, » disait-il ironiquement dans ce message; « il nous a délivrés par « votre présence de l'oppression des Turcs; nous « sommes libres maintenant et maîtres dans Bag- « dad; chargez-vous d'aller porter à votre souverain « les actions de grâces de Békir. »

VII

Hafiz replia son armée inutile sur Mossoul après cette honteuse transaction de la Porte.

Cependant, Schah-Abbas, indigné de la perfidie et de l'insolence du nouveau pacha Békir, parut, quatorze jours après, sous les murs de Bagdad, pour venger l'outrage fait à son honneur et à ses soldats. Békir implora le secours d'Hafiz. Ce serdar, occupé à refouler l'armée d'Abaza qui marchait sur lui vers

Mossoul, ne put envoyer qu'un détachement à Bagdad. Ce détachement, commandé par Housseïn-Pacha, ne put forcer la ligne du blocus fermée par les Persans, et Housseïn-Pacha, appelé par eux à une conférence, fut massacré en représailles du massacre des trois cents Persans victimes de Békir.

Le siége durait depuis trois mois; les mines avaient ouvert soixante brèches dans les remparts; la faim et la terreur avaient fait déserter une foule d'habitants dans le camp des Persans. Le fils même de Békir, élevé dans la perversité paternelle, n'hésitait pas à conspirer contre son père avec les assiégeants. Il se nommait Mohammed et commandait la citadelle de Bagdad. La promesse d'être nommé gouverneur de la ville par Schah-Abbas à la place de son père, lui fit ouvrir ses portes, pendant la nuit du 28 novembre 1623, aux assiégeants.

Békir apprit à son réveil, par le son des timbales persanes et par la voix des muezzins persans sur les minarets, qu'il était la victime de son fils et le prisonnier d'Abbas. « La ville est au Schah, » criaient dans tous les quartiers les crieurs publics. « Le roi
« de Perse accorde une amnistie générale à tous
« les habitants; que les marchés se rouvrent, et
« que personne n'insulte son voisin sous prétexte
« de différence de culte ou de race dans la capitale

« commune des descendants des khalifes. » Cette amnistie et cette tolérance d'Abbas changèrent à l'instant en sécurité et en abondance la terreur et la disette de cette capitale. Abbas ne voulait pas détruire des villes, mais réédifier une monarchie.

Békir, amené à midi devant le Schah, trouva son indigne fils assis à côté du vainqueur pour le juger et le punir. Ce fils dénaturé outragea son père de gestes et de paroles, et lui reprocha, au nom de la trahison qu'il venait de commettre, les trahisons que ce père avait commises contre les Turcs et contre les Persans. Les trésors paternels lui furent livrés en récompense de son parricide.

VIII

Cependant l'amnistie et la tolérance d'Abbas ne purent prévaloir longtemps contre l'animosité religieuse des Persans, sectateurs d'Ali, contre les habitants de Bagdad, devenus, sous les Ottomans, sectateurs d'Omar. Les supplices et les martyres ensanglantèrent la ville conquise. Nouri-Effendi et Omar-Effendi, prédicateurs fameux des deux principales mosquées de la ville, ayant généreusement refusé de blasphémer le nom d'Omar et le nom d'Othman, furent pendus à un palmier par une corde de chameau qui leur traversait la mâchoire, et fusillés lentement, comme un but vivant, par les fanatiques qui voulaient une part dans leur sang.

Békir, enfermé sous les yeux de son indigne fils dans une cage de fer, y fut torturé pendant six jours et six nuits. Le septième jour, on suspendit sa cage sur un brasier ardent qui rougissait les barreaux de la grille, pour le contraindre à avouer dans quels souterrains étaient enfouis ses trésors. Son fils, le verre à la main et buvant à la prospérité des bourreaux, assistait au supplice de son père. On jeta enfin Békir sur une barque enduite de bitume et de soufre pour périr du même supplice par lequel il avait martyrisé l'aga Mohammed.

La ville entière contempla sans pitié, des bords du Tigre, les tortures du traître, puni par la trahison. Abbas seul, épouvanté de l'atrocité du fils de Békir, à qui il avait promis l'héritage de son père, le relégua dans le Khorasan, où des bourreaux ne tardèrent pas à venger le ciel et la nature.

Ainsi retomba Bagdad sous les lois de la Perse. Schah-Abbas y séjourna quelques jours pour visiter les tombeaux des saints de l'islamisme. Il envoya de là son armée poursuivre Hafiz jusque sous les murs de Mossoul.

La fidélité d'un chien à son maître, suivant l'historien Petschewi, sauva la ville et l'armée. Une femme kurde, amoureuse d'un Persan, et qui avait promis de lui ouvrir une porte secrète des remparts, se leva pendant la nuit pour accomplir sa promesse; elle dressait déjà la hache sur la tête de son mari endormi, quand le chien, témoin du crime, s'élança à la gorge de la femme infidèle, la terrassa, et, réveillant par ses aboiements désespérés les gardes de la citadelle, sauva à la fois son maître, la ville et l'armée. On voit dans les fossés de Mossoul le tombeau du chien dont la tradition a conservé la mémoire.

IX

Amurat IV ne releva l'abattement des Ottomans, à la nouvelle de la chute de Bagdad, que par du sang. Le grand vizir Ali lui donnait le spectacle et le goût des exécutions. Soupçonnant le gouverneur d'Égypte Béber-Mohammed, d'être venu à Constantinople dans l'espoir de lui succéder dans le pouvoir suprême, il convoqua Béber au divan. Avant l'ouverture de la séance, il rassembla quelques bostandjis de la garde et leur dit : « Le padischah a « ordonné la mort d'un grand coupable, qui de vous « s'offre pour exécuter la sentence ? »

Un des protégés et des favoris les plus reconnaissants du gouverneur d'Égypte, nommé Kara-Mahmoud, ignorant quelle était la victime, se présenta pour obéir le premier au sultan. « C'est bien, » dit le grand vizir, « frappe donc celui que je frap-
« perai. »

Un instant après, on annonça le gouverneur d'Égypte ; le grand vizir se leva, s'avança jusque sur le perron du palais, et, accablant d'imprécations Béber, qui montait les dernières marches, le frappa d'un coup de poing dans la poitrine, et le précipita sur les degrés. A ce signal, Mahmoud reconnut trop tard que celui dont il venait de promettre la mort était son protecteur et son second père. Il laissa, en détournant la tête, ses bostandjis achever le meurtre de son bienfaiteur.

Le sultan s'aguerrissait ainsi au spectacle des supplices. Deux jours après, un mécontentement des troupes lui ayant arraché par force la destitution de l'aga des janissaires Béiram, son beau-frère, il fit comparaître, après la concession accomplie, l'aga des spahis dans le divan, et vit, du fond d'une tribune séparée par un grillage, la tête de l'aga rouler sur le tapis.

Sur les instances de la sultane Validé Kœsem, protectrice de l'ancien chef des eunuques noirs du harem d'Ahmet Ier, le grand vizir rappela de la Mecque cet exilé, pour lui rendre sa place au sérail.

« Garde-toi de ce perfide eunuque, » lui disaient ses amis, « il te perdra. » L'eunuque Mustafa, rentré en effet dans son poste de confiance et conspirant avec le muphti, ne tarda pas à vérifier ces menaces. Il apprit au sultan ce que le grand vizir lui avait caché jusque-là, la chute de Bagdad, les progrès de la révolte d'Abaza-Pacha, les victoires des Persans, la détresse du trésor, l'insubordination des armées, la dégradation du règne sous un ministre qui faisait trembler le sérail, mais qui laissait les provinces à l'anarchie.

Amurat IV, dit la relation vénitienne, appela secrètement le muphti, et lui demanda s'il était vrai qu'il désirait résigner sa dignité pour la laisser au beau-père du grand vizir. Le muphti étonné déclara qu'il n'avait jamais donné cet espoir ou fait cette insinuation à Ali. Amurat, convaincu de l'ambition et de la fausseté de son premier ministre, le manda au sérail et lui fit trancher la tête sous ses yeux. Les trésors d'Ali, qui se montaient à sept cent mille piastres monnayées dans ses coffres, comblèrent le vide du trésor impérial. Mére-Housséin, l'ancien grand vizir, enlacé dans ses propres intrigues et coupable d'une partie des calamités de l'empire, fut étranglé le même jour, et ses dépouilles, évaluées à cinquante mille ducats, grossirent les confiscations qui refluaient à leur source.

Un vieux Circassien, nommé Mohammed-Tscherkesse, du nom de sa patrie, ancien écuyer des sultans, nourri dans le sérail et dans les camps, incapable d'affaires, fut élevé malgré lui au rang de grand vizir. Après avoir violenté avec la rudesse d'un barbare les envoyés et les protégés des puissances chrétiennes pour leur faire payer leurs priviléges religieux à Jérusalem et ailleurs, Mohammed-Tscherkesse rassembla l'armée pour anéantir enfin la rébellion d'Abaza.

X

Abaza continuait, sous Amurat IV, son rôle, désormais sans motif, de vengeur du sultan Othman II. Amurat lui-même sur le trône était le vengeur vivant de son frère; mais la rébellion avait jeté de telles racines dans les habitudes de la Caramanie, que tout prétexte était bon aux Turcomans insoumis pour suivre Abaza. Sa véritable insurrection était contre les janissaires; il les massacrait sans pitié et sans exception partout où il en rencontrait dans les villes qui lui ouvraient leurs portes.

A Siwas, trois officiers de janissaires ayant été faits prisonniers par son lieutenant Djafar, rebelle plus féroce encore que lui, ils furent garrottés sur des chameaux et promenés dans les rues avec des mèches enflammées, qui leur traversaient la chair des épaules et qui brûlaient à petit feu aux applaudissements du peuple : « Telle est la récom- « pense, » vociféraient devant eux les crieurs pu- blics, « des soldats qui trahissent et tuent leur « padischah. » Les routes étaient jonchées des ca- davres sans sépulture des janissaires, des spahis, des topdjis ou canonniers réputés coupables du meurtre d'Othman II.

L'armée d'Abaza, forte de soixante mille Turco- mans et de son fanatisme de fidélité au sang de son maître, s'avançait de nouveau de triomphe en triomphe vers Siwas. Campée dans la vallée *des Neiges*, elle attendait, en s'exerçant, l'armée du grand vizir. Le commandant de Siwas, Taïar-Pacha, quoique dévoué en apparence à sa cause, s'enten- dait avec un autre de ses lieutenants, Koulaoun- Pacha, pour la ruiner. Leur paix était faite avec le grand vizir. Taïar-Pacha cependant méditait de perdre à la fois Abaza par Koulaoun et Koulaoun par Abaza. Il s'étudiait à semer la défiance mutuelle entre ces deux chefs, faisant insinuer à Abaza qu'il était trahi par Koulaoun, et persuadant à Koulaoun qu'il était menacé par Abaza. Abaza, simple comme un barbare, était entièrement gouverné par un scheik fanatique de Césarée, qui lui garantissait la faveur du ciel pour sa cause sainte, et qui lui montrait en perspective le poste ambitionné de grand vizir, restaurateur de la monarchie ottomane.

La ruine d'Abaza commença par sa crédulité aux insinuations de Taïar, le gouverneur de Siwas. Convaincu qu'il était vendu à la Porte par son perfide lieutenant, il invita Koulaoun-Pacha à une fête dans son camp sous les murs de Siwas, et il le fit assassiner après le festin. Il adressa, après cette exécution, une lettre menaçante à l'aga des janissaires à Constantinople pour annoncer impolitiquement à cette milice la haine irréconciliable dont il était consumé contre elle. Cette lettre ironique d'Abaza, soufflée par ses perfides conseillers, était le brandon le plus sûr pour rallumer contre lui la colère de l'armée du grand vizir.

La voici :

« *A notre honoré seigneur et frère le kiaya*
« *des janissaires.*

« Tu excites tes soldats à marcher contre le re-

« belle Abaza sous les ordres du grand vizir. C'est
« une affaire d'honneur pour les janissaires, sans
« aucun doute; mais pourquoi oublier les begs et
« les spahis? Courage! continue à mériter le pain
« du padischah par tes services! Si ce noble zèle
« vous avait saisis plus tôt, vous n'auriez pas regardé
« tranquillement assassiner votre maître en pleine
« mosquée. Par malheur, vos frères les spahis, non
« contents des meilleures places sous la coupole du
« divan, se sont emparés des fonctions de receveurs
« et d'administrateurs, et il ne vous est rien resté;
« en vérité, sans votre aide fraternel, en seraient-ils
« venus à bout, je vous le demande? Voilà donc
« tout le fruit que vous avez retiré du pillage des
« plus riches palais de Constantinople! Vous êtes
« la cause de la ruine de l'islamisme. Si le sultan
« Othman s'était réfugié à la porte des spahis, son
« destin eût été bien différent. Avez-vous agi pour
« de l'or? Mais l'infortuné padischah vous eût pro-
« mis facilement cinquante ducats par tête. Bien
« que la mère du sultan Mustapha soit de la famille
« d'Abaza et ma parente, et que j'eusse pu me ré-
« jouir de son avénement, le ciel m'est témoin que,
« si j'ai pris les armes, c'est uniquement pour
« venger le sang injustement répandu. Rassemble
« donc tous les guerriers autour de toi. Comme

« Nabuchodonosor, qui vengea le sang innocent du
« prophète Jean par le massacre de soixante-dix
« mille Israélites, je veux tuer soixante-dix mille
« janissaires pour venger le meurtre du padischah.
« Je te verrai au jour de la bataille, et nous sau-
« rons alors si les spahis vous sont d'un grand
« secours. Ces hommes qui, avec votre assistance,
« n'avaient pas de quoi nourrir un cheval, les voilà
« maîtres du sol et possesseurs de grands terri-
« toires. Insensés ! qu'avez-vous donc gagné à votre
« trahison ? le nom funeste de meurtriers d'un
« sultan ! Par mon âme ! lorsque Khalil-Pacha était
« aga des janissaires, j'étais son écuyer ; je sais par
« conséquent comment les choses se passent dans
« l'état-major ; c'est le kiaya qui a donné le mot ;
« ou si tu prétends n'avoir eu aucune part au crime,
« et que tu affirmes qu'il n'a été commis que par
« Daoud-Pacha, livre les meurtriers !

« Que le salut soit sur toi ! »

« Voici un petit homme bien orgueilleux, » dit
le kiaya des janissaires en leur lisant à haute voix
la lettre d'Abaza ; « si nous le laissons faire, il mas-
« sacrera plus de janissaires qu'il n'y en a dans
« tout l'empire.

— Nous n'étions que vingt-cinq mille à Choczim
« contre les Polonais, » s'écria un simple soldat ;

« le sultan, qui nous a portés au nombre de qua-
« rante mille pendant les mauvais jours, peut bien
« aujourd'hui nous porter à quatre-vingt mille. »

L'indignation saisit l'armée. Le vieux Tscher-
kesse, inhabile au commandement, céda la place de
grand vizir et la conduite de la guerre à Hafiz-Pacha,
le vainqueur des Persans. Hafiz était parent et ancien ami d'Abaza; mais il se lava de toute trahison
par la loyauté connue de son caractère. Il partit à
la tête de quatre-vingt mille combattants, ennemis
acharnés d'Abaza, et campa pendant vingt et un
jours dans la plaine fertile de Koniah. Le temps, la
séduction, la perfidie usaient les forces de la révolte
et accroissaient les siennes. L'homme d'État était
en lui à la hauteur du général : il savait qu'en face
de l'anarchie, attendre c'est vaincre.

XI

Ses soldats accusaient sa lenteur, dont ils ne
comprenaient pas la sagesse. Impatients de combattre dans Abaza leur ennemi personnel, ils tentèrent plusieurs fois de marcher avant l'ordre du
combat. L'intrépide Hafiz se jeta le sabre à la
main aux avant-postes du camp pour s'opposer à
leur intempestive ardeur. Il ne livra la bataille

qu'après s'être assuré de la défection des Turcomans, qui composaient les principales forces d'Abaza. Ils passèrent avec Taïar-Pacha aux Turcs au premier coup de feu.

Les Kurdes et les Arabes, vieux compagnons d'Abaza, ne furent pas ébranlés par cette défection; mais une panique déconcerta ceux que la vue d'une armée n'avait pu vaincre. Le cheval de bataille d'Abaza, tenu en laisse par un écuyer, pendant que son maître faisait sa prière avant de combattre, ayant échappé aux mains qui le tenaient, galopa à vide sur la ligne de la cavalerie kurde; les cavaliers d'Abaza, à l'aspect du cheval emporté de leur général, crurent qu'Abaza était tombé sous les coups des Turcs, et se débandèrent au premier choc, comme s'ils avaient perdu leur cause en perdant leur chef. Abaza lui-même, se voyant sans armée avant le combat, se jeta sur le plus rapide de ses chevaux, qu'un de ses esclaves tenait par prudence sellé et bridé près de sa tente, et s'enfuit de toute la vitesse du coursier avec ses cavaliers kurdes les mieux montés. Tous ses fantassins tombèrent dans les mains d'Hafiz, qui éteignit leur vieille rébellion dans leur sang. Des monceaux de têtes furent les monuments de cette déroute. Les femmes et les enfants d'Abaza, at-

teints dans leur fuite, furent envoyés captifs à
Hafiz, qui les épargna du massacre des prisonniers. Abaza lui-même, parvenu à Erzeroum, s'y
enferma avec ses derniers défenseurs.

Hafiz, satisfait d'avoir purgé et pacifié l'Anatolie, ajourna à d'autres temps l'extermination de
l'auteur de la révolte, maître encore d'une ville
forte et d'une province montueuse. Il lui renvoya
sa famille, reçut sa soumission au sultan, et lui
garantit le titre de pacha d'Erzeroum. Des troubles et des désastres en Crimée le rappelaient à
Constantinople, pour y réparer autour de la mer
Noire l'ascendant évanoui des Turcs.

XII

Les deux frères Mohammed-Ghéraï et Schahin-
Ghéraï avaient été longtemps proscrits du trône
par la Porte, qui avait conféré le titre de khan de
Crimée à un autre prince de leur maison. Mohammed-Ghéraï, évadé du château des Sept-Tours, où
les Turcs le retenaient captif, et Schahin-Ghéraï,
réfugié en Perse à la cour d'Abbas le Grand, étaient
revenus en Crimée soulever et enrôler leurs partisans parmi les Tartares Noghais. Schahin-Ghéraï
(*le faucon*) se croyait, sur la foi d'un derviche ré-

puté prophète, appelé à l'empire de l'Orient, parce que cet empire était promis, selon la prédiction, à un prince de la maison des Ghéraï qui porterait le nom d'un oiseau. Les deux frères, coalisés contre le khan nommé par la Porte, l'avaient expulsé du trône et du pays. Mohammed avait usurpé le titre de khan ; et Schahin, selon la bizarre constitution de Crimée, gouvernait sous lui à titre de khalga ou de successeur désigné au trône.

Leur tyrannie n'avait pas tardé à soulever les murmures et les factions en Crimée. Ils avaient fait massacrer à leur passage des ambassadeurs russes envoyés à Constantinople, et ils avaient pillé les présents adressés au sultan. Ils avaient recruté une nombreuse armée de Tartares sous de faux prétextes d'invasion en Pologne, mais en réalité pour marcher sur Andrinople, pendant le règne de l'imbécile Mustapha Ier. Ils affichaient ouvertement la prétention de profiter de l'anarchie de cette ombre de règne, et de substituer à main armée leur dynastie, par droit de parenté, à la dynastie légitime d'Othman, prête à s'éteindre. Tous deux sans enfants, ils venaient de proclamer un jeune prince, bâtard de l'ancien khan Feth-Ghéraï Noureddin, c'est-à-dire héritier présomptif de la couronne des Tartares de Crimée.

Cette adoption avait pour but de rallier à leur cause les partisans de l'ancienne branche de leur famille, dépossédée par eux du trône, tout en écartant les légitimes héritiers de cette branche. La naissance de ce Nourreddin, nommé Ahmed-Ghéraï, était entourée de ce prestige du mystère et du merveilleux qui fascine aisément les peuples pasteurs. L'ancien khan de Crimée, selon les traditions du pays, ayant reçu en présent une jeune esclave moldave d'une haute naissance et d'une ravissante beauté, l'avait respectée malgré son admiration pour elle, et l'avait confiée à un vieillard, son ancien précepteur, nommé Hadji-Ahmed, jusqu'au moment où il pourrait la renvoyer avec sûreté au boyard son père.

Un soir cependant, à l'heure où le khan congédiait sa cour pour se livrer au sommeil, un de ses favoris lui annonça comme une heureuse nouvelle que la jeune esclave moldave, réputée vierge, venait d'accoucher d'un fils, et il ajouta, en souriant et en félicitant le khan, que cet enfant ne pouvait être un jour qu'un grand prince. Le khan, offensé de ce qu'on le soupçonnait d'avoir ainsi manqué à l'hospitalité promise à la fille d'un boyard, et rejetant le soupçon de paternité dont on le complimentait, jeta ses pantoufles au visage de l'imprudent favori, et donna ordre de tuer le vieillard, l'esclave et l'enfant. Mais, soit que cet ordre fût une ruse du khan pour dérober la tendresse sous une feinte colère, soit qu'Hadji-Ahmed, averti à temps, en eût prévenu l'exécution par la fuite, le vieillard, la mère et son fils disparurent ; et le fils, élevé dans les steppes de la Crimée par des bergers qui ignoraient sa naissance, reçut jusqu'à l'adolescence parmi eux le nom de Mustapha.

Les deux frères Ghéraï, usurpateurs du trône du khan père réel ou supposé de Mustapha, le découvrirent sous ces tentes de pasteurs, le firent élever dans leur cour et le proclamèrent Noureddin, au détriment de ses cousins les héritiers directs et légitimes. Cette prédilection suscita de violentes querelles entre le jeune Hassan-Ghéraï, petit-neveu du khan déposé, et le Noureddin. Hassan-Ghéraï, dans une de ces querelles d'enfants, osa appeler le Noureddin berger moldave et bâtard de l'esclave. Ce surnom était resté au jeune prétendant à la souveraineté des Tartares.

XIII

La Porte s'offensait de ce que des princes tributaires et parents de sa dynastie déshonoraient leur sang par l'adoption d'un bâtard, et affichaient des prétentions au trône même de Constantinople. Le divan déposa Mohammed et rétablit l'ancien khan.

Mohammed et son frère résistèrent à cet ordre. « Eh quoi ! » répondirent-ils au capitan-pacha chargé de les soumettre, « est-ce justice et poli- « tique de nous condamner à l'expatriation, au « moment où nous venons de rassembler cent mille « Tartares pour vous défendre contre vos ennemis « de Pologne et d'Asie ? Tous les habitants de nos « steppes ont déjà attelé leurs chariots et n'atten- « dent que le signal du départ. Est-ce le moment « de nous renvoyer honteusement à nos *yourds*, au « fond de nos déserts ? Lorsque nous aurons aban- « donné la Crimée, lorsqu'elle sera tombée aux « mains des Russes infidèles, croyez-vous demeurer « maîtres de Caffa et de vos citadelles ? »

XIV

Le capitan-pacha, sourd à ces reproches, livra la bataille aux cent mille Tartares et aux milliers de Cosaques leurs alliés. Les Turcs, vaincus et écrasés sous le nombre, restèrent ou morts ou prisonniers sur le champ du combat. Le prix d'un Turc sous les tentes des Tartares était tellement avili par la multitude des captifs, qu'on achetait un esclave ottoman pour un verre de *bouza* (bière de Crimée extraite immémorialement de l'orge fermentée chez les Tartares).

Caffa, dépourvue de défenseurs, fut occupée par Mohammed Ghéraï. Le capitan-pacha, pour recouvrer cette citadelle de la Crimée maritime, fut obligé de reconnaître honteusement la souveraineté des deux frères et du Noureddin. Il se rembarqua avec les débris de son armée, de son artillerie et de sa flotte. Ce triomphe exalta l'orgueil des deux tyrans de la Crimée. Ils immolèrent à leur sûreté tous les mirzas, princes ou chefs de tribu, soupçonnés de fidélité ou seulement de souvenir pour la branche légitime. La femme enceinte du prince Cantimir, leur ennemi, chef de la faction tartare opposée à celle des deux frères, fut brûlée à petit feu sous leurs yeux. Ils le poursuivirent lui-même jusqu'en Valachie. Mais Cantimir, à la tête de trente mille Tartares, Moldaves et Valaques de ses partisans, jeta leur armée dans le Danube, rouge, dit l'historien, des flots de sang versés sur ses rives.

Ce fut pendant cette campagne des princes tartares de Crimée contre Cantimir et les Turcs que les Cosaques tartares, nomades, cavaliers et pirates, ravageant également la terre et la mer, parurent, pour la première fois depuis l'occupation du Bosphore par les Turcs, en vue de Constantinople. Ils montaient cent cinquante barques à deux proues et à deux gouvernails, propres à manœuvrer en toute direction sans virer de bord. Chacune de ces barques portait vingt rameurs et vingt combattants. Les Russes, pirates de ces fleuves et de ces mers avant eux, leur avaient enseigné ces constructions de navires propres à s'abriter dans les anses et dans les embouchures des rivières. Sept fois depuis les temps historiques, ces incursions des Scythes, des Russes et des Cosaques leurs imitateurs avaient épouvanté les ports de l'Euxin et du Bosphore.

Après avoir pillé les bords de la mer Noire, les Cosaques, alliés cette fois des Tartares de Crimée, brûlèrent le délicieux village de Bouyoukdéré, séjour de plaisir et de luxe des Ottomans comme des Grecs pendant l'été. Les flammes de Bouyoukdéré firent sortir six cents voiles du port de Constantinople pour refouler ces barbares hors du Bosphore. Dix mille janissaires répandus sur les deux rives du détroit marchèrent de niveau avec la flotte pour fermer la terre et la mer à ces incendiaires. Les Cosaques formèrent leur escadre en croissant, au milieu du large bassin que forme le Bosphore entre Bouyoukdéré et la côte d'Asie, et attendirent fièrement le coucher du soleil, et le vent de terre qui se lève avec la nuit, pour rentrer dans la mer Noire. Ils incendièrent en se retirant le phare du détroit où leurs ancêtres, sept siècles auparavant, avaient débarqué pour semer la terreur chez les Grecs.

Les Turcs, pour prévenir leur retour, tendirent d'un bord du détroit à l'autre, à l'embouchure de la mer Noire, la fameuse chaîne de fer qui fermait avant Mahomet II l'entrée de la Corne d'Or à Constantinople.

XV

Hafiz, après avoir rendu quelque confiance à Constantinople, repartit avec vingt mille janissaires pour le Diarbékir. L'armée qui avait vaincu sous lui Abaza, renforcée de ces troupes neuves, et servie par une révolte des Géorgiens qui venaient de massacrer trente mille Persans dans les Vêpres Siciliennes de la Géorgie, s'avança pour reconquérir Bagdad : « J'ai les clefs de Bagdad dans ma ceinture, » chantait en route le présomptueux Hafiz.

Le siége, prolongé pendant six mois faute d'artillerie suffisante, donna à Schah-Abbas le temps d'accourir en vue de sa capitale assiégée. La garnison de Bagdad le salua pendant trois jours et trois nuits de salves répétées du haut des remparts. La bataille acceptée le lendemain par Hafiz fut plus sanglante que décisive. L'escadron sacré de Schah-Abbas, composé de dix mille cavaliers d'élite, voués par serment à la victoire ou à la mort, refoula partout les Ottomans. L'aga des spahis, fuyant lui-même devant cette irrésistible nuée de cavaliers persans, chercha asile dans les bataillons des janissaires. Ces soldats féroces lui coupèrent les pieds en le raillant de sa peur pour le punir par les membres qui lui avaient servi à sauver sa tête du sabre des Persans. Hafiz saisissant lui-même une lance de fantassin, et s'élançant en chantant un chant guerrier au premier rang des janissaires, sauva l'honneur de l'armée : il anéantit jusqu'au dernier homme l'escadron sacré des Persans.

XVI

Cette victoire, suivie de vaines négociations entre Abbas et Hafiz, lassa d'impatience les janissaires. « Il ne nous reste ni ânes ni chevaux, » disaient-ils, « que ferons-nous un jour de plus sous ces

« murs? » Les soldats mutinés abattirent la tente du grand vizir sur sa tête. Hafiz, déposé tumultuairement par son armée, fut enfermé dans un château des bords du Tigre appelé le château de l'Iman. Un de ses lieutenants, favorable aux vœux des soldats, Mourad-Pacha, fut proclamé grand vizir. Othman, porte-étendard du drapeau d'Hafiz, refusa de livrer ce signe du vizirat aux séditieux.

« Qui êtes-vous, » leur dit-il, « pour vous arro-
« ger le droit de déposer et de nommer un grand
« vizir? Cette tente est celle du sultan notre maître;
« tant qu'il me restera un bras pour la défendre,
« l'étendard sacré n'en sortira pas. » L'intrépide soldat se laissa couper les deux bras et hacher en pièces en défendant le drapeau. Son courage inspira le remords aux factieux; ils relevèrent la tente, replantèrent l'étendard devant le seuil et ramenèrent Hafiz en lui promettant obéissance.

« Où sont donc maintenant, » leur dit-il, « ces
« braves soldats qui juraient avec moi de vaincre
« ou de mourir sous les murs de Bagdad? » Il demanda deux jours de patience; on ne lui répondit qu'en lui imposant à grands cris l'ordre d'une prompte retraite.

« Si tu as un sabre assez long, » lui répétèrent les soldats, « prends Bagdad aujourd'hui, sinon

« réfugie-toi le premier chez les Têtes-Rouges, » surnom des Persans.

Cependant Hafiz obtint le délai imploré pour voir l'effet d'une mine qui devait emporter par son explosion un pan des remparts. La mine éclata par imprudence ou par trahison avant d'avoir été conduite jusque sous les fondations. A la vue des murs intacts, l'armée entière s'insurgea avec plus de fureur contre son général. Les tentes du vizir, le trésor, les bagages, les vivres furent pillés; l'artillerie démontée et conduite au château de l'Iman sur le chemin de Mossoul. Le grand vizir et les janissaires y cherchèrent eux-mêmes un asile contre l'anarchie du camp.

Schah-Abbas, informé de ces découragements et de ces révoltes, rompit toute négociation en disant « qu'on ne traitait pas avec une armée en fuite. » Le canon de Soliman, amené de Constantinople et caché par les canonniers dans le sable, tomba dans ses mains et alla décorer le sérail d'Ispahan. Hafiz se retourna néanmoins pour refouler les Persans lancés sur ses traces, et les vainquit à deux marches de Bagdad. Le soir de cette victoire il put faire impunément trancher la tête au tribun séditieux de l'armée, Mourad-Pacha, instigateur des désordres et de la retraite. Cette victoire et cette exécution lui permirent d'abriter l'armée dans Mossoul.

Le sultan lui écrivit de cantonner l'armée et de passer l'hiver à Alep en attendant les renforts qu'on levait dans l'empire. Ce jeune prince, qui cultivait la poésie, comme Hafiz lui-même, échangea pendant l'hiver plusieurs lettres en vers avec son grand vizir. La sultane Kœsem, sa mère, soutenait le vainqueur d'Abaza dans l'esprit de son fils contre les intrigues du sérail. Elle n'avait trouvé jusque-là qu'en lui l'héroïsme qui relevait son règne au dehors, et les goûts littéraires qui pouvaient le décorer au dedans.

Les lettres en vers du jeune sultan sur les sujets politiques et sacrés étaient signées par Amurat IV, mais inspirées et dictées par elle. Le sérieux des affaires, si l'on en croit les historiographes du temps, s'y mêlait à l'enjouement des loisirs. Le jeu des échecs, familier aux Turcs comme aux Persans, y fournissait des allusions à double sens au sultan et à son ministre. « N'y a-t-il donc plus de reine sur « le damier pour m'amener des cavaliers? » écrivait Hafiz. « N'avez-vous donc plus de cavaliers « pour prendre le roi? » répondait Amurat à son général. Le titre de gendre de la sultane Validé et de beau-frère du sultan autorisait ces familiarités littéraires entre la famille impériale et le grand vizir.

XVII

Mais l'habitude des séditions dans l'armée et des révolutions dans la capitale prévalait encore sur l'habileté de la sultane mère et sur le dévouement d'Hafiz. L'armée d'Alep refusait de marcher de nouveau sur Bagdad, et les troupes de Constantinople prétextaient à chaque instant des griefs contre le divan pour arracher des concessions ou des têtes au jeune prince qu'elles avaient couronné pour gouverner et non pour obéir.

Le kaïmakam, Gourdji-Mohammed, qui tenait la place du grand vizir pendant la campagne de Perse, et dont l'expérience et la fidélité étaient la force et la lumière du sultan, devint l'objet de la haine des janissaires. Après avoir vainement demandé sa tête à la sultane, qui préféra courageusement exposer la sienne et celle de son fils à cette lâche ingratitude, les soldats l'assiégèrent et l'égorgèrent sur les marches de son palais. Il avait occupé sous huit princes les plus hautes fonctions du divan et de l'armée; il mourut à quatre-vingts ans, en protégeant l'enfance de son maître.

A peine son sang était-il refroidi qu'une nouvelle inconstance des janissaires demanda les têtes de ceux qui avaient égorgé le kaïmakam; ils tuèrent et jetèrent dans la mer les assassins de Gourdji-Mohammed. Les uns demandaient impérieusement au muphti une décision qui autorisât le meurtre du sultan Mustapha Ier; les autres voulaient le conserver encore vivant comme le gage d'une troisième révolution. Tantôt ils entouraient de leur popularité ceux qui avaient concouru au renversement de ce prince, tantôt ils en faisaient justice sans jugement, comme ils avaient fait justice de Daoud. Le schaousch, plus lettré que ses camarades, qui avait prêté sa plume à Mustapha Ier pour rendre ses Kattis-schérifs au vieux sérail le jour de la mort d'Othman II, fut immolé et laissé sans sépulture sur l'hippodrome.

Les émeutes n'avaient pour répression qu'une autre émeute; celles de l'armée répondaient à celles de la capitale. Abaza, à qui on avait laissé le gouvernement d'Erzeroum et le noyau de sa rébellion, profita de cet anéantissement de toute discipline pour recruter au fond de l'Anatolie de nouvelles forces à son parti. Hafiz, déposé par le divan pour complaire aux factieux, revint sans honneurs à Constantinople. Khalil-Pacha, vieilli dans le poste de capitan-pacha, fut nommé à sa place à cause de l'ascendant qu'on lui supposait sur le chef des rebelles, Abaza, qui avait été son esclave et qui conservait la reconnaissance de ses bienfaits.

XVIII

Khalil, après avoir réglé les différends entre les Polonais et les khans de Crimée, alla planter ses tentes à Scutari, première halte des vizirs qui partent pour les campagnes d'Asie. Avant d'entrer en campagne, il alla visiter le vieux scheik Mahmoud de Scutari, vénéré comme un oracle de Dieu par tous les partis, et dont la cellule avait souvent servi d'asile aux proscrits de toutes les révolutions. Khalil, à l'époque de son premier vizirat, avait dû la vie à l'hospitalité du scheik Mahmoud. Il avait conservé pour lui la reconnaissance et la piété d'un disciple.

« Vous voilà donc encore une fois au sommet des « honneurs? » lui dit avec l'accent du mépris pour les grandeurs humaines l'homme de Dieu. Khalil l'interrogea en vain sur l'issue de la guerre; le prophète se renferma dans un silence qui parut d'un funeste augure aux janissaires superstitieux.

Les contingents de toute l'Anatolie rejoignirent Khalil à Alep. Il y appela par une lettre impérieuse Abaza. L'attitude suspecte de cet ancien chef de rebelles à Erzeroum laissait douter l'armée si elle devait voir en lui un auxiliaire ou un ennemi. « Les soldats ne veulent pas de toi comme *séraskier*, » lui disait Khalil dans sa correspondance ; « hâte-toi « donc de venir à mon camp comme volontaire, et « de mériter par tes services la miséricorde du « padischah. »

L'armée des pachas fidèles qui rejoignait Khalil campait sous les murs d'Erzeroum. Abaza, indécis, n'osait ni leur fermer ni leur ouvrir la ville. « Quel « est donc cet esclave, chef de factieux, » disaient les pachas, « qui marchande sa fidélité et le concours « de ses *lewends* (milice personnelle des pachas) au « sultan ? Nous saurons bien le réduire à son devoir, « avec ce même sabre qui a terrassé des khans et « des fils de rois. »

Abaza, instruit de ces murmures et de ces menaces, feignit le zèle pour le service du sultan, inspira confiance aux pachas, et fondant sur leur camp pendant une nuit obscure, massacra six mille janissaires surpris dans leur sommeil. Un des séraskiers, le brave Dischleng-Pacha, fut surpris demi-nu dans sa tente, où il faisait sécher ses habits trempés par la pluie du jour. Il sauta en chemise sur son cheval, n'ayant que son sabre pour se défendre. Le kiaya d'Abaza lui traversa le cou du fer de sa lance.

Abaza, descendant de son cheval et soulevant la

tête de Dischleng mourant, lui adressa des paroles de regret et d'amitié : « Noble pacha, mon ancien « frère d'armes, » lui dit-il, « ouvre tes yeux ; ton « fils est encore vivant. » Dischleng ne répondit que par un dernier soupir. Abaza plaça lui-même son corps en travers sur un cheval, et rapporta le cadavre à Erzeroum pour lui donner la sépulture. Ces pitiés, ces trahisons, ces générosités, ces massacres habituels dans le même homme, dans ces races barbares et héroïques du Caucase, rappelaient les larmes et les fureurs des héros d'Homère.

Pendant qu'Abaza ensevelissait avec attendrissement le général de ses ennemis, il faisait massacrer dans la ville, sans exception, tous les pachas et tous les janissaires prisonniers des *lewends*. Le caleçon des janissaires, échancré au genou, afin de leur laisser l'articulation libre quand ils s'agenouillaient pour faire feu, servit à les reconnaître sous les déguisements qu'ils cherchaient à revêtir pour échapper au massacre. Un seul sur dix mille parvint à attendrir ses bourreaux et à s'évader pour porter à Constantinople la nouvelle de cet égorgement de toute une armée.

Khalil accourut avec les troupes d'Alep pour venger le sang de ses séraskiers et de ses janissaires. Abaza, son ancien esclave, fut sourd à sa voix, et lui ferma ses portes. Les neiges forcèrent le grand vizir à lever le siége, et à chercher un abri pour l'armée dans Tokat. Un tiers de l'armée périt de froid et de faim dans les sentiers neigeux de ces montagnes. Des bataillons entiers furent engloutis sous les avalanches. Ces revers soulevèrent contre le grand vizir le cri de l'empire. Khalil, déposé et suivi de l'ombre de l'armée détruite sans avoir combattu, expira de douleur à Scutari sans avoir osé rentrer à Constantinople. Ses vertus, invoquées toujours trop tard, n'avaient jamais été que des malheurs éclatants pour son pays.

XIX

Le sultan appela à sa place Khosrew, pacha de Diarbékir, qui commandait alors à Tokat les débris de l'armée anéantie à Erzeroum. C'était un Bosniaque féroce dont l'inflexibilité sanguinaire était la seule politique. Il commença par imprimer la terreur à tous les chefs de service de l'armée par des exécutions auxquelles il présidait lui-même, assis sur une estrade élevée au seuil de sa tente. Tokat, où il recomposait l'armée, vit tomber ainsi les têtes du defterdar, du trésorier, du beg de Magnésie, du juge du camp et d'Hadji-Pacha, fils d'une sultane, que le sang impérial ne préserva pas du supplice.

La sultane Kœsem envoya un million de piastres à Khosrew pour solder les troupes. La solde payée et les négligences punies de mort firent en peu de semaines affluer à Tokat tous les begs et tous les contingents de province depuis l'Égypte jusqu'à la Géorgie. Une marche de cinquante lieues en trois jours porta l'armée et l'artillerie devant Erzeroum. Abaza, surpris de cette impétuosité, se réfugia dans la citadelle. Le conseiller d'Abaza, le scheik de Césarée, convaincu qu'une capitulation était le seul salut d'Erzeroum, se présenta, un linceul sur le corps et une corde au cou, devant son maître pour le conjurer de céder au sort. Abaza capitula à la condition de garder avec lui ses troupes, sortit de la ville et alla camper dans la vallée d'Erzeroum, à peu de distance de Khosrew.

Khosrew, fidèle à la capitulation accordée, ramena avec lui Abaza à Constantinople, le présenta au sultan, obtint sa grâce, et le nomma, pour le dépayser, gouverneur de Bosnie. L'ignorance du barbare était telle qu'il s'informait si la Bosnie était en Asie ou en Europe, et qu'il prenait l'Autriche et la Bohême pour deux forteresse de la Hongrie. Mais son adresse à manier un cheval et sa vigueur à lancer le djérid, charmaient le jeune sultan, qui se plaisait à assister à ses exercices équestres du haut d'une galerie de l'hippodrome.

XX

La répression des Persans sur les frontières, la reconstitution de l'armée, le rétablissement énergique de la subordination dans les troupes et dans le divan, enfin l'extinction de la rébellion et la captivité d'Abaza avaient fait de Khosrew le dictateur absolu de la nation; il ne gouvernait pas, il régnait au divan. Le secrétaire des janissaires, Malkodj, favori du sultan et de la Validé, osait seul résister quelquefois aux ordres absolus du Bosniaque. Ayant hésité un jour à écrire un ordre que lui dictait le grand vizir en opposition aux volontés du sultan :

« Écris, esclave! » lui dit Khosrew; « ne suis-je « pas le tout-puissant interprète des volontés du « padischah, le premier dans l'empire? Écris, te « dis-je, ce que je t'ordonne!

— Miséricordieux vizir, » répondit le secrétaire en baisant le pan du manteau de Khosrew, « la tête « est responsable de ce que la main écrit, reprenez « ma place et donnez-la à un esclave, j'accepterai « comme un bienfait ma disgrâce. »

Une créature de Khosrew fut élevée aux fonctions répudiées à ce prix par le fier Malkodj. Le sultan pardonnait tout à celui qui avait su dompter les troupes.

Schahin-Ghéraï, l'un des deux usurpateurs de Crimée, renversés par le khan légitime et par le prince Cantimir, son général, s'était réfugié en Pologne. La Porte demanda en vain son extradition. Les Polonais se justifièrent de l'avoir secouru.

Les querelles religieuses entre les catholiques et les Grecs, ravivées par les protégés de la France, agitèrent de nouveau la diplomatie chrétienne à Constantinople. L'imprimerie grecque, établie dans cette capitale, fut assaillie et saccagée. Les jésuites, expulsés comme instigateurs de ces troubles de la capitale, cherchèrent à s'établir à Naxos, et à s'emparer de l'administration religieuse de l'Archipel et de Jérusalem. L'agitation semée dans ces îles par leur présence les fit emprisonner à Chio, et enfin proscrire de l'empire ottoman, malgré l'insistance de la France et de l'Espagne en faveur de cet ordre monastique.

Le prince tributaire de Transylvanie, Bethlen-Gabor, ambitieux du trône de Hongrie, de Moldavie, de Valachie, sous le nom de royaume des Daces, qui avait agité si longtemps Vienne et Constantinople de ses intrigues et de sa politique à deux faces, délivra par sa mort le divan et la cour de Vienne d'un ferment perpétuel de discorde. Cette mort permit à l'Autriche et à la Porte de signer un nouveau traité de paix à Szœn dans le palatinat de Comorn, sur les bases solidifiées du traité de Sitvalorok.

XXI

Amurat IV, parvenu à cette époque à sa dix-septième année, et mûri par les leçons d'Hafiz, souffrait impatiemment le joug trop prolongé de sa mère et du chef des eunuques noirs, Mustafa, conseiller secret de la politique du harem. Offensé de ce que sa mère avait accordé, malgré sa répugnance, une de ses filles au capitan-pacha Hassan, son favori actuel, le sultan fit enlever de force sa sœur du harem d'Hassan, à qui elle avait été livrée. Quelques jours après il fit étrangler dans son harem, entre les bras d'une autre de ses sœurs, un autre de ses beaux-frères, Kara-Mustafa.

Ces exécutions soudaines firent trembler sa mère. Elle tâcha d'amortir sa férocité par des fêtes, par des caresses et par des présents de jeunes esclaves, de chevaux persans et de bourses contenant dix mille ducats d'or. L'habile sultane ressaisit par ces complaisances l'ascendant sur son fils.

XXII

La nouvelle de la mort de Schah-Abbas rendit au divan l'audace et l'espoir de reconquérir Bagdad. Khosrew marcha avec cent cinquante mille hommes sur Alep. Sa route fut marquée par ses sévérités et ses exécutions. Tourmisch-Beg, gouverneur de Koniah, né comme lui en Albanie, et vieilli au service des sultans sans avoir trempé un seul jour dans les factions de la capitale ou des camps, fut sommé par Khosrew de lui livrer ses trésors supposés.

« Donne tes richesses, » s'écria le grand vizir, « ou ta tête va tomber.

— Si mon heure n'est pas venue, » lui répondit froidement le vieux beg, « c'est en vain que tu « menaces mes jours; si tu souilles tes mains de « mon sang innocent, les miennes te feront un « collier au jugement dernier. J'ai plus de quatre-« vingts ans, et tout autant de blessures reçues pour « la foi et l'empire; mais sous un tyran altéré de « sang comme toi, il vaut mieux mourir que de « vivre. »

Sans justice pour ses vertus, et sans pitié pour ses cheveux blancs, Khosrew interrompit ses reproches par le geste de la mort.

A deux marches plus loin le defterdar de l'armée, Aboubekre, fut massacré en route et ses biens confisqués pour l'armée. A Serabad, le chef des Kurdes, Mir-Mohammed, appelé au divan du vizir et prévoyant le piége, se revêtit d'une cotte de mailles sous ses vêtements. Khosrew, après l'avoir injurié, appela le bourreau. Le Kurde, résolu à vendre et non à donner sa vie, tira son sabre pour le plonger dans la poitrine du grand vizir. Le kiaya se précipita entre Mir-Mohammed et l'assassin. Le sabre du Kurde coupa du même coup la main du kiaya et la moitié du pilier de bois de la tente derrière lequel Khosrew s'était abrité. Aux cris et au tumulte, les officiers du vizir entrèrent et percèrent de vingt coups de poignard le Kurde enfin terrassé. Sa suite, qui s'armait pour le défendre, tomba sous les sabres des *chiaoux*. Sept cadavres décapités et amoncelés devant le seuil de la tente attestèrent la férocité de Khosrew et la fidélité des Kurdes à leur émir.

XXII

Les Persans, déchus de leur héroïsme à la mort

de leur héros, le grand Abbas, laissèrent les cent cinquante mille Turcs s'avancer lentement à travers leurs plus riches provinces.

Le magnifique palais d'Hassan-Abad fut converti en un monceau de cendres; Hamadan, l'antique Ecbatane, capitale des premières dynasties, rivale de Babylone et de Suze, célèbre sous l'islamisme par sa mosquée nommée la mosquée des *Mille et une Colonnes*, et par le tombeau du poëte Hafiz, le Salomon par la sagesse, l'Anacréon par la volupté de ses vers, des Persans, fut incendiée par le grand vizir. Les dômes sacrés des mosquées, les palais, les murailles d'Ecbatane s'écroulèrent sous la flamme, sous la hache ou sous le marteau des Ottomans. Ils n'épargnèrent pas même les arbres qui couvraient de l'ombre et des fruits d'un printemps perpétuel les bords des ruisseaux de cette délicieuse plaine. Un nuage de fumée et de cendres, flottant dans l'air pendant plusieurs jours au-dessus de cette *Tempé* de la Perse, annonça aux provinces voisines que la férocité de Khosrew n'épargnait pas même la nature. On appelle encore ce passage du vizir dans les traditions persanes la *Visite de l'homme sans pitié*. Alexandre, Gengis et Timour n'avaient pas laissé une trace plus sinistre sur le sol et dans la mémoire de la Perse.

De là rétrogradant, par l'ordre de la sultane Kœsem, vers Bagdad, Khosrew et son armée traversèrent la fabuleuse montagne de Baghistan, scène des amours immortelles de Ferhad et de la belle Schirin, l'Héloïse des Persans et des Turcs. Le respect pour les monuments de la poésie fabuleuse l'emporte dans les Ottomans sur le respect des monuments de l'histoire. Ils contemplèrent avec respect l'immense rocher taillé à pic par l'amoureux Ferhad pour y creuser le canal qui devait amener un fleuve de lait (écume des cascades) aux pieds de son amante. Ils respectèrent les antiques grenadiers, nés, selon la fable poétique, du sang de Ferhad.

L'armée persane fut anéantie en tentant de défendre ce jardin de la Perse et ces tombeaux des rois de ses dynasties. Les restes se réfugièrent dans les murs de Bagdad. Les meilleurs généraux de Khosrew et plus de la moitié de son armée périrent sous les assauts. Bagdad sauva encore une fois la Perse.

Khosrew, humilié, repassa le Tigre en coupant les ponts derrière lui, et regagna, comme Hafiz, Mossoul, après un mois de marche, harcelé dans le désert. Sa fureur, en arrivant à Mossoul, s'assouvit sur les séraskers et les begs perturbateurs de son armée, qu'il accusait de ses désastres : il les invita à un festin, et les fit massacrer en masse par des bourreaux apostés dans la salle. Il appela à lui, pour réparer les pertes de l'armée, quarante mille Tartares de Crimée, et passa l'hiver à Mardin à les attendre.

XXIV

Cette série de revers et d'atrocités n'interrompait à Constantinople ni les fêtes ni les intrigues du sérail. Le divan s'occupait diplomatiquement des affaires de Transylvanie, de Valachie et de Moldavie, remises en question par l'élection du magnat hongrois Rakoczy au trône tributaire de Transylvanie. Rakoczy, à l'exemple de son prédécesseur Bethlen-Gabor, aspirait à la royauté des trois provinces réunies sous le nom de royaume des Daces. Ses négociations alternatives avec la Turquie et l'Autriche faisaient de lui tantôt un client, tantôt un allié suspect, tantôt un ennemi de ces deux cours.

Les Tartares de Crimée, en guerre un moment avec les Polonais et les Russes, reçurent ordre du divan de rentrer dans leurs steppes et de porter leurs troupes en Perse, au secours de Khosrew.

Cette armée lentement formée et vainement attendue par le grand vizir à Mardin, fit ajourner la seconde campagne de Perse à l'année 1631. Khosrew revint discrédité par son inaction à Alep.

Hassan, favori du sultan et de la Validé, obtint la déposition de Khosrew et la nomination d'Hafiz-Pacha, l'ancien grand vizir. Khosrew, que sa férocité soldatesque et ses caresses aux soldats avaient popularisé dans les camps, feignit d'obéir avec résignation aux ordres du sultan, mais fomenta sous main l'insurrection des troupes en sa faveur. La révolte éclata à Diarbékir et à Alep; elle se propagea à travers l'Anatolie jusqu'aux casernes de Constantinople. Les rebelles levèrent d'eux-mêmes leur camp, et forcèrent leurs généraux de les ramener dans la capitale. Khosrew les y avait devancés, suivi seulement de son neveu et d'une poignée de ses partisans.

A leur instigation, les spahis et les janissaires, attroupés sans chefs sur la place de l'Hippodrome, demandèrent pendant trois jours et trois nuits les têtes des traîtres. Ils désignaient nominativement sous ce nom le grand vizir Hafiz, le muphti Yahya, le defterdar Mustafa, le favori Hassan, nommé récemment aga des janissaires, Mousa-Tchélébi, autre favori du sultan, tous réputés complices des intrigues du harem contre Khosrew, et coupables des revers de la campagne de Perse.

Le harem tremblait à leurs cris. Le quatrième jour, les portes de la cour du sérail, forcées par l'émeute, livrèrent le sérail lui-même à leur tumulte et à leurs vociférations. Ils attendaient Hafiz, que ses fonctions devaient amener à midi au divan, pour l'immoler sur les marches du palais. Des amis avertirent Hafiz de ne pas s'abandonner à ses ennemis. Il était déjà à cheval pour se rendre à son poste.

« Non, dit-il, j'ai vu cette nuit ma destinée en
« songe ; je ne crains pas de mourir pour mon
« devoir. »

La foule s'ouvrit et se referma bientôt derrière lui. Les soldats le précipitèrent de son cheval à coups de pierres, déchirèrent ses habits, lui enlevèrent son turban, le foulèrent aux pieds et allaient l'égorger, quand ses serviteurs l'arrachèrent deminu et sanglant de leurs mains pour le porter à l'infirmerie du sérail. Il essuya le sang et la poussière de son visage, emprunta un turban aux bostandjis, et parut devant le sultan pour lui conseiller de céder à l'orage et de lui retirer le sceau de l'empire :

« Va, mon aga, » lui dit le sultan, « et que Dieu
« te protége ! Je ne puis plus protéger personne. »

Hafiz sortit du sérail par une porte dérobée sur les jardins, gagna le bord de la mer et monta sur une barque pour se réfugier à Scutari.

XXV

Le sultan lui-même, interpellé par les factieux, parut à leurs cris sur le seuil de la salle du divan. Ses vizirs et ses serviteurs se pressaient autour de lui. Un dialogue entrecoupé de clameurs confuses s'établit entre les soldats les plus rapprochés et le sultan. « Que voulez-vous de votre padischah? » leur dit-il.

« — Dix-sept têtes de tes vizirs et de tes favoris, » « répondirent les séditieux ; « livre-les à l'instant, « ou pense à toi-même.

« — Vous êtes incapables d'entendre mes pa- « roles, » reprit Amurat IV assourdi de clameurs, menacé de gestes ; « à quoi bon m'avoir appelé, si « ce n'était pour m'entendre et pour discuter avec « moi? » Il se retourna avec un geste de désespoir et d'indignation pour détourner ses yeux d'un tel spectacle. Ses pages se jetèrent entre les soldats et lui et parvinrent à fermer la porte extérieure du sérail.

— « Les dix-sept têtes! les têtes! les têtes! »

crièrent avec un redoublement de fureur les soldats, « ou descends du trône comme Othman II ! »

Les conseils dans l'intérieur du sérail participaient du trouble et de la terreur du dehors. Les ennemis d'Hafiz s'étaient glissés parmi les vizirs. Redjeb-Pacha, le plus accrédité d'entre eux, déclara au sultan, avec une feinte douleur, que, de temps immémorial, le droit, la politique et la nécessité, cette politique suprême des sultans, avait été de sacrifier les têtes de leurs serviteurs pour sauver le monde, et qu'il fallait imiter ses ancêtres ou exposer le padischah lui-même au sort d'Othman.

Amurat IV, espérant encore obtenir la grâce de ses plus chers favoris par sa condescendance apparente à la colère du jour, envoya le chef des bostandjis à Scutari pour ramener Hafiz au palais. Hafiz, à peine sauvé, n'hésita pas à se perdre de nouveau pour son maître. Il remonta sur sa barque, traversa le canal en pressant lui-même les rameurs. Rentré au sérail par une issue secrète, il se tint prêt à vivre ou à mourir au gré de la rage ou de la pitié mobile de ses ennemis.

Le sultan crut, au silence d'attente de la multitude, que la colère baissait ou se lassait dans les cours. Il monta sur son trône dans la salle du péristyle, fit ouvrir les portes, et ordonna à quelques-uns de ceux qui paraissaient les tribuns de la sédition de s'approcher de lui pour l'entendre, et pour reporter ses paroles à leurs camarades.

L'émotion de l'heure, la crainte pour sa mère et pour lui-même, la compassion pour Hafiz, qui l'écoutait caché derrière une draperie du dais, la pâleur, le geste, l'accent, les larmes auraient donné de la persuasion à son discours, si la haine se laissait jamais persuader. Il adjura les troupes, il leur représenta le souvenir et les remords du meurtre d'Othman, le déshonneur pour l'empire rejaillissant sur le trône et sur les armes elles-mêmes par ces violences faites à la volonté libre du représentant des khalifes, l'inutilité des vengeances qu'ils demandaient, puisqu'il avait accédé de lui-même aux vœux de l'armée et du peuple en destituant son grand vizir et en disgraciant ses favoris ; la lâcheté de frapper à terre des vaincus désarmés qui n'avaient que leurs ennemis pour juges et leur compassion pour salut. Il les supplia, au nom de sa jeunesse et de sa renommée future, de ne pas le contraindre à leur donner du sang innocent pour prix d'un règne taché d'ingratitude et d'injustice aux yeux de l'avenir.

Un murmure tantôt favorable, tantôt sinistre, parcourait à ces paroles la salle et les cours ; les plus rapprochés s'attendrissaient, les plus éloignés redoublaient d'impatience et d'imprécations contre les lenteurs du sacrifice; Amurat allait continuer ses vains efforts; Hafiz, qui jugeait au bruit et aux visages de l'inutilité et du danger de la résistance, venait d'achever en silence les ablutions et les prières des mourants ; il écarta de la main le rideau qui le dérobait aux regards de la foule. Sa barbe blanche le fit reconnaître à l'instant des soldats, malgré son turban de bostandji. Il se prosterna aux pieds du trône, puis se relevant avec l'élan d'un homme qui prend une grande résolution :

— « Grand padischah, » lui dit-il d'une voix ferme, « que mille esclaves comme Hafiz périssent « plutôt qu'un cheveu de ta tête ou un clou d'or de « ton trône ! Seulement, je t'en prie pour ton inno- « cence et pour ta gloire, ne me frappe pas toi-même « ou par la main d'un de tes serviteurs, afin que je « meure martyr et non supplicié, et que mon sang « répandu retombe sur leurs têtes ! Je demande « pour toute grâce que mon corps soit enseveli à « Scutari. »

Puis baisant la terre qui allait couvrir son cadavre contre les outrages de ses assassins : « Au nom de « Dieu tout puissant et tout miséricordieux, » ajouta-t-il, « il n'y a d'autre puissance et d'autre

« miséricorde que celle de Dieu. Nous sommes
« venus de Dieu et nous retournons à lui... »

Après cette profession de foi suprême, il se releva, et se présenta de lui-même avec un visage fier et une contenance dédaigneuse aux coups des spahis. Les sanglots du sultan, les larmes des pages, la tête baissée et la physionomie consternée des vizirs, attestaient la contrainte et la honte de ce sacrifice accepté. Quoique désarmé, Hafiz abattit à ses pieds, d'un coup de poing asséné sur la tête, le premier des soldats qui osa porter la main sur son vieux général; les autres, levant à la fois leurs glaives sur son corps, le percèrent de dix-sept coups de poignard. Un janissaire s'agenouilla sur son cadavre et lui coupa la tête, qu'il éleva comme le trophée de la journée aux regards de la multitude. Les pages étendirent un linceul de soie verte sur le cadavre pour l'envelopper sur la barque qui le rapporta au tombeau qu'on lui avait promis à Scutari.

« Infâmes et lâches assassins! qui ne craignez
« ni Dieu, ni Prophète, ni padischah! » s'écria Amurat IV en rentrant désespéré dans l'intérieur du sérail, « vous éprouverez tôt ou tard la juste
» vengeance qui vous attend. »

Hassan, l'aga des janissaires, la seconde victime réclamée par les séditieux, dut la vie à la fidélité d'une poignée de janissaires qui défendirent leur général contre les égorgeurs; le defterdar s'évada à la faveur du tumulte; la déposition du muphti suffit à la rancune des ambitieux qui l'avaient compris dans la proscription pour s'élever sur sa ruine.

XXVI

Tout parut s'apaiser par le sang du grand vizir et par la nomination aux premières dignités des favoris ou des instigateurs de la sédition. Redjeb-Pacha, le conseiller de cette concession sanguinaire, était arrivé au sommet de son ambition; il abandonnait ou poursuivait ses complices.

Khosrew, l'auteur principal ou le prétexte de ces troubles, et qui en attendait le résultat à Konïah, fut le premier livré par Redjeb au ressentiment du harem. Mourteza-Pacha reçut ordre d'aller prendre, avec un corps d'armée, le gouvernement de Diarbékir, et d'exécuter, en passant à Konïah, la juste vengeance du sultan : « Je ne veux que sa « tête, » lui dit le sultan, « ses immenses richesses « sont à toi. »

Cependant Redjeb fit avertir en secret Khosrew du péril qui menaçait sa tête. Khosrew, renfermé dans sa maison de Konïah, s'enveloppa de la poignée de troupes qu'il amenait à sa suite. Mourteza, après avoir fait vérifier aux juges de la ville l'ordre de mort du factieux, commença à démolir la maison à coups de canon. Khosrew, malade ou feignant la maladie, envoya son kiaya, Ali le Hongrois, se soumettre en son nom aux ordres du sultan, et prier Mourteza de venir avec confiance les lui communiquer à lui-même. Ses chiaoux, cachés derrière le mur de la cour, devaient fondre sur Mourteza, arracher le firman de ses mains, le massacrer.

L'exécuteur de la vengeance d'Amurat IV pressentit le piége. Il resta à la tête de ses troupes, et fit porter le firman du grand seigneur par Soulfikar, son lieutenant. Khosrew, abandonné par le peuple de Konïah, à qui Mourteza avait promis au nom du sultan une part de ses dépouilles, se résolut à mourir avec la résignation du crime trompé et du fanatisme.

« Nos vies sont au padischah, » dit-il à Soulfikar après avoir lu le firman ; « mais puisque le pacha
« de Diarbékir avait un firman de mort contre moi,
« pourquoi ne pas me l'avoir présenté tout de suite ?
« Qu'était-il besoin de canonner ma maison et de
« me faire passer pour un rebelle ? Dieu me pré-
« serve de l'être ! Dieu est tout-puissant ; je ne
« m'insurge pas contre ses décrets ; mais s'il plaît à

« Dieu, la vengeance n'est pas loin, et il tombera
« encore bien des têtes. »

Après ces paroles, il fit sa prière, demanda avec
larmes la miséricorde de Dieu et non celle des
hommes, et tendit le cou au cordon. Ses immenses
richesses et ses somptueux équipages, montant à
plus de cent mille ducats d'or, furent confisqués.
Mourteza-Pacha refusa, malgré le don du sultan,
de s'en approprier une obole. Tout fut envoyé par
lui au sultan. Amurat IV, pour récompense, lui
donna pour épouse la veuve d'Hafiz.

XXVII

L'exécution de Khosrew et l'arrivée de ses trésors
et de ses chevaux à Constantinople devinrent le
signal d'une nouvelle explosion des troupes. Le grand
vizir Redjeb, craignant pour lui-même, fit insinuer
aux soldats que la vengeance du harem serait constamment suspendue sur la tête des meurtriers
d'Hafiz, tant que Mousa le favori, Hassan, l'aga des
janissaires, et l'ancien trésorier Mustafa conserve-
raient la secrète faveur du sultan. A ces insinuations les boutiques se fermèrent, le peuple et les
soldats se répandirent dans les rues en demandant

ce supplément de têtes. Les flots de neige qui tombèrent sur Constantinople le soir du premier jour suffirent à disperser ces rassemblements. Le lendemain les séditieux, réunis en plus grand nombre, inondèrent les cours du sérail, demandant à grands cris les trois têtes et prétextant leur inquiétude sur l'existence des princes frères d'Amurat IV, dont la vie, disaient-ils, était menacée par les favoris du sultan.

Amurat, arraché comme la première fois par ces clameurs à l'ombre du sérail, fut forcé de comparaître et de supplier la multitude. Il jura qu'il ignorait la retraite où Hassan et le defterdar avaient caché leurs jours depuis l'exécution sanglante d'Hafiz. Il fit venir les quatre princes Bayézid, Suléiman, Kazim, Ibrahim, et les montra au peuple pour confondre, par leur présence, la calomnie qui l'accusait de les avoir immolés.

« Que voulez-vous de nous ? » dit aux chefs de la sédition le plus âgé des captifs enlevés par des protecteurs importuns à la paix de leurs kiosks et aux tendresses inquiètes de leur mère. « Laissez-nous
« en paix dans notre ombre ; gardez-vous de pro-
« noncer nos noms, car vous attireriez ainsi le soup-
« çon sur nos têtes innocentes. N'avez-vous donc
« aucune crainte de Dieu, aucun respect pour le

« padischah votre maître? Le ciel nous protégera
« bien sans vous. »

Ces reproches émurent le peuple; on ramena les quatre enfants dans leurs kiosks. La sédition paraissait assoupie; mais le grand vizir Redjeb jouait le double rôle de conseiller au dedans, d'incitateur au dehors. Il engagea Amurat IV à renvoyer publiquement du sérail dans sa propre maison, et sous sa garde, son jeune favori Mousa, afin, disait-il, que cette marque de condescendance et de confiance donnée aux troupes les convainquît de sa sincérité et les fît renoncer à demander les têtes d'Hassan et du defterdar. Il jura avec serment à son maître qu'il répondait sur sa tête de la tête de Mousa et de la générosité du peuple.

Amurat refusa longtemps d'exposer par cette mesure la vie d'un ami qu'il aimait avec la passion qu'on a pour un frère. L'avis du capitan-pacha, fils du héros Djanboulad, le décida. Il avait plus de confiance dans le capitan-pacha que dans le grand vizir.

« J'y consens enfin, dit-il avec larmes; mais sou-
« venez-vous que vous êtes les otages de mon ami,
« et que s'il tombe un cheveu de la tête de Mousa,
« vos têtes m'en répondront. » Mousa fut livré sur la foi de ces promesses au grand vizir, qui l'emmena dans son palais.

A peine y était-il enfermé, qu'une bande de janissaires, de spahis et de populace s'attroupa devant le palais du grand vizir, exigeant par leurs vociférations qu'on leur livrât à eux-mêmes le favori. Le perfide Redjeb appelant alors Mousa près de lui : « Mon enfant, » lui dit-il avec une compassion apparente pour son innocence et pour son âge, « mille vies comme la tienne et la mienne ne sont « rien pour sauver celle du sultan. Cependant ne « désespérons pas, je vais voir ce que nous pourrons « obtenir des rebelles. »

Se faisant suivre alors du pauvre adolescent, comme pour parlementer avec la multitude, il ordonna tout bas à ses serviteurs de le pousser violemment par les épaules et de le précipiter du haut de l'escalier. Le jeune homme fut reçu en bas par mille poignards qui le dépecèrent en lanières pendant que l'astucieux vizir, affectant une horreur convenue, criait aux assassins : « Arrêtez! « ne savez-vous pas que j'ai garanti sa vie à son « ami ? »

Hassan, découvert le même jour dans la chapelle de sa magnifique villa de Bebek, fut conduit sur un cheval dételé d'un chariot de Bulgares, au milieu des dérisions, sur la place de l'Hippodrome, égorgé et pendu par les pieds aux branches d'un platane qui servait de potence aux supplices du peuple, et laissé pendant plusieurs jours en jouet aux enfants de la populace. Le defterdar, découvert quelques jours après par les proscripteurs, fut décapité sur l'ordre de Redjeb par le bourreau, et pendu au même platane où flottait le cadavre d'Hassan.

De tels crimes, tolérés ou favorisés par le grand vizir, étaient les préludes de la déposition d'Amurat IV et peut-être de son supplice. Redjeb l'avait trop offensé pour ne pas le haïr; il laissait ouvertement parler de lui substituer un de ses frères qui lui devrait le trône, et dont la reconnaissance assurerait son pouvoir.

Il achetait sa popularité au prix de la tolérance de tous les excès de la multitude et des troupes; le massacre des généraux par les soldats était devenu le jeu et le défi des casernes. Les spahis se moquaient des djébedjis, milice inférieure qui parlait d'égorger et de pendre aussi son aga au platane. « Quoique votre aga soit un officier important dans « l'empire, » disaient les janissaires et les spahis à leurs dignes émules en assassinats, « il n'est pas « encore de taille à être pendu à la même branche « que Mousa, Hassan et Mustafa. »

« — Croyez-vous donc, » répondaient les djébedjis humiliés, « que nous ne soyons pas aussi des

« hommes, et sommes-nous assez méprisés pour
« qu'on ne nous permette pas de massacrer notre
« aga et de devenir, à notre tour, d'imposants
« rebelles? »

Les janissaires ayant défié les djébedjis à ce
crime trop relevé pour eux, disaient-ils, les djébedjis
répondirent au défi en courant à leur caserne et
en massacrant, par pure rivalité de forfait, leur
aga, le brave et vertueux Sahib. La populace, imitant les soldats, remplissait la ville de saturnales et
de tumulte. L'émulation de l'anarchie élevait et
précipitait tous les jours, pendant deux mois, de
nouveaux tribuns de la multitude. L'excès des
crimes rendit le remords au peuple, et la vengeance
du meurtre de son favori rendit l'énergie du désespoir au sultan.

Sa mère, la sultane Kœsem, Grecque de naissance et de caractère, entretenait avec soin, du fond
de son harem, des relations sourdes avec deux
vizirs de sa nation qui avaient et qui trompaient la
confiance de Redjeb. Ces deux Grecs, élevés par les
rebelles aux plus hautes dignités de la Porte, étaient
le vizir Roum-Mohammed et le nouvel aga des
janissaires Kœsé-Mohammed. L'un et l'autre, avec
la prudence des ambitions qui savent se borner pour
consolider leur fortune, trouvaient plus de sécurité

dans la reconnaissance de la sultane et de son fils sauvés par leurs mains que dans la mobile faveur de la multitude. Élevés par la sédition, ils voulaient s'affermir par la loyauté; tactique instinctive des ambitieux qui, après être montés, craignent de redescendre. Ils entretenaient une correspondance secrète avec la sultane Kœsem, épiant avec attention l'heure où le dégoût du peuple et la lassitude des troupes permettraient au sultan de frapper l'anarchie à la tête, dans son grand vizir.

Cette heure enfin venue, la sultane donna le signal à son fils. Amurat IV, animé par la vengeance, dissimula pour mieux assurer le coup. Redjeb, inopinément rappelé au sérail dans la soirée du 18 mai 1632 après le divan, se hâta d'accourir aux ordres de son maître. Parvenu dans la seconde salle d'attente du palais, les eunuques lui ouvrirent une porte basse qui donnait accès à un cabinet où le sultan l'attendait, lui dit-on, pour conférer seul avec lui.

En y entrant, il n'y vit que des eunuques et des muets dont la physionomie et le silence le firent chanceler sur ses pieds malades de la goutte. Le rideau qui séparait cette chambre de celle où le sultan l'attendait se leva; Amurat était debout à l'autre extrémité de l'appartement; son visage résolu et son attitude révélaient l'homme qui avait dit à quinze ans ce mot resté le proverbe de la haine chez les Ottomans : « *La vengeance s'ajourne, mais ne vieillit pas.* »

Il rappelait, en un seul grief, dans sa mémoire implacable, tout ce que la perfide popularité de son ministre lui avait imposé de terreur et d'outrages depuis son enfance. Un jour entre autres, que, sommé par les vociférations des troupes insurgées de paraître à la *porte de la félicité* devant elles, Amurat hésitait et différait d'obéir : « *Allons, mon padischah, demandez l'eau des ablutions,* » lui avait dit insolemment le vizir. Ce mot, qui signifie pour les Turcs, *préparez-vous à mourir*, retentissait comme la voix d'un bourreau dans le souvenir d'Amurat. Il le retourna avec une joie amère contre l'insolent Redjeb.

« Approche-toi donc, *perfide boiteux*, » s'écria-t-il d'une voix tonnante au grand vizir, que la goutte et la stupeur clouaient immobile sur le seuil de la chambre.

Redjeb balbutia des excuses et des protestations d'innocence.

« Tais-toi, et demande à ton tour l'eau des « ablutions, giaour ! » reprit le sultan ; et se tournant vers les eunuques blancs. « Que l'on coupe

« à l'instant la tête du traître, » leur dit-il.

On n'avait point averti les bourreaux, de peur de révéler par quelque indiscrétion la pensée du meurtre. Les eunuques blancs les remplacèrent, tranchèrent la tête du grand vizir, et jetèrent le cadavre à la porte du sérail à la suite nombreuse de serviteurs, de clients et de complices qui attendaient sa sortie du palais.

L'audace de la vengeance déconcerta ses partisans : la tête frappée, ils craignirent pour les membres. Ils se dispersèrent consternés, croyant déjà sentir sur leurs propres têtes le froid du sabre qui avait frappé Redjeb. Le sultan, décidé cette fois à régner ou à mourir, ne laissa pas respirer les rebelles. Sûr de lui-même, de l'opinion publique, de l'appui de Roum-Mohammed au divan, et de l'aga des janissaires dans les casernes, il donna les sceaux de l'empire à un Albanais intrépide, dévoué à la sultane Kœsem, nommé Tabaniassi, homme de main dont la sultane était la tête. Il rassembla hardiment les troupes dans une revue générale sur la place de l'Hippodrome, monté sur un trône qu'il avait fait dresser sous le péristyle de la mosquée, s'entoura des vizirs, des pachas, des agas, des juges, des imans, des oulémas influents sur les soldats et sur le peuple, et s'étudiant dès le premier jour à séparer la cause des janissaires de celle des spahis, les plus discrédités des rebelles, il caressa de paroles les uns et gourmanda sévèrement les autres; puis après avoir fait lire par le grand vizir un décret de réforme qui restituait aux oulémas les places et les émoluments dont les spahis s'étaient emparés contre les lois :

« Si mes spahis sont dociles et repentants, » dit-il, « ils enverront vers moi quelques-uns de leurs « vétérans irréprochables pour m'apporter leurs « excuses et implorer ma miséricorde. »

S'adressant ensuite aux janissaires, et feignant de voir en eux les colonnes inébranlables du trône, il leur commenta le passage du Coran qui ordonne aux musulmans d'obéir à Dieu, au Prophète et au souverain :

« Le padischah, » leur dit-il, « fût-il un esclave « éthiopien, est l'ombre de Dieu et le centre de la « Divinité sur la terre ; cessez donc de pactiser avec « les rebelles et de ménager les séditieux, afin que « votre padischah puisse remédier librement aux « calamités de l'empire, et que vous puissiez, « comme vos pères, vous vanter d'avoir bien mérité « du trône et du peuple. »

Amurat IV était aussi éloquent qu'il était poëte; il avait quelquefois manqué de force, jamais de résolution ni de dignité. Ses paroles retournèrent le cœur des janissaires, pressés de se laver devant le peuple de toute solidarité avec les rebelles et des calamités que le murmure public commençait à leur imputer.

« Les ennemis du padischah seront désormais nos « ennemis, » s'écrièrent-ils d'une seule voix ; nous « jurons de ne plus protéger les rebelles. »

Ils scellèrent individuellement ce serment militaire par un serment plus saint entre les mains du muphti sur le Coran.

Les vétérans des spahis, appelés autour du sultan pour présenter les excuses de leur corps, tremblaient qu'il ne commandât leur supplice. Amurat se contenta de leur terreur.

« Vous autres spahis, » leur dit-il avec un sourire de dédain, « vous êtes une étrange milice à « laquelle il est difficile de faire entendre la raison « et pratiquer la justice ; vous êtes quarante mille « dans tout l'empire, et vous prétendez tous à des « grades, tandis que le nombre des places à vous « donner n'est que de cinq cents. Vos exigences et « vos exactions ont bouleversé et épuisé le royaume. « L'appât des places a augmenté parmi vous le « nombre des méchants qui, refusant d'entendre « la parole des anciens et des sages de la troupe « comme vous voilà, passent leur temps à opprimer

« le peuple, à dévorer les fondations pieuses, à se
« faire une funeste renommée de tyrannie et de
« rébellion. »

Les spahis répondirent : « Nous ne prenons
« pas le nom de rebelles, nous sommes les amis
« de tes amis et les ennemis de tes ennemis. Nous
« n'approuvons pas la licence qui méprise les
« ordres du padischah, mais nous sommes hors
« d'état d'y mettre un frein.

« — Vous avez raison, continua le sultan ; vous
« n'êtes pas assez puissants contre le grand nom-
« bre des méchants. Si vous êtes sincères dans
« vos paroles, chassez-les de vos rangs, cessez de
« demander des offices, et jurez-le par le saint
« livre du Coran, comme vos frères les janissaires.»

Les spahis, écrasés par le nombre des bons musulmans qui se séparaient d'eux, et altérés par
les paroles d'Amurat IV, jurèrent comme leurs camarades avaient juré.

Les juges de l'armée et des provinces se levèrent alors avec une indignation concertée pour
faire le tableau des désordres, des violences et des
déprédations des rebelles dans la capitale et dans
leurs provinces, où l'oppression des soldats enlevait toute autorité à la justice.

Un Arabe, juge d'une des provinces d'Asie, soulevé de son siége par le tableau et le ressentiment de ces tyrannies militaires, s'écria qu'il avait eu lui-même sa maison forcée et ses meubles pillés, pour avoir voulu rendre un jugement selon sa conscience et non selon le despotisme de la soldatesque.

« Mon padischah ! » dit-il en tirant son sabre du fourreau, malgré la présence du souverain, « croyez-moi, le seul remède à tout cela, c'est « le glaive. »

Le sultan, sans le démentir ni le blâmer, lui fit signe de se calmer et de se rasseoir.

Ce *divan à pied* confirma le coup d'État d'Amurat et rendit le nerf à l'empire.

XXVIII

Le lendemain, Amurat IV, encouragé par ce succès, appela au divan Ahmed-Aga, chef des spahis, et lui ordonna de lui désigner et de lui livrer les plus coupables de ses soldats pour un supplice exemplaire. Ahmed, ayant marchandé en balbutiant l'obéissance, fut décapité sur un geste d'Amurat en plein divan.

Un des tribuns les plus populaires de la révolte, Saka-Mohammed, appelé au palais du grand vizir, s'y présenta avec une suite de séditieux dont il était l'âme, et, plein de confiance dans sa popularité, voulut discuter devant la foule avec le vizir.

« Coupez-lui la parole par le sabre ! » s'écria pour toute réplique le vizir.

Sa tête roula avec celle d'un autre des meneurs de casernes nommé Djanin. Leurs cadavres furent à l'instant traînés sans honneurs à la mer. Les autres chefs d'émeute ou de parti se cachèrent, s'enfuirent ou furent pendus sans émotion du peuple. Rien n'est plus ingrat que la sédition quand elle est frappée de terreur ; après avoir adoré des idoles dans ses chefs, elle ne tarde pas à y détester des corrupteurs. « *La mort de l'âne est la fête « du chien,* » dit le proverbe turc. Les rebelles des provinces se hâtèrent de se faire les délateurs et les bourreaux de leurs complices. Ils envoyèrent au divan des têtes et des membres de factieux pour sauver leurs propres têtes. Le despotisme les trouva aussi vils que l'anarchie les avait trouvés insolents.

Un des plus puissants des chefs des rebelles, Élias-Pacha, vaincu à Magnésie et assiégé dans Pergame, capitula, à condition de la vie, des titres et des honneurs conservés, avec les généraux d'Amurat. Il osa se rendre à Constantinople sur la foi de cette amnistie. Amurat l'attendait au palais de plaisance d'Istawros sur la rive du Bosphore.

« Giaour, » lui dit-il en l'apercevant, « pourquoi « ne m'as-tu pas obéi quand je t'ai envoyé l'ordre « d'évacuer Pergame et d'aller me servir à Damas?

« — J'étais malade, » balbutia en s'excusant Élias.

« — Détestable menteur, » lui cria le sultan, « tu n'étais pas malade pour saccager Magnésie, la « résidence impériale de mes ancêtres. Qu'on coupe « la tête à ce traître! »

Un bostandji se précipitant sur le pacha sans défense lui scia le cou avec son couteau.

Chaque jour de cette année fut nommé du nom d'un supplice illustre. Mahmoud-Oghli, meurtrier d'Hafiz, fut étranglé et jeté à la mer; Mustafa, le defterdar du choix des rebelles, pendu devant la porte de la boulangerie du sérail; le polonais Bernawski, qui s'était proclamé roi des Moldaves, et qui disputait ce titre au Grec Élias, protégé des Turcs, enfermé aux Sept-Tours, puis décapité et jeté aux flots. Le courant rapide de la mer de Marmara à la mer Noire, en lavant les plages de Constantinople, y rejetait toutes les nuits des cadavres de janissaires et de spahis où l'on reconnaissait en frémissant les fauteurs célèbres ou obscurs des révoltes récentes ou anciennes. Pendant le sommeil des lois, la vengeance future avait noté les noms, les hommes et les crimes; rien n'était oublié, rien pardonné. Le sultan jouissait de confondre sa justice, sa politique et sa colère.

Kœsé-Ali et Féridoun, signalés par leurs intrigues au temps de Redjeb, payèrent les menées ténébreuses de leur vie. Féridoun, en croyant porter un schall précieux au pacha de Damas, portait, plié à son insu dans ce schall, l'ordre de son supplice. En dépliant le présent, l'ordre tomba à terre, et la tête de Féridoun tomba un instant après sur le tapis du divan.

Le seul vice que les Ottomans reprochent à Amurat IV, vice puni par eux dans son favori Mousa, cet Antinoüs des Ottomans, était une amitié suspecte pour les jeunes pages grecs de sa cour. Sa mère redoutait moins, pour son influence au sérail, ces favoris qu'une rivale.

Une tradition, accréditée par des témoignages historiques irrécusables, attribue au fatal exemple et à la spirituelle repartie d'un des compagnons de sa jeunesse le changement qui pervertit tout à coup à cette époque la sobriété religieuse d'Amurat, et la transformation de son abstinence de vin en goût et en habitude d'ivresse.

Voici la tradition telle que la rapporte, d'après les sources ottomanes, l'historien français M. de Salabéry.

Mustafa Bekri, petit-fils du divin poëte de ce nom, était un jeune courtisan célèbre par ses débauches et par ses réparties. Un jour, Amurat, déguisé, aperçut un homme couché dans la boue; il le prit pour un insensé; on lui dit que c'était un homme ivre. Au même instant Mustafa-Bekri, Mustafa l'ivrogne, se lève et commande au sultan de se ranger de côté. Le bras d'Amurat, qui était levé, retombe de surprise à cet excès d'insolence.

« Comment oses-tu, » dit-il, « m'ordonner de « me retirer, à moi qui suis le sultan Amurat?

— « Et moi, » reprit l'ivrogne, je suis Bekri-« Mustafa; si tu veux vendre ta ville, je serai sul-« tan à mon tour, et tu seras Bekri-Mustafa. »

Amurat lui demanda où il trouverait assez d'argent pour payer Constantinople.

« Que cela ne t'inquiète pas, » reprit Mustafa; « je ferai plus : j'achèterai aussi le fils de l'esclave « (le padischah), je t'achèterai, toi. » Et là-dessus il se retourna et se rendormit.

Amurat le fit enlever tout couvert de boue et transporter au sérail.

Les fumées du vin dissipées au bout de quelques

heures, Mustafa fut fort étonné de se trouver dans des appartements dorés.

« Est-ce que je rêve? » dit-il à ceux qui l'entouraient ; « où suis-je? dans le paradis du prophète ?

— Rien de tout cela, lui répondit-on ; « mais vous avez fait tel marché avec le sultan. »

Mustafa, saisi de frayeur, feignit de se trouver mal, et dit qu'il allait mourir si on ne lui apportait pas du vin pour ranimer ses esprits. Mustafa cacha le pot de vin sous sa robe, quand Amurat le fit appeler, et le somma de payer plusieurs millions pour prix de la ville.

« Sublime empereur, » dit l'ivrogne gaiement, en montrant le pot de vin, « voilà ce qui pouvait
« hier acheter Constantinople ; croyez-moi, si vous
« possédiez un pareil trésor, vous le trouveriez pré-
« férable à l'empire de l'univers. »

— « Comment cela ? » dit Amurat.

— « En buvant, » dit Mustafa, « cette liqueur. » Le sultan se laissa persuader et fit l'essai de cette boisson, qu'il avala à longs traits. Il ne tarda pas à se croire trop à l'étroit dans le monde entier ; il ne parla plus que de grands projets, et se sentit une gaieté qui lui sembla avoir plus de charmes que le diadème. Enfin il s'endormit ; mais, en se réveillant quelques heures après avec un grand mal de tête, dans sa colère il fit appeler Mustafa.

« Voilà le remède à votre mal, » reprit celui-ci en souriant et présentant au sultan une coupe pleine de vin. Amurat la vide; le mal cesse, la gaieté revient, Bekri-Mustafa devient son favori; ce qui est plus étonnant, c'est qu'il ne fut pas au-dessous des dignités dont il fut revêtu.

XXIX

Les sévérités du sultan excitaient les représailles anonymes et les pamphlets satiriques des partisans voluptueux du tabac, du café et du vin. « Chassez
« les eunuques, » disait une de ces épigrammes,
« qui nous font les nuits sans sommeil, en parcou-
« rant nos rues le glaive à la main, et en fermant
« nos maisons aux plaisirs licites ; avant de proscrire
« le *nègre* (c'est ainsi qu'ils désignaient le grain
« du café), et avant de proscrire l'innocente fumée
« qui monte au ciel, dissipe, tyran, la vapeur du
« sang que tu fais monter tous les jours des cœurs
« opprimés par tes bourreaux. »

Les imans et les scheiks des mosquées, plus hardis dans leurs reproches, les déguisaient à peine en présence du sultan lui-même sous des allégories transparentes. Pour scandaliser le peuple par le contraste entre la tolérance partiale des grands vices et la répression sanglante des petits, ils récitaient en chaire une fable de Nasireddin, le Bilpay, l'Esope, le La Fontaine des Turcs.

« Un homme, » dit la fable indienne, cette satire masquée du despotisme, « labourait un jour son « champ à l'aide de deux bœufs, l'un gros et fort, « l'autre petit et faible, attelés au même joug ; le « petit ne pouvant creuser le sillon, le laboureur « fouetta le gros. — Pourquoi frappes-tu celui qui « tire, » lui dit un passant, » et épargnes-tu les » coups à celui qui refuse de tirer ? — C'est, » répondit le laboureur, « parce que le petit n'aurait « jamais voulu tirer, s'il n'avait à côté de lui l'exem- « ple de l'obéissance et des efforts du grand. » Frappez donc sur les grands que vous épargnez, et le peuple suivra vos préceptes, c'était la moralité de cet apologue.

Ce murmure sourd fut exaspéré par l'exécution injuste et soudaine du juge de Nicomédie que le sultan fit pendre sous ses yeux, à la porte de la ville, avec sa pelisse et son turban de magistrat, parce qu'en allant à Brousse, Amurat IV avait trouvé la route mal réparée. Les oulémas, offensés dans leur collègue, parlèrent de révolte et de déposition dans la capitale.

« Hâtez votre retour, » écrivit à son fils la sultane Kœsem sa mère, qui du fond du sérail épiait les rumeurs publiques, « on parle de dépo-
« sition. »

Ce message rencontra Amurat IV chassant les cerfs dans les forêts du mont Olympe. Sans rentrer à Brousse il galopa jusqu'aux bords de la mer de Marmara, se jeta dans une barque de pêcheur, malgré la tempête qui faisait chercher le port aux plus grands navires, et traversa la Propontide en une nuit. Arrivé le lendemain sans être attendu à son palais de Scutari en face du sérail, Amurat avait retrempé le pouvoir despotique dans le sang, et reconquis sa liberté dans la vengeance.

Il sembla respirer une nouvelle vie. Son activité martiale, son adresse à cheval, sa vigueur au djérid, sa présence partout, sa grâce pour les soldats, son inflexibilité pour les chefs, son éloquence au conseil, son courage à réprimer de sa propre main les premiers symptômes de murmure ou de sédition, son fatalisme à défier le poignard des assassins dans les attroupements tumultueux des soldats ou du peuple, contrastaient heureusement avec son indolence passive dans le harem. L'enfant avait disparu, l'homme était né; mais l'homme dépravé par l'oppression qu'il avait subie, et la précocité de despotisme qu'il avait été contraint d'exercer. La défiance et la vengeance gouvernaient tour à tour et suppléaient les lois ; la reconnaissance même ne lui imposait aucun frein.

Roum-Mohammed, qui s'était opposé à sa déposition du trône sous Redjeb, ayant affecté à Aïntab quelques symptômes d'indépendance, Amurat le fit assiéger et massacrer par Yousouf-Déli, pacha de Damas, ancien rebelle empressé de prouver son zèle contre les rebelles nouveaux; Yousouf, appelé peu après à servir à Constantinople, y reçut pour récompense la mort qu'il venait de donner à Roum-Mohammed.

L'Arabie insurgée rentrait dans la soumission par les armes de Kœr-Mahmoud, un des hommes qui avaient prêté le plus de concours au renversement de l'anarchie. Vingt mille maisons de Constantinople brûlées en trois jours et trois nuits par un incendie ayant agité la capitale d'un premier frisson de mécontentement, Amurat ordonna la fermeture des cafés, ces sources et ces échos de murmures. Il parcourait lui-même à cheval la nuit les rues de la ville, suivi d'une cohorte de bourreaux pour supplicier à l'instant les infracteurs à cet ordre.

Aucun souverain jusque-là n'avait réprimé avec

plus d'autorité l'usage du vin ; il fit appeler le chef des bostandjis, et lui donna l'ordre impie selon les Ottomans de porter au muphti, aux juges de Constantinople et à quelques-uns des chefs des mécontents, l'ordre de sortir sous peine de mort de Constantinople et de se rendre en exil à Chypre. Il y ajouta l'ordre secret de leur trancher la tête, si le lendemain à l'aurore ces exilés n'avaient pas quitté la ville. Il se souvenait que le muphti avait été avec le perfide Redjeb une des cautions de la vie de son favori Mousa, et bien que le muphti fût innocent de la déloyauté du vizir, Amurat jouissait de sacrifier deux victimes pour le crime d'un seul coupable.

La nuit écoulée, il voulut s'assurer par lui-même de l'exécution de son ordre ; il traversa le canal de Scutari, monta à cheval, suivit la plage de la mer jusqu'au château des Sept-Tours, et rencontra sur le rivage le muphti que le vent contraire empêchait de s'embarquer sur le vaisseau qui l'attendait pour le porter à Chypre. Il affecta de voir dans cet obstacle des éléments une désobéissance à sa volonté, fit saisir le muphti par les bostandjis, le fit jeter sur un chariot de paille jusqu'au premier village et exécuter sous ses yeux dans la maison d'un janissaire d'Aya-Stéfano.

On ensevelit le premier interprète de la loi religieuse et de la loi civile, le chef des oulémas et des scheiks dans le sable du rivage. Le tombeau magnifique qu'il s'était construit à lui-même à Constantinople attendit vainement sa dépouille : la tombe trompe comme la vie. Ainsi périt le sage Akhizadé, coupable d'avoir arraché un jour à son souverain l'objet d'une licencieuse faveur, et surtout d'avoir été chef de la loi dans un temps où il n'y avait plus de loi. Cette promptitude dans l'action et cette obstination dans la vengeance scandalisa les consciences, mais abattit les murmures.

XXX

Amurat se préparait à conduire lui-même, à l'exemple de Soliman le Grand, trois cent mille hommes en Perse pour reconquérir Bagdad. Le grand vizir était déjà à Alep, base des opérations contre les Persans.

Des séditions dont il triompha agitèrent ce premier rassemblement de troupes dans Alep, ville aussi turbulente que Damas. L'aga des janissaires fut déposé par l'émeute, et le grand vizir lui-même assailli de pierres dans son palais. Ses gardes sauvèrent avec peine sa vie de la fureur des révoltés. La révolte s'éteignit dans le sang des coupables ; mais le chef des *chiaoux*, qui s'était signalé par son courage contre eux, périt lui-même pour sa fidélité. Accusé par le grand vizir d'un dévouement excessif qui mécontentait l'armée, il fut renvoyé à Constantinople. Un chambellan d'Amurat l'attendait sur la route avec un firman de mort. L'aga, à la vue du firman, parvint à attendrir son exécuteur en lui démontrant l'erreur du padischah ; il obtint l'ajournement de son supplice jusqu'à ce qu'il eût manifesté son innocence au sultan lui-même.

Amurat fut aussi ingrat et aussi impitoyable que son vizir : « Infâme menteur, » dit-il en écoutant la justification et en contemplant les larmes de ce serviteur méconnu, « c'est toi qui soufflais la
« sédition contre laquelle tu combattais ensuite ;
« aujourd'hui tu voudrais surnager, comme l'huile,
« au-dessus des flots tumultueux ? Qu'on lui tranche
« la tête. »

Avant de partir pour l'armée, Amurat IV résolut de purger la capitale, les provinces et les différentes milices de tous ceux qui avaient donné, dans le temps des agitations de sa minorité et de sa faiblesse, le moindre indice de turbulence, de popularité ou de connivence dans les factions mal éteintes. Il voulait laisser la terreur et le silence régner en son absence autour de sa mère.

Le sultan, servi dans ses recherches par le zèle des proscripteurs, ne dédaignait pas de poursuivre lui-même les victimes échappées à ses espions. Le chef des émirs (descendants privilégiés du Prophète), Allamé, qui avait été l'hôte du muphti décapité le jour où le muphti et les oulémas, ses convives, avaient murmuré trop haut dans la liberté d'un festin, tremblait d'être compris, quoique innocent, dans la proscription de ses amis. Allamé s'entendit appeler une nuit de la rue par son nom; et reconnaissant la voix du sultan, il descendit, à demi vêtu et résigné à la mort, à l'ordre du tyran. Le sultan, à cheval, lui ordonna, tout en marchant, de lui raconter les circonstances et les paroles les plus secrètes de ce fatal repas. Allamé lui raconta que ce n'était qu'une réunion accidentelle et privée, dont l'objet était de réconcilier le muphti avec le chef des émirs.

Pendant ce long interrogatoire, Allamé, essoufflé, suivait avec peine, en parlant, le pas rapide du cheval. Amurat IV semblait jouir de l'anxiété du vieil émir courant à côté de son cheval, et brandissait son sabre suspendu sur sa tête. A la fin, il congédia Allamé en lui faisant grâce de la vie et en lui recommandant plus de sévérité à l'avenir sur les entretiens de ses convives.

« Je suis le convive invisible de tous mes esclaves, » lui dit-il; « rentre en paix dans ta maison. » L'émir raconte qu'il lui fallut plus de deux heures pour refaire au pas le chemin qu'Amurat lui avait fait parcourir en quelques instants, en suivant hors d'haleine le trot de son cheval.

Pendant ces exécutions à Constantinople, le grand vizir achevait d'anéantir en Syrie la domination de Fakhreddin, l'héroïque chef des Druzes et des Maronites, dont l'empire indépendant, créé par son génie, s'étendait de Tripoli aux frontières d'Égypte et sur les deux flancs du mont Liban. Les agitateurs de l'empire avaient permis à Fakhreddin d'étendre et d'affermir sa souveraineté.

Cinq races guerrières et industrieuses, les Druzes, les Maronites, les Métuolis, les Hébreux, les Arabes de Judée, reliés en un seul faisceau sous sa main, égalaient au moins la force de l'Albanie. La bravoure de Fakhreddin, son génie organisateur, ses voyages à Florence pour solliciter l'alliance et les secours des Médicis, sa marine, son commerce, les sites inaccessibles de ses châteaux dans la vallée de Baalbeck et dans les gorges du Liban, sa politique tour à tour obséquieuse et menaçante pour les Ottomans entre l'Égypte, Bagdad, Damas et le mont Taurus, faisaient de lui, quoique souvent cerné par les armées turques, l'arbitre de la Syrie et le rival des sultans. Tripoli, Latakié, Beïrout, l'antique Sidon, la moderne Ptolémaïs sur la mer, Baalbeck, Jérusalem, Nazareth, Safad, Tibériade, Daïrol-Camar ou *le couvent de la lune* dans l'intérieur des terres, lui fournissaient des ports, des capitales, des forteresses, des villages belliqueux, des marins pour ses vaisseaux, des recrutements pour ses armées, des subsides pour son trésor, des ouvriers habiles pour ses fabriques de soie et d'armes.

D'une religion indécise comme tous les souverains du Liban obligés de gouverner plusieurs races sous le même sabre, chrétien avec les chrétiens, catholique avec les Toscans, Druze avec les Druzes, mahométan avec les Turcs, politique surtout, sa tolérance multiple faisait vivre en paix ces populations antipathiques de foi. Il avait créé en Syrie ce patriotisme des montagnes du Liban, qui se déchire quelquefois, mais qui se renoue toujours sous les grands émirs de cette contrée pour l'indépendance commune.

L'émir Fakhreddin avait élevé, pendant vingt-cinq ans de règne, la Syrie au niveau des civilisations les plus florissantes de l'Europe. La Toscane, son modèle, et les Médicis, ses alliés, n'offraient pas dans les campagnes de Florence, de Pise, de Lucques l'image d'une agriculture plus riche, et d'une élégance de mœurs plus raffinée. La plaine de Beïrout et la vallée de Bkaa, au-dessus de laquelle plane l'Acropolis de Baalbeck convertie en citadelle par Fakhreddin, étaient les jardins de l'Asie-Mineure. On y admire encore les ruines à la fois mauresques et italiennes des palais, des villas, des fontaines, des aquéducs, des routes, des monuments de ce grand héritier des khalifes et des croisés représentés par un même homme.

A l'apparition de l'avant-garde des trois cent mille Turcs que le grand vizir rassemblait sous le prétexte de la guerre de Perse à Alep, Fakhreddin prévoyant qu'il serait balayé le premier par ce torrent d'hommes, avait insurgé la Syrie et massacré vingt mille spahis cantonnés entre Alep et Tripoli. Attaqué comme représailles de cette extermination par l'armée du grand vizir, il avait vaincu à Mizereb; mais défait à son tour dans la vallée de Bkaa, son fils était resté sur le champ de bataille, et lui-même licenciant ses levées en masse des deux Syries, s'était réfugié avec une élite de soldats dans les gorges inaccessibles du haut Liban. Poursuivi jusque dans ces cavernes par trente mille

Ottomans prêts à enfermer son asile, il s'était rendu avec deux de ses fils à Ahmed-Pacha, général de l'armée de Syrie.

On les envoya à Constantinople, où il mourut sans que son malheur eût éclipsé sa renommée. Ses deux fils furent élevés parmi les pages du sultan pour perpétuer dans les hautes dignités de l'empire un nom qui était la gloire de quatre peuples. Sa défaite laissait la Syrie sans âme, et la route de la Mésopotamie libre à Amurat IV.

Au moment où la fortune lui livrait cet illustre rebelle, le ressentiment des janissaires contre un autre ancien rebelle, le célèbre Abaza, le vengeait des terreurs qu'il lui avait inspirées dans son berceau. Abaza, comme on l'a vu, avait été consolé de la perte d'Erzeroum par le gouvernement de Bosnie. Les janissaires de sa province, contre lesquels il ne dissimulait pas sa haine obstinée, conspirèrent sa perte avec une famille puissante de Bosnie, les Loboghlis. Ils fondirent un jour sur lui à la chasse et le blessèrent de plusieurs coups de sabre. L'intrépide et vigoureux Abaza se défendit en lion contre cette meute d'assaillants, rappela son escorte, tua de sa main le chef des janissaires Othman, et fit fuir le reste.

Le meurtre en masse de la famille des Loboghlis,

et une attaque impolitique en ce moment de la ville vénitienne de Zara mécontentèrent le sultan. On le nomma commandant de Widdin, où il emmena avec lui ses troupes de Bosnie. C'était le moment où le czar de Russie suppliait les Turcs de faire attaquer les Polonais par Abaza, pendant que l'empereur d'Allemagne, occupé des révoltes de l'empire, ne pouvait porter secours à la Pologne contre les Russes et les Turcs réunis. Le khan des Tartares inonda en effet avec Abaza les plaines de Kaminiec.

Abaza, après cette expédition douteuse, fut rappelé à Constantinople. Il était à cheval à la suite d'Amurat, le jour où ce prince fit exécuter le muphti sur le bord de la mer.

Amurat IV, malgré les protestations des Polonais, fauteurs des incursions perpétuelles des Cosaques du Don, partit lui-même avec le chef circassien et quarante mille hommes pour Andrinople. La guerre, confiée de nouveau à Abaza, fut courte et suivie d'une paix précaire. On ne peut discerner aucune politique fixe et régulière dans cette république de Pologne, gouvernée par les oscillations continuelles de son aristocratie équestre et de sa démagogie militaire. L'ambition des grands et la turbulence des camps la jetaient, dix fois dans le même siècle, dans l'alliance des Turcs, des Hongrois, de l'Allemagne, des Tartares, des Suédois, des Cosaques ou des Russes, aussi mobile dans la guerre qu'incapable de la paix.

Amurat, resté à Andrinople pour y surveiller de l'œil ses généraux, y poursuivait le cours de ses exécutions tragiques. Un jeune et beau Bosniaque, fils d'un marchand grec de cette province, nommé Mustafa, avait succédé à Mousa dans le cœur du prince. Ce favori avait été au service d'Hassan, pacha de Bosnie, avant d'avoir fasciné les yeux d'Amurat. Il voulait effacer dans le sang de son ancien maître le souvenir humiliant de sa première servitude. Hassan-Pacha, calomnié par lui, fut condamné à mort par un ordre secret. Suleïman-Pacha, investi du gouvernement de cette province à la place d'Hassan, fut chargé en même temps de l'exécution de son prédécesseur.

Suleïman partit d'Andrinople avec quarante cavaliers pour exécuter cet ordre. Un ami que Hassan entretenait à la cour, nommé Schaban, apprit vingt-quatre heures après le départ de Suleïman, le but de son voyage. Il monta à cheval et gagna quelques heures sur le nouveau pacha. A son arrivée à Séraï, résidence du gouverneur de Bosnie, il trouva Hassan assistant à la prière de nuit dans la mosquée; il se pencha à son oreille, et lui dit que son successeur et son meurtrier était aux portes de la ville, et qu'il n'avait pas une minute à perdre pour se soustraire à la mort. Hassan, sortant précipitamment de la mosquée et disparaissant à la faveur de la nuit, se glissa dans la maison de sa sœur et se cacha sous des habits de femme dans le harem.

Échappé ainsi aux recherches de Suleïman, il se réfugia dans une caverne du mont Arighan en Valachie. Trahi par le berger valaque qui lui apportait du pain et du lait, et apercevant de loin les soldats auxquels le berger avait indiqué la caverne, Hassan le tua d'un coup de flèche et disparut dans les forêts, d'où il parvint à atteindre Constantinople; il y échappa d'autant mieux qu'il y fut moins soupçonné, et il y attendait de meilleurs temps.

Trente derviches d'Andrinople s'étaient apostés dans un défilé où le sultan devait passer au retour d'une chasse, dans l'intention de lui demander des aumônes pour leur couvent; leur aspect soudain et sauvage effraya son cheval; l'animal en se cabrant secoua son cavalier. Il punit l'accident comme un crime, et les têtes des trente derviches roulèrent à l'instant sur la route.

La mort n'attendait pas la conviction, le soupçon était frappé avant d'être éclairci. Un de ses serviteurs fut empalé parce qu'un diamant, retrouvé depuis, s'était égaré dans le sérail; un de ses pages fut étranglé parce qu'en jouant avec le sultan au jeu équestre du *djérid*, le jeune homme avait penché son corps pour éluder le coup et trompé ainsi l'adresse de son maître; le poëte Néfii, le Juvénal des Turcs, autrefois commensal et protégé d'Amurat, crut pouvoir écrire quelques vers épigrammatiques contre le caïmakam Beïram-Pacha, le Séjan de ce Tibère; Beïram demanda vengeance à Amurat :

« Je te donne sa tête, si les oulémas te la don« nent, » répondit Amurat. Les oulémas, consultés et blessés souvent eux-mêmes par les traits du poëte, ratifièrent la condamnation qui les vengeait. Néfii fut envoyé au supplice. Il avait une habitude si invétérée de raillerie, que sa dernière parole fut encore une épigramme. L'aga des *chiaoux*, chargé de le conduire au bord de la mer, lieu de l'exécution, eut la barbarie de lui dire en route : « Suis-moi, Néfii, nous allons dans un « endroit où tu pourras ramasser du bois pour « tailler tes flèches.

« Rustre maudit, » lui répliqua en souriant le

poëte, « prétends-tu donc aussi te mêler de satire ? »

Abaza, à son retour de la guerre de Pologne, n'échappa pas à l'envie que la longue faveur de cet ancien rebelle, devenu le plus élégant des courtisans, inspirait au caïmakam Beïram et au favori Mustafa. Abaza, dont la rébellion n'avait été qu'une fidélité éclatante au trône d'Othman, trouvait auprès d'Amurat l'excuse de son crime dans le motif de son crime même. Le sultan ne pouvait haïr un homme qui avait bouleversé dix ans l'empire, et égorgé quarante mille janissaires pour punir le meurtre d'un sultan.

La renommée, les richesses, la bravoure chevaleresque, la grâce, l'éloquence naturelle, l'adulation habile, la culture d'esprit de ce Circassien faisaient de lui l'Alcibiade des Ottomans. Le sultan ne sortait jamais à cheval du sérail sans être suivi d'Abaza. Ses chevaux, ses armes, son équipement, son costume servaient de modèles à la jeunesse des armées. Le bruit courait qu'Abaza recevrait bientôt le commandement de l'armée de Perse, et qu'il promettait de conquérir l'Iran en une seule campagne.

Tant de présomption et tant de faveur hâtèrent sa fin : le favori ne lui pardonnait pas ses sévérités en

Bosnie contre sa famille, dont Abaza avait convoité les richesses. On l'accusait de plus d'avoir reçu des présents considérables des Arméniens, pour faire prévaloir la prétention de ces chrétiens contre les Grecs à la possession exclusive du saint sépulcre de Jérusalem. Abaza, familièrement interrogé sur la quotité de ce présent par Amurat, mentit sur le chiffre. Amurat ne lui pardonna pas ce mensonge. On lui persuadait qu'Abaza ne déguisait ainsi l'énorme trésor qu'il accumulait dans son palais du Bosphore que pour solder une seconde rébellion contre lui-même. Les ombrages agitèrent jusqu'à la fureur l'esprit du sultan. Il monta à cheval avant l'aurore, suivi du chef des bostandjis, pour évaporer sa colère. En suivant la plage étroite de la mer, qui servait de route devant le village de Beschiktasch, aujourd'hui palais des sultans, il trouva le chemin obstrué par un chariot à bœufs, conduit par un paysan bulgare. Amurat le perça d'une flèche; le paysan blessé tomba sous le coup.

« Va, et coupe-lui la tête, » dit Amurat au bostandji. L'aga, plus humain que son maître, courut vers le paysan prosterné; et feignant de le croire mort pour lui sauver la vie, il revint sans avoir tiré son sabre vers le sultan. « Longue vie à Votre « Majesté, » lui dit-il, « l'âme de l'insolent s'est

« envolée de son corps aussitôt que votre flèche l'a
« touché. »

Amurat revint plus soucieux au portique de
Sainte-Sophie. Là, sans descendre de cheval, il
envoya l'aga des bostandjis, Djoudjé, ordonner secrètement au caïmakam Beïram, qui tenait le divan
dans ce portique, de faire massacrer tous les Arméniens corrupteurs d'Abaza, qui devaient ce jour-là
se présenter à son audience.

Djoudjé, pour ne pas être reconnu des Arméniens
qui assiégeaient déjà les portes, dépouilla son
costume d'aga des bostandjis dans un corps de garde
voisin, et entra dans le portique sous l'habit d'un
simple soldat de l'armée de Roumélie. Le caïmakam
le reconnut sous ce déguisement, et lui faisant signe
d'approcher : « Qu'y a-t-il de nouveau ? » lui demanda-t-il par geste dans le langage des muets,
connu du sérail. — « Grande colère du maître, » répondit, dans le même langage de signes, le bostandji.
Puis il lui communiqua l'ordre de mort contre les
Arméniens. Le caïmakam et les juges de son divan
frémirent, mais obéirent. Les têtes des principaux
Arméniens furent envoyées au sérail.

Abaza y arrivait en ce moment à l'ordre du sultan
pour l'accompagner, selon son usage, dans ses promenades à cheval. Amurat ordonna de l'enfermer

dans la volière du sérail. Il écrivit ensuite un firman de mort et l'envoya par Djoudjé à son ancien favori. Abaza, en contemplant le firman, inclina sa tête. « C'est la volonté de mon padischah, » dit-il, et il s'agenouilla pour faire sa prière. Sa tête tomba sans murmure au dernier verset de la *soura* des morts. La main d'un sultan le punissait de tout le sang qu'il avait répandu pour la suprématie du trône.

XXXI

Aussitôt après cette exécution, Amurat IV, dont les tentes étaient déjà dressées à Scutari au milieu de deux cent mille hommes, partit pour la Perse.

La terreur de Constantinople avait passé avec lui dans l'armée ; sa discipline, cimentée à toute heure et dans tous les grades par le sang, semait de cadavres la route de l'armée. La moindre faute était mortelle. Les bourreaux entraient avant lui dans toutes les villes pour purger les derniers restes des vieilles révoltes épargnées par Khosrew ou par le grand vizir. Amurat, muet, faisait appeler devant lui les chefs de villes ou de tribus, et ses deux doigts de la main droite levés ou fermés indiquaient sans paroles aux exécuteurs la vie ou la mort des hommes suspects. On étalait en dehors des portes de la ville les cadavres des suppliciés, avenue de terreur à travers laquelle il faisait marcher les troupes.

Tous les délits et tous les crimes étaient égaux devant le sabre. A la prairie des Trompettes, Gourdji-Othman, chef d'une cavalerie nombreuse amenée au sultan, fut massacré pour avoir participé autrefois au meurtre d'Othman II ; un tschaousch feudataire, Djewherizadé, pour avoir fumé une poignée de feuilles de tabac ; à Césarée, le juge de la ville, pour une légère négligence dans l'approvisionnement des vivres.

La force corporelle et l'énergie sauvage du jeune sultan rappelaient ses ancêtres aux Turcomans de la Caramanie témoins de sa marche à travers leur vallée natale. A Dewli-Kara-Hissar, un bouc sauvage d'une taille colossale s'étant jeté sur les chevaux qui conduisaient son chariot de voyage, Amurat s'élança de la voiture sur son cheval, combattit le bouc et le terrassa d'un coup de massue. — « Le bras de Dieu est avec toi, » cria l'armée étonnée de cet exploit de lutteur.

Rencontrant un peu plus loin Mustapha-Pacha, le géant de l'armée, il l'enleva de sa selle à bras tendu, et le tint un moment suspendu comme un jouet de sa main de fer.

Le grand vizir Mohammed-Pacha vint au-devant

de lui à Sinorowa et le précéda à Erzeroum. Son entrée dans cette capitale des frontières, rappelait les marches d'Alexandre ou de Timour. Trois cent mille hommes, cavaliers ou fantassins, bordaient la haie des deux côtés de la route pendant l'espace de six lieues avant la porte de la ville. Le lendemain, il reçut en grand appareil les présents de tous les chefs de l'armée, de tous les pachas et de tous les tributaires jaloux de se surpasser les uns les autres en dévouement par la prodigalité de leurs tributs en hommes d'armes, en esclaves, en chevaux et en or monnayé.

Quelques marches conduisirent cette multitude devant les murs d'Érivan, première forteresse des Persans. Une nuée de poussière, soulevée par ces milliers d'hommes et de chevaux et soutenue par un vent d'orage, dérobait les remparts d'Érivan. L'artillerie de la ville fendit tout à coup le nuage, et les boulets creusèrent la terre sous les pieds du cheval d'Amurat.

« Que craignez-vous ? » dit-il à ses vizirs : « un « homme peut-il mourir avant le jour marqué par « le destin ? » Mot banal et juste de Napoléon à ses soldats, de César à ses rameurs, et de tous les fatalistes.

Il disposa ses troupes et les harangua chef par

chef : « Toi, » dit-il à Ahmed-Pacha, gouverneur
d'Erzeroum, « ce n'est rien d'avoir fait prisonnier
« le rebelle Élias, et forcé Fakhreddin dans ses
« cavernes du Liban, voici le jour de montrer qui
« tu es !

« Toi, » dit-il au fils de Djanboulad, « toi, fils de
« celui qu'on appelait avec raison cœur d'airain,
« fais voir aujourd'hui que ton âme est du métal de
« celle de ton père, afin que tu achèves de mériter
« d'être vizir.

« Toi, Mourteza, prends soin que la jeune cava-
« lerie que tu commandes ne recule pas de l'ombre
« d'un cheval sur le champ de bataille. C'est le
« jour de déployer tout ce que les ennemis et les
« amis reconnaissent de talent et de bravoure en
« toi.

« Toi, aga de mes janissaires, écoute-moi bien :
« Les condamnations dans la capitale, les châti-
« ments infligés aux ivrognes et aux fumeurs de
« tabac ne sont pas des exploits de héros ; voici le
« moment ! voici le lieu ! montre ton cœur ! Je veux
« montrer moi-même le mien, et voir, au milieu de
« la mêlée, comment mes agas font combatre mes
« janissaires.

« Et vous, mes loups, » disait-il aux soldats, ne
« vous débandez pas, ne vous lassez ni de frapper,

« ni de tuer, ni de couper des têtes, et de ramasser
« des boulets pour les renvoyer aux Persans;
« déployez vos ailes, aiguisez vos serres, mes fau-
« cons et mes aigles! et rapportez-moi votre proie;
« voici des monceaux de bourses d'or pour payer
« les têtes que vous jetterez à mes pieds! »

Les pages, disent les témoins de ces harangues et de ces combats, entouraient le sultan, portant des sorbets sucrés pour rafraîchir ceux qui rapportaient des têtes; les chirurgiens se tenaient debout prêts à panser les blessures.

Huit jours de tranchées épuisèrent le courage, les vivres et les munitions d'Érivan. L'âme de Schah-Abbas s'était envolée de la Perse. Elle était gouvernée par son petit-fils, Sam-Schah, fils de celui de ses mirzas, qu'Abbas avait autrefois sacrifié à ses soupçons, et à qui, en mourant, ce père, bourrelé de remords, avait voulu, en dépit des grands, restituer le trône.

Sam-Schah, encore adolescent, ne s'était signalé jusque-là que par le meurtre de sa sultane favorite, de sa mère, et de ceux de ses vizirs qui lui reprochaient ses vices. Ses généraux tremblaient de vaincre autant que d'être vaincus, ne sachant si la victoire compromettait moins leur vie que la défaite. Tout ce qui n'était pas servilité était découragement et trahison dans le royaume. Le khan Emirgoune, ancien mirza et favori militaire du grand Abbas, rougissait de servir un si indigne maître. Il méditait de l'abandonner à son sort, et de se ménager une fortune indépendante pour lui-même. Il en fit assez pour l'honneur des armes, pas assez pour le salut de la Perse. Le huitième jour il parut, après avoir donné et reçu des otages dans le camp d'Amurat, pour traiter de sa défection. Ses généraux, qui l'accompagnaient, portaient leurs sabres pendus autour du cou. Amurat le revêtit de trois caftans d'honneur.

— « Pourquoi, depuis trois lunes que je foule « avec mes soldats la terre de ton roi, se tient-il « caché comme une femme? »

— « Mon padischah, » répondit Emirgoune, « c'est parce que votre épée a le fil de la mort, et « que votre coursier est de noble race. » Emirgoune, récompensé de ses flatteries et de sa défection, reçut le titre de pacha et le gouvernement d'Alep. L'armée persane, qui sortait d'Érivan sous la foi d'une capitulation et d'une amnistie, fut anéantie quelques jours après par les pachas de Damas et de Caramanie.

La joie de cette victoire donna à Amurat l'audace du crime qu'il n'avait osé encore accomplir sur les fils de son père. Deux de ses favoris, porteurs de firmans secrets, partirent pour Constantinople avec l'ordre d'étrangler les deux princes Bayézid et Suleïman. L'horreur de ce crime se mêla dans Constantinople aux fêtes de victoire et les consterna. Ces victimes étaient l'espérance d'un règne plus doux.

XXXII

Le courage d'Amurat IV semblait égaler sa cruauté. Il se lança le premier dans l'Araxe au passage de ce fleuve, et son cheval presque submergé par les flots ne parvint à la rive opposée que par le dévouement de quelques soldats, qui se jetèrent à la nage pour soutenir sa tête au-dessus de l'eau. Il enfonça lui-même à coups de hache les portes de Djewrès, construites d'un bois si épais et si dur, que le bélier s'y était amorti. Tauris, sans défense, s'ouvrit devant lui et devint un monceau de cendres.

L'hiver rappela à Constantinople Amurat, impatient de triompher aux yeux de ses sujets. Ce triomphe ne fut qu'une série de supplices. Le sang étouffait chaque jour le murmure soulevé par le sang répandu. L'interprète de l'ambassadeur de

France fut supplicié, pour avoir fomenté les prétentions de la France contre l'Autriche à la protection exclusive des Lieux saints. Le patriarche grec fut enlevé de son église et martyrisé pendant la nuit dans le château des Sept-Tours, pour avoir correspondu avec les Russes, et pour avoir éventé les intrigues des jésuites, qui étaient favorisés par l'Espagne et par la France. Un partisan des jésuites, nommé Carfila, acheta au prix de cinquante mille piastres la dignité de patriarche.

Le caïmakam Beïram, en récompense du meurtre des deux princes étranglés dans le sérail, fut nommé grand vizir. Amurat ne voulait plus seulement des serviteurs, mais des complices. Avant de repartir pour la Perse, il fit immoler à sa sûreté le septième de ses frères, le jeune sultan Kazim, coupable d'avoir donné en grandissant des espérances d'un meilleur avenir au peuple, et ne laissa vivre qu'un seul des enfants de son père, dernier et fragile germe de la dynastie.

Tranquille sur ce qu'il laissait derrière lui, il rejoignit le 23 février 1638 l'armée innombrable, campée d'avance à Scutari. Il sortit du sérail et entra à Scutari sous le costume d'un guerrier arabe des temps fabuleux, antérieurs à Mahomet. Son cheval était bardé de fer ; il portait un casque d'acier poli, entouré d'un schall rouge, roulé en turban et dont les deux bouts flottaient sur ses épaules.

Un mois après, l'armée s'avança, en cent dix marches, sur Bagdad. Tout l'empire armé semblait suivre le sultan. Ses exécuteurs ensanglantèrent toutes les stations de l'armée, comme dans sa première campagne. L'innocence ne sauvait pas du caprice de la cruauté du sultan. A Nicomédie, un courrier fut envoyé de Constantinople sur ses pas, pour lui annoncer la naissance d'un enfant, dont son esclave favorite venait d'accoucher. Le courrier, qui ignorait le sexe de l'enfant, ayant dit témérairement que c'était un fils, et ayant été démenti par une autre lettre, fut empalé pour s'être trompé de sexe.

A Synada, dont le marbre taché de rouge passait pour avoir été coloré par les gouttes du sang d'Atys, il fit égorger le juge de la ville. A Akschyr, patrie du fabuliste Nasireddin, il écrivit des vers sur la muraille d'un cloître, au bord de la fontaine dont le murmure inspirait l'Ésope des Turcomans. A Ilgoun, il fit écorcher vif un derviche réputé invulnérable par ses sectateurs, et qui avait autrefois levé une faction dans ces montagnes. « Ne te presse pas, » dit le derviche martyr au bourreau qui s'efforçait d'abréger ses souffrances.

A Konïah, étant sorti la nuit, suivant son usage, sous un déguisement pour surveiller l'ordre ou le désordre du camp, il reconnut, dans le chef de police Khosrew, un ancien porteur d'outres du vizir factieux Redjeb. Le sultan n'avait pas vu ce visage depuis les séditions qui avaient opprimé son enfance. Le souvenir réveilla la vengeance; il lança involontairement un regard mortel sur Khosrew. Celui-ci s'en aperçut et confia sa terreur à un page, fils de l'émir Fakhreddin, qui causait en ce moment avec lui. Il reçut, en effet, quelques heures après cette rencontre, l'ordre de se rendre dans la tente du chef des *chiaoux*. Il s'y rendit avec des armes sous ses habits. En entrant dans la tente, les *chiaoux* de garde ne lui rendirent pas son salut; ce symptôme sinistre lui confirma le présage de mort qu'il avait conçu. Au moment où l'aga des *chiaoux* ordonnait son supplice, il l'abattit d'un coup de poignard, fendit d'un coup de sabre la toile de la tente et se perdit dans les ténèbres de la nuit.

L'émir des Druzes, qui avait succédé à Fakhreddin, fut décapité au moment où il s'inclinait pour baiser les pieds du padischah. A Alep, le gouverneur de Kara-Hissar, qui avait enlevé au silihdar un jeune Grec d'une beauté célèbre, expia de sa vie sa rivalité avec un favori du sultan. A Nizibe, ce même silihdar ayant accusé malignement le fameux médecin d'Amurat, Émir-Tchélébi, de préparer de l'opium pour ses malades et d'user lui-même de cette préparation enivrante pour exalter son imagination, le sultan demanda tout à coup au médecin de lui montrer le sachet de pilules qu'il portait entre sa robe et sa peau.

« Qu'est-ce que cela ? » lui dit-il en montrant du doigt le sachet.

« Une préparation innocente d'opium, » répondit Émir Tchélébi.

« Eh bien ! si elle est innocente, prends-en toi-
« même devant moi, » reprit Amurat. Émir Tchélébi en avala quelques pilules et referma le sachet en disant au sultan que ce qui était innocent et même utile à petite dose devenait poison mortel à grandes proportions.

Le tyran, aussi facétieux que cruel, ordonna à son médecin d'avaler toutes les pilules, et, pour l'empêcher d'en neutraliser le venin par un contre-poison, il lui proposa une partie d'échecs, et observa avec une attention féroce les progrès de l'empoisonnement sur le visage et sur l'intelligence de sa victime. A la troisième partie d'échecs, Émir-Tchélébi succombant à la léthargie fut emporté mourant dans sa demeure. Ses serviteurs lui proposèrent en vain des médicaments propres à le rappeler à la vie : « Non, » leur dit-il ; « sous un « maître comme le nôtre, et avec des ennemis tels « que le silihdar, il vaut mieux mourir une seule « fois que de vivre menacé de la mort tous les « jours. »

Il se fit apporter un sorbet glacé dont le froid rend l'opium mortel, et il expira.

A Biredjik le sultan traversa l'Euphrate sur des ponts de bateaux, et fit suivre l'armée par une flottille de huit cents barques qui portaient les canons de siège et les vivres. Il y fit rompre à coups de marteau les pieds et les mains des Arabes qui fumaient le tabac.

A Djoulab, le grand vizir Beïram mourut de douleur d'avoir été forcé d'obéir à un tel maître, et en déplorant les crimes dont il avait été à regret l'instrument. Taïar, pacha de Mossoul, fut appelé au camp pour lui succéder ; les favoris redoutaient un grand vizir d'une autorité plus prépondérante auprès du sultan : ils voulaient régner sous le nom d'un homme nouveau et timide.

A Mossoul, un ambassadeur indien apporta à Amurat les félicitations et les présents de son prince. Parmi les présents on admirait une ceinture de pierreries de la valeur de cinquante mille ducats d'or, et un bouclier réputé impénétrable aux flèches et aux sabres. Il était formé d'oreilles d'éléphants et de cuir de rhinocéros. Amurat, pour éprouver sa force et l'armure, la frappa du tranchant de sa hache d'armes et fendit du coup le bouclier. Il le renvoya avec mépris au souverain des Indes.

Le cent quatre-vingt-dix-septième jour après le départ de Constantinople, l'armée aperçut les quatre-vingt-dix-sept tours d'un des côtés de Bagdad et les murailles de dix mille pas ou de cinq lieues de circonférence qui entourent la ville des khalifes. On planta la tente d'Amurat en face du grand Iman, tombeau sacré situé sur une colline au bord du Tigre. La poussière qui s'éleva le lendemain des tranchées creusées par trois cent mille hommes obscurcit le ciel. Chacun des vizirs et des pachas reçut l'ordre d'attaquer une des portes ou des forteresses de la ville assiégée. L'émulation de la gloire ou de la récompense doublait l'ardeur des troupes. Le schah de Perse, Sam-Schah, s'approchait pour secourir la ville. Le premier choc sur les bords du Tigre fut terrible pour les Turcs. Amurat gourmanda le grand vizir sur sa lenteur à combler les fossés et à donner l'assaut général.

« Plût à Dieu, » lui répondit Taïar-Pacha, « qu'il fût aussi possible à toi de prendre Bagdad « qu'à moi de mourir pour te servir!... »

Il ordonna l'assaut pour le jour suivant. Trois cent mille hommes se préparant à la victoire ou à la mort remplirent la nuit du sourd murmure des prières qui s'élevaient du camp. A l'aube du jour, le cri d'*Allah kerim!* Dieu est grand! donna le signal de l'escalade par toutes les brèches. L'armée monta comme une marée des tranchées sur les murailles.

Le grand vizir, la mort devant lui sur les remparts, la mort derrière lui dans la tente d'Amurat, combattait le sabre à la main sur la plus large brèche, quand une balle lui traversa la tête du front à la nuque, et le fit tomber sans vie dans les bras de ses soldats. On coucha son cadavre sur le bord du fossé pour présider encore, quoique mort, à la bataille qu'il avait engagée.

« L'oiseau de son âme, » dit l'historien turc Naïma, traduit par Hammer, « s'envola de sa cage « terrestre dans les bosquets de roses du paradis ; « il avait été heureux dans la vie, martyr dans la « mort, ce bonheur suprême quand elle conquiert « le paradis ! »

« Ah! Taïar » s'écria le sultan en apprenant la

mort du grand vizir, « ta vie m'était plus pré-
« cieuse que cent tours comme celles de Bag-
« dad ! »

Puis, se tournant vers le capitan-pacha Mustafa, et lui remettant le sceau de l'empire et le commandement de l'assaut : « Allons, » lui dit-il, « mon-
« tre-toi digne de ma confiance, et dévoue-moi ton
« âme; c'est toi qui me donneras Bagdad. »

L'armée un moment suspendue dans son élan par la mort de Taïar-Pacha, s'élança sur les pas du nouveau vizir au cri unanime de la fatalité : « Qui
« sait le jour de sa mort? »

Avant que la fumée des remparts eût été dissipée par le vent qui suit à midi le courant du Tigre, les deux cents tours de Bagdad éventrées par le canon des Turcs étaient évacuées par les Persans redescendus dans la ville.

Une capitulation honorable fut signée entre le khan qui commandait dans Bagdad et le sultan. « Que chacun se retire à sa volonté de la ville, » lui dit Amurat en recevant les clefs dans un bassin d'or. Mais les soldats, animés par la vengeance de tant de morts, leurs parents ou leurs amis, sous les murs, ne ratifièrent pas cette magnanimité de leur padischah. Sous prétexte que les Perses avaient recommencé eux-mêmes le combat dans la ville, ils massacrèrent, pillèrent et brûlèrent jusqu'à la fin du jour les habitants et les prisonniers. Sourds à la voix des vizirs et des pachas, ils n'écoutaient pas même les ordres réitérés du sultan.

La mêlée était si confuse et le massacre si acharné, qu'Amurat, pour avoir des nouvelles de ce qui se passait dans la ville, fut obligé de faire monter à cheval un enfant tartare du nombre de ses pages, et de l'envoyer, au risque de sa vie, au milieu du tumulte. L'enfant lui rapporta que les Persans, accumulés en troupeau confus dans la tour et vers la porte *des Ténèbres*, s'y défendaient en désespérés, et que le silihdar et plusieurs pachas étaient tombés morts ou blessés sous leurs coups. Le sultan y envoya la grosse artillerie qu'il avait fait fondre à Biredjik ; la tour et la porte *des Ténèbres* s'écroulèrent sous ces énormes boulets.

Trente mille Persans, restes de quatre-vingt mille qui composaient la garnison de Bagdad, s'échappèrent par cette porte, passèrent le fleuve, se répandirent les uns dans les roseaux de la Diala, les autres dans les cavernes des rochers de Scherban, où ils périrent sous le sabre des Égyptiens lancés sur leurs traces. Le château, qui contenait l'arsenal de Bagdad, s'abîma sous une explosion des poudres. Huit cents buffles de l'armée qui paissaient sur les glacis semèrent de leurs membres mutilés les toits et les rues de la ville.

Amurat voulut voir une trahison dans cet accident. Il ordonna, sous peine de mort, à tous les habitants de Bagdad qui logeaient un Persan chez eux de massacrer leur hôte. Lui-même, monté sur son trône au bord du Tigre, fit comparaître devant lui mille Persans découverts dans la ville, accompagnés chacun d'un tschaousch désigné pour son bourreau. A un geste du sultan, les milles têtes roulèrent à la fois sous mille sabres sur la grève. Quarante mille autres têtes de Persans immolés par le fanatisme de la religion, de la race et de la vengeance, jonchèrent la route d'Amurat à son départ de Bagdad. Il y laissa une garnison turque de dix mille hommes, sous le commandement d'Hassan le Petit, aga des janissaires. Aucune bataille ne coûta jamais aux Persans autant de sang que cette capitulation honteuse de Bagdad. Le courage épargne plus de sang aux nations que la lâcheté.

Amurat, en quittant Bagdad, adressa un défi injurieux au schah de Perse pour adieu : « Si tu es « un homme, montre-toi, » lui disait-il ; « il ne « convient pas que ceux qui s'arrogent le trône « demeurent cachés derrière leurs murailles ; celui « qui craint le cheval ne doit pas le monter ; celui

« que l'éclat de l'acier éblouit ne doit pas ceindre
« le sabre ; ce qui a été écrit de toute éternité finit
« toujours par s'accomplir. »

XXXIII

Le retour d'Amurat IV à Constantinople rappela l'entrée de Mahomet II dans cette capitale. Il rapportait aux Ottomans l'orgueil, la vengeance et les clefs de la seconde ville sainte, boulevard de la foi et de l'empire. Sa mère, la sultane Kœsem, qui l'avait accompagné comme son génie familier dans toute la campagne, le précédait dans une voiture grillée dont les roues étaient d'argent, suivie de onze autres voitures pleines de son harem. Les vizirs et les oulémas, montés sur des chevaux de parade, précédaient et suivaient la sultane. Amurat, entouré de cinquante khans de Perse enchaînés à côté de son étrier, venait ensuite revêtu d'une armure persane et les épaules couvertes d'une peau de léopard tel qu'on représente Alexandre après la conquête de Babylone, cette Bagdad de l'antiquité.

Il rapportait non-seulement la conquête, mais la paix signée en route par le grand vizir Mustafa. La Porte dans ce sage traité avait rétrocédé Érivan en échange de la renonciation de la Perse à ses droits sur Bagdad. Le caïmakam Mohammed, qui avait gouverné avec tant de probité et de bonheur la capitale pendant l'absence du sultan, fut étranglé pour récompense. Le prétexte de sa mort fut la destitution de Mathias Bessaraba, Vayvode de Valachie.

XXXIV

La gloire et la paix rendirent Amurat IV aux vices qui avaient souillé sa jeunesse avant l'époque héroïque et courte de sa vie. Le Persan Émirgoune avait succédé dans sa faveur à Abaza. Les raffinements de luxe et de sensualité du palais d'Émirgoune y attiraient souvent Amurat. Les voluptés dépravées, les fréquentes ivresses énervèrent en peu de mois des forces que les fatigues de deux campagnes n'avaient pu vaincre. Une langueur mortelle l'atteignit à trente et un ans. Dans les accès de sa dernière fièvre, il envoya l'ordre d'étrangler Ibrahim, le dernier de ses frères, préservé jusque-là de sa jalousie par la sultane Kœsem, aïeule de cet enfant. La sultane fit répondre à son fils que l'ordre était exécuté, mais Amurat demanda à voir le cadavre.

Comme on éludait sous divers prétextes l'obéissance à cet ordre du mourant qui voulait entraîner avec lui son successeur dans le tombeau, Amurat se leva sur son séant pour aller lui-même s'assurer au harem de l'exécution de l'enfant de son père. Ses forces le trahirent plus que sa cruauté, et il retomba évanoui dans les bras de son silihdar. Sa dernière parole fut le vœu impuissant d'un crime : il mourut en le croyant accompli.

XXXV

S'il n'avait été un tyran, il aurait été un grand homme. Le héros et le bourreau se mêlèrent en lui. Ses cruautés furent provoquées par l'anarchie des janissaires et des spahis, qui avaient opprimé son enfance, déshonoré et ensanglanté la nation. C'est le malheur des dominations soldatesques qui appellent un tyran pour exterminer mille tyrans.

Sa physionomie sur la fin de sa vie avait contracté la férocité de son règne. Les poëtes persans ses contemporains le peignent sous les traits d'un lutteur antique aux jambes courtes, au buste épais, aux membres noués par des articulations colossales. « Sa chevelure » disent-ils, « et sa barbe étaient « noires et touffues, ses sourcils portaient de l'om- « bre sinistre sur ses yeux, foyers mobiles d'une

« flamme errante; deux rides creuses entre ses
« deux yeux semblaient couver des pensées toujours
« tendues, comme la corde de l'arc d'où va partir
« la flèche de mort; des milliers de têtes roulaient
« à sa voix sur la poussière, son bras robuste lan-
« çait des flèches aussi loin que le fusil lance la
« balle; le djérid (bâton de bois flexible) jeté par
« sa main perçait des planches de deux doigts
« d'épaisseur; ses plaisirs étaient sauvages et cruels
« comme son caractère; il aimait à chasser avec
« trente mille batteurs qui faisaient lever les cerfs,
« les chevreuils, les sangliers devant son cheval.

« De même qu'à l'approche de l'orage tous les
« oiseaux se taisent et se cachent sous les feuilles,
« de même tout faisait silence à son terrible
« aspect. La nécessité de ne s'exprimer que par
« signes en sa présence, » ajoutent les historiens ottomans, en décrivant un symptôme de
tyrannie que Tacite aurait envié, « porta sous son
« règne le langage des muets à sa perfection. Le
« clignement des yeux, le mouvement imperceptible
« des lèvres, le claquement des dents et des doigts
« avaient remplacé la parole; tout était réticence
« dans les impressions et dans les sentiments, de
« peur que le secret de la terreur ou de l'horreur
« n'échappât de l'âme. »

Le Vieux de la Montagne n'était pas servi avec plus de promptitude et de dévouement. Un jour qu'il avait laissé tomber du haut d'un balcon du sérail un papier échappé de sa main et que ses pages se précipitaient à l'envi sur les escaliers pour disputer la feuille au vent, l'un d'entre eux, pour arriver le premier, sauta dans la cour et se cassa la jambe, mais rapporta le papier ; ce zèle jusqu'à la mort lui valut l'attention d'Amurat, et l'élévation aux grandes dignités de l'empire.

Sa sévérité, d'abord juste et politique, avait fini par dégénérer en frénésie. Des femmes qu'il rencontra dansant et chantant entre elles dans la prairie *des Eaux Douces* un jour de mélancolie, furent noyées pour les punir de leur joie quand le sultan était triste. Le fils d'un de ses pachas, qu'il aperçut par hasard des fenêtres d'un de ses kiosks passant à cheval trop près des murs du sérail, fut tué d'un coup de flèche par sa main. Une barque chargée de femmes, qui longeait les jardins, fut coulée au fond de la mer à coups de canon, pour la faute des rameurs qui la conduisaient ; son musicien de prédilection fut étranglé pour avoir chanté de la musique persane.

Un autre musicien, quoique Persan, le fameux Schahkouli, également condamné à mort à Bagdad, obtint de comparaître avant le supplice devant Amurat. « Ce n'est pas pour ma vie, » lui dit Schahkouli, « que je t'implore, c'est pour l'art qui « va mourir avec moi. » Parcourant alors d'une main désespérée les fibres d'un instrument à six cordes, il en tira d'abord un chant de mort qui arrachait la pitié du cœur, puis un chant élégiaque sur la conquête et les cendres de Bagdad, sa patrie, puis un chant de délivrance et de joie qui élevait l'âme du tyran lui-même jusqu'à la jouissance de la vertu. Amurat n'eut pas le courage d'étouffer une telle voix et un tel génie dans le cordon, il fit grâce au chanteur et l'emmena avec lui à Constantinople pour charmer ses insomnies.

Un de ses contemporains italiens, qui résidait à Constantinople, assure qu'Amurat lisait assidûment Machiavel, pour se perfectionner dans la théorie de la tyrannie. Son axiome favori : « La vengance peut « blanchir, mais elle ne vieillit pas, » était une inspiration spontanée, antérieure aux théories de l'homme d'État florentin. On naît tyran, on n'apprend pas sa nature, on la suit. Amurat IV n'avait pas besoin de maître pour haïr et pour se venger. Tout son règne ne fut qu'une vengeance ; il trouva sa politique dans ses ressentiments.

XXXVI

Le luxe de l'empire sous son règne égala l'ostentation persique des empereurs grecs du Bas-Empire. Ses écuries, dont les mangeoires étaient d'argent massif, et les licous des chaînes du même métal, ne contenaient pas moins de neuf cents chevaux de main à son usage. Chacun de ces chevaux de chasse, de course, ou de guerre, avait son histoire et sa généalogie ; la race est la noblesse des animaux. Huit cents chevaux de charge portaient à sa suite les bagages de l'empereur dans ses campagnes ou dans ses voyages à Andrinople. Cinq mille chameaux toujours complets étaient destinés au transport des équipages de sa cour. Six cents étaient chargés du trésor monnayé qui suivait l'armée. Huit cents mules portaient les esclaves et les tentes. Chacun des pages du sérail avait trente chevaux de race ou de guerre pour son usage.

Les rois de Perse des temps héroïques n'éblouissaient pas l'Asie d'une armée plus nombreuse de serviteurs, de courtisans, de musiciens. Les sages de l'empire pressentaient dans ces somptuosités la décadence ; Amurat IV lui-même permettait qu'on reprochât ce luxe à tout autre qu'au souverain. Un homme d'État philosophe de son divan, Gourdjali, le Montesquieu de l'Orient, écrivait sous ses yeux, et lui dédiait à lui-même un livre resté monumental sur la décadence des Ottomans. Les conseils qu'il donne dans ce livre au sultan se bornent en général à rappeler l'État aux mœurs des ancêtres, et à présenter comme la souveraine sagesse les vieux vices des institutions turcomanes. Peu d'hommes sont assez libres des préjugés de leur patrie pour échapper à l'horizon borné de leur temps et de leur race.

Les deux seuls avis utiles que Gourdjali donna à Amurat dans son traité de la Décadence, et qui furent adoptés par le sultan, furent la nécessité de réformer l'indépendance trop abusive des pachas dans l'administration de leurs provinces, l'augmentation des troupes permanentes soldées et disciplinées, portées sous ce règne jusqu'à deux cent mille hommes, et la création de troupes d'élite choisies parmi les janissaires pour servir de type et d'exemple à l'armée. Ces deux institutions d'Amurat IV ralentirent les effets de la décadence ; mais cette restauration violente de l'autorité du sultan par la terreur et non par la vertu ne fut cimentée que par le sang.

Le sabre et le cordon devinrent les seuls nerfs de l'état. Malheur aux peuples qui ont besoin de la tyrannie !

LIVRE VINGT-SIXIÈME.

I

Deux femmes et un prince adolescent stupéfié d'effroi dans le fond d'un harem, héritaient de cet empire dont les ressorts tendus jusqu'à la tyrannie par la terreur allaient se détendre jusqu'à la licence par la mort du tyran.

La première de ces femmes était la sultane Kœsem ou la Validé, veuve d'Achmet Ier, mère d'Amurat IV, Grecque de race, nature impériale dont la beauté, la fécondité, le génie, l'ambition justifiée par le talent, avaient fait la véritable impératrice de deux règnes, et qui était seule capable d'en gouverner un troisième sous le nom du faible Ibrahim. La seconde était la sultane Tarkhan, Grecque aussi de naissance, élevée avec prédilection par la sultane Kœsem, pour être la favorite de son fils, donnée pour épouse unique à Amurat par sa mère; maîtresse quelque temps du cœur de ce prince, négligée ensuite, honorée toujours, n'ayant reçu de la nature ni la grandeur d'esprit, ni la supériorité de caractère de sa belle-mère, asservie par politique et par habitude filiale à ses volontés, et disposée à lui laisser continuer sous le nouveau règne l'omnipotence qu'elle avait exercée sur les précédents. Elle était mère d'un enfant à peine sorti du berceau, nommé Mohammed.

II

Ibrahim, dernier fils de la Validé, à qui revenait le trône par la mort d'Amurat IV, et qui devait, comme on vient de le voir, son salut à la protection et à la ruse hardie de la sultane Kœsem, n'était qu'un jouet docile entre les mains de cette mère. Élevé dans la solitude du harem, n'aspirant qu'à être oublié, témoin des meurtres successifs de son oncle l'idiot Mustapha Ier, et de quatre de ses frères immolés à mesure que les années les rapprochaient trop de l'âge de l'ambition, certain d'être sacrifié tôt ou tard à son tour aux ombrages du tyran, averti peu de jours avant, par la terreur du harem, de l'ordre de mort envoyé contre lui par Amurat, préservé par un subterfuge précaire, et réfugié avec quelques eunuques dans l'appartement le plus reculé de la sultane mère, ce jeune prince croyait entendre dans chaque rumeur du sérail les pas des muets ou d'Amurat lui-même venant découvrir son asile et accomplir l'ordre différé de son supplice. La main sur les verrous du kiosk où la sultane Validé l'avait caché, il croyait n'avoir entre la mort et lui que cette porte.

Le bruit et les cris de *longue vie au sultan Ibrahim*, des vizirs, des pages, des bostandjis qui accouraient saluer le nouvel empereur, lui parurent une ruse des assassins pour l'engager à sortir de son refuge et pour l'étrangler sur le seuil. Il refusa de croire à la mort d'Amurat IV et d'ouvrir la porte à ceux qui lui apportaient l'empire, tant que la sultane sa mère ne la lui aurait pas attestée. Elle accourut; mais la voix même de sa mère ne lui parut pas encore un témoignage assez convainquant de sa sûreté; il fallut aller chercher au sérail le cadavre d'Amurat, et le lui faire contempler par une fenêtre du kiosk pour le décider à ouvrir. Il ne se crut vivant qu'en voyant son frère mort. A cette vue il tira les verrous, et ses vizirs tombèrent à ses pieds.

Après avoir reçu leurs félicitations et les embrassements de sa mère, il aida à rapporter lui-même le corps recouvert d'un linceul au sérail. Il remit à celle à qui il devait deux fois la vie le soin de régner pour lui. Elle laissa le grand vizir Kara-Mustafa sa créature au poste où son crédit l'avait élevé sous les dernières années d'Amurat IV. C'était un Hongrois de naissance, que son courage, son intégrité et ses services avaient élevé, de grade en grade, du rang de simple janissaire aux plus hautes fonctions de l'État. Il en était digne par ses vertus ; mais accoutumé à recevoir d'une main despotique l'impulsion d'une volonté supérieure à la sienne, il était plus propre à être la main que la tête d'un règne.

Ibrahim, entièrement annihilé par l'habitude de subordonner son âme à celle de sa mère, se contentait de vivre sans désirer de gouverner ; il était énervé par les plaisirs précoces du harem, que les mœurs du sérail laissaient pour unique distraction de leur captivité aux princes prisonniers. Sa mère et ses vizirs lui offraient tous les vendredis, jour consacré par les musulmans à l'union conjugale, de nouvelles esclaves, tribut de l'Archipel, de la Grèce, de la Perse et de la Circassie. Des parfums excitants finirent par vaincre l'infirmité d'Ibrahim, et deux enfants mâles naquirent la première année de son règne.

III

Une expédition de représailles contre Azof, ville principale des Cosaques du Don, emporta et incendia la capitale de cette peuplade, tantôt tartare, tantôt russe, tantôt polonaise, selon le capricieux génie de ses pirates de terre. Mohammed Ghéraï, khan de Crimée, prêta cent mille Tartares auxiliaires aux Turcs pour cette expédition. Sultanzadé pacha, commandant de l'armée ottomane, releva Azof et la fortifia pour en faire une barrière contre les Cosaques et contre les Russes leurs alliés ordinaires. Le grand vizir profita de l'autorité que lui donna cette expédition heureuse pour faire expier à l'ancien silihdar, favori tout-puissant d'Amurat IV, ses tyrannies et ses déprédations. Quarante *chiaoux*, envoyés sur sa trace à Andrinople, l'atteignirent et l'exécutèrent sur le chemin. La sultane Validé, qui méditait de donner pour épouse à l'opulent silihdar une de ses filles, s'indigna de ce meurtre et prépara le châtiment.

L'occasion s'offrit d'elle-même.

Nassouh-Pacha, nommé gouverneur d'Alep par le grand vizir, apprit en route que cette nomination était un piége, et qu'un ordre de mort, remis à son prédécesseur l'attendait en Syrie. Il revint sur ses pas avec ses troupes, annonçant hautement l'intention de tirer vengeance du gouvernement et de révolutionner la capitale. Son approche et ces rumeurs remuèrent dans Constantinople les anciens ferments de sédition mal étouffés par la tyrannie du dernier règne. Le grand vizir fit marcher à la rencontre de Nassouh ce qu'il avait de janissaires et de spahis dans la ville. Ils furent repoussés dans la plaine de Nicomédie. Nassouh, vainqueur, planta ses tentes rebelles à Scutari, en vue des jardins du sérail; il y attendit le titre de grand vizir, que ses complices le flattaient de recevoir chaque jour de la faiblesse et de la terreur d'Ibrahim.

Trompé par ses amis et trahi par son kiaya, qui l'attirait au piége, il osa enfin traverser le Bosphore avec une poignée de ses amis pour recevoir du grand vizir son pardon et le commandement général de l'armée de Roumélie. Entouré, à son débarquement sur la plage du sérail, des gardes du grand vizir, il n'échappa à leurs sabres qu'en s'enfuyant, avec dix cavaliers de son escorte, dans les montagnes de Bulgarie. Son fils, âgé de seize ans, ne pouvant le suivre dans sa course, fut laissé derrière lui dans une de ses métairies voisines du Bosphore. Atteint lui-même quelques jours après, au moment où il se rendait à Rutschuk pour passer de là au camp des Tartares, il fut ramené chargé de chaînes à Constantinople, et supplicié comme un vil criminel sur l'hippodrome. Sa tête ensanglanta le lendemain la porte du sérail qu'il avait menacé. Son frère Ali fut étranglé sur la barque qui le portait en exil; son fils, incorporé dans les pages d'Ibrahim, releva plus tard sa maison, et devint un des historiens les plus authentiques et les plus impartiaux de l'empire. Il raconte sans étonnement et sans murmure l'exécution de son propre père, tant le respect de la fatalité exclut chez les Ottomans l'idée de la vengeance.

Soulfikar-Pacha, complice et lieutenant de Nassouh, fut victime de la même dissimulation du divan. Nommé gouverneur de Chypre, l'amiral qui commandait dans ces parages eut ordre de l'attirer sous prétexte d'une fête sur son vaisseau amiral, et lui présenta à la fin du festin l'ordre de mourir. Ces exécutions, souvenirs du règne d'Amurat IV, étaient la politique du harem, et non celle du grand vizir Kara-Mustafa. Il subissait plus qu'il n'ordonnait ces atrocités.

IV

Un triumvirat de favoris, conseil secret de la sultane Validé, gouvernait sous elle, et s'indignait de ne pas gouverner sans partage. Ce triumvirat se composait d'un homme agréable, mais léger, Sultanzadé-Pacha; d'Yousouf, écuyer d'Ibrahim, et de Djindji, son khodja ou précepteur. Ces khodjas des sultans avaient au sérail à peu près les fonctions que les directeurs spirituels de la conscience des souverains catholiques remplissaient à l'Escurial, en Espagne : influences sans attributions, mais dominant toutes les autres. Sa réputation d'homme versé dans la magie et dans la médecine, le secret qu'il prétendait posséder de composer des philtres qui rendaient la jeunesse et la vigueur à son élève, l'avaient soutenu au premier rang de la faveur.

La sultane Kœsem, depuis le meurtre du silihdar, commis sans son consentement, servait la haine de ces trois hommes contre le grand vizir. Cette haine était envenimée tous les jours par l'animosité d'une femme importante dans le harem, la Kiaya Khatoun, gouvernante des odalisques, ministre des plaisirs du sultan. Elle ne cessait d'accuser la parcimonie du vizir dans l'administration du harem. Ses accusations parurent le pire des crimes à un prince dominé par les femmes. La Kiaya Khatoun, d'intelligence avec la sultane Validé et le triumvirat ennemi de Kara-Mustafa, se plaignit amèrement à Ibrahim de la négligence du grand vizir, qui laissait, disait-elle, manquer de bois à brûler les appartements du harem. Ibrahim, indigné, envoya interrompre le divan que le grand vizir présidait en ce moment dans son palais pour lui reprocher ce tort envers ses femmes.

« Pourquoi, » lui dit-il d'un ton sévère en l'apercevant, « les cinq cents chariots de bois réclamés par « la Kiaya Khatoun pour le harem ne sont-ils pas « encore livrés ? »

Le grand vizir s'excusa, rejeta ce retard sur l'importance des affaires d'État qui l'avaient distrait de ce détail; puis se permettant une leçon imprudente à son jeune maître dans un moment où ses ennemis ne cherchaient qu'une occasion de le perdre :

« Mon padischah, dit-il, fallait-il donc me faire « suspendre le divan, et interrompre la discussion « des plus hautes affaires d'État, à moi qui suis

« ton représentant et ton ombre, pour cinq cents
« malheureux chariots de bois qui ne valent pas
« ensemble cinq cents aspres? Pourquoi m'inter-
« roges-tu sur cinq cents chariots de bois, au
« lieu de m'interroger sur la situation de ton empire,
« sur la félicité de ton peuple et sur la sûreté de tes
« frontières? »

Cette liberté de paroles, interprétée en leçon et
en outrage par les ennemis de Kara-Mustafa, fit
trembler pour lui ses amis. Ils lui représentèrent
son imprudence :

« N'est-ce donc pas par amour pour lui, » leur
répondit-il, « que je lui dis la vérité? Faut-il le
« flatter au lieu de le servir? Mieux vaut mourir hon-
« nête et libre que de vivre adulateur et esclave ! »

Cependant, pour prévenir le complot de ses
ennemis, il conspira lui-même la perte du plus
dangereux de tous ; c'était Yousouf, l'aga des janissaires. Des émissaires du grand vizir, envoyés avec
de l'or dans les casernes, insinuèrent aux soldats
de refuser de toucher aux plats de riz qu'on leur
servait dans la cour du sérail, signe de mécontentement qui présageait la révolte, et dont la responsabilité rejaillissait sur leur aga. Ces manœuvres,
dévoilées à Yousouf par ses espions dans les casernes,
armèrent le triumvirat d'un grief réel contre leur

ennemi. Ibrahim, informé et convaincu par eux de cette intrigue coupable de son vizir, manda un des casuistes les plus accrédités parmi les oulémas.

« Si je faisais tuer mon lala (mon père), » titre familier du grand vizir, lui demanda-t-il, « mes « sujets seraient-ils mécontents de moi ? »

« A Dieu ne plaise, » répondit l'ouléma, « les cous « de tes sujets, mon padischah, ne sont pas assez forts « pour supporter le poids de ta colère ; ils sont tous « plus minces devant toi que le tranchant de ton « sabre suspendu sur eux. La mort de ton grand « vizir les comblera de joie. »

Ibrahim, rassuré, assista selon l'usage au conseil des vizirs dans le sérail, et frappa deux ou trois coups d'impatience contre le treillis de bois doré qui le dérobait aux regards du divan. A ce signe, le conseil se tut et se dispersa ; le grand vizir, resté seul au sérail, se présenta, selon l'étiquette, à la porte de l'appartement du sultan pour l'entretenir confidentiellement des affaires d'État. Les muets lui interdirent l'entrée ; il se retira inquiet dans son palais, prit sous ses habits un *Coran* pour y faire au besoin ses prières de mort, et rentra par la porte de fer dans le sérail. Le sultan se promenait sombre et irrésolu dans ses salles ; l'aspect du grand vizir, non autorisé par l'usage à cette familiarité, l'irrita.

« Mon lala ! » lui cria-t-il avec colère dans le regard et dans la voix, « en vérité je t'admire de « venir ainsi chez moi, comme chez ton père, sans « y être invité ! » Puis, sans laisser achever la justification du grand vizir sur la fermentation des janissaires, qu'il attribuait à ce que le padischah ne soutenait plus assez franchement son ministre : « Tu « mens, traître, » lui dit Ibrahim ; « c'est toi qui « as fomenté cette rébellion ; je trouverai quelqu'un « plus digne que toi de tenir le sceau de l'empire. « Prends-le, » poursuivit-il en se tournant vers le chef des bostandjis et en indiquant du geste le grand vizir.

Le bostandji, incertain si le padischah désignait par ce mot le sceau de l'État que portait le grand vizir ou le vizir lui-même, interpréta le mot dans le sens le moins terrible, et reçut le sceau des mains de Kara-Mustafa. A la faveur de ce malentendu, le grand vizir déposé rentra dans sa maison, tremblant d'entendre le bourreau sur ses pas, se déguisa et s'évada par le toit de son harem. Il descendit sur une place déserte, devant la petite mosquée de Nàali, attenante à son harem, où l'on vendait du foin et de la paille, et se blottit, sans avoir été aperçu, sous une meule de foin, pour attendre la nuit.

Cependant, quand le bostandji-baschi rapporta au

sultan le sceau du grand vizir : « Sourd d'oreilles et
« d'esprit, » lui dit avec colère le padischah, « ce
« n'est pas le sceau, c'est l'homme que je t'ai
« demandé. Va, et rapporte-moi à l'instant la
« tête du traître. »

Cinq cents bostandjis cernèrent, à cet ordre, la
maison du vizir, enfoncèrent les portes, pénétrèrent
jusque dans l'appartement des femmes, sans découvrir leur victime. Mais l'un d'eux étant monté sur
le toit du harem, et observant de là les alentours,
croit apercevoir sous le foin le mouvement d'une
poitrine qui respire, accourt aussitôt avec ses compagnons, fouille la meule de la pointe de son sabre,
et découvre le fugitif.

Kara-Mustafa se défendit inutilement de son
sabre nu, et succomba sous le nombre ; garrotté et
conduit sur la place de Khodja-Pacha, il y fut étranglé au bord de la fontaine de Kara-Ali. On porta
son cadavre au sultan avant de le rendre à la sépulture qu'il s'était préparée à lui-même pendant sa
fortune.

V

Le favori Sultanzadé hérita de la dignité de celui
dont il avait tramé la ruine ; une nouvelle favorite,

Schekerbouli, Persane de naissance, commença à rivaliser dans le cœur d'Ibrahim l'ascendant de la sultane Validé. Cette favorite, pour éloigner le sultan de sa mère, s'entendit avec le khodja Djindji pour l'entraîner à Andrinople. Le grand vizir et la sultane Validé, inquiets de cet éloignement, qui enlevait le padischah à leur influence, le rappelèrent à Constantinople par des symptômes simulés de sédition dans la ville. Deux fils, Sélim et Othman, naquirent au sultan pendant son voyage de plaisir à Andrinople.

Le khan de Crimée, Mohammed Ghéraï, fut déposé, et son frère Islam Ghéraï investi à sa place de la souveraineté des Tartares. Quand il se présenta au sérail pour rendre grâces à Ibrahim de son investiture, il trouva le sultan sans pelisse et sans turban, respirant la fraîcheur du matin au bord d'un bassin du jardin.

« Écoute, Islam, » lui dit Ibrahim, « je t'ai fait
« khan ! Sois désormais, comme tes pères, l'ami de
« mes amis et l'ennemi de mes ennemis. Quel est
« ton âge ? » poursuivit le sultan.

« J'ai quarante ans, » répondit Islam, « et par le
« malheur de ma captivité, c'est aujourd'hui que je
« monte pour la première fois à cheval ; mais
« j'espère cependant conduire assez bien mon cheval
« de bataille pour te rendre en services l'honneur

« que tu me confères. Entre les infidèles Russes et
« Polonais et moi, il n'y aura que le tranchant du
« sabre. »

Le czar des Russes, Alexis Michaïlowitz, envoya
des ambassadeurs à Ibrahim pour le féliciter de
son avénement, et renouveler ses assurances d'a-
mitié. « Vous devez, » répondit le sultan au czar,
« refréner les Cosaques sur le littoral de la mer
« Noire, et continuer à payer au khan de Crimée
« le tribut que les czars de Moscou ont toujours
« payé à mes Tartares. »

La Porte, pour rester fidèle aux stipulations de
la paix de Szœn avec l'Autriche, refusa à l'ambitieux Rakoczi, prince vassal de Transylvanie, de
soutenir ses prétentions sur la Hongrie supérieure,
la Valachie et la Moldavie. Le baron de Czernin,
ambassadeur d'Autriche, apporta à Constantinople
les présents de l'empereur. Il réclama en vain pour
l'empire romain les clefs du Saint-Sépulcre de Jérusalem. Le sultan lui répondit que la possession des
lieux saints avait été conférée immémorialement,
par un traité de Mahomet lui-même, aux chrétiens
grecs, et qu'il ne dérogerait à aucun prix aux
clauses de ce traité.

VI

Le harem continuait à l'occuper plus que l'empire. Les femmes, les parfums et les fourrures étaient les trois délices combinées de son paradis terrestre. Sa mère, ses vizirs, ses pachas, ses favoris, ne suffisaient plus à lui trouver et à lui offrir les plus belles esclaves de Géorgie, de Perse, de Pologne, d'Italie, ces terres natales de la beauté féminine. Les cassolettes du sérail, où brûlaient sans cesse les parfums excitants de l'Arabie, avaient fait enchérir l'ambre dans toute l'Asie. Le prix de la zibeline, pour les habits et les tapis du harem, s'éleva dix fois au-dessus de sa valeur ordinaire. Son goût pour les fleurs odorantes était si frénétique, qu'au lieu des panaches de héron montés sur des nœuds de pierres précieuses, décoration impériale du turban de ses ancêtres, il entrelaçait dans les plis de son turban, dans ses cheveux et autour de ses oreilles, des guirlandes de fleurs. Cette parure efféminée scandalisait le peuple et les soldats; il avait inventé un vêtement lâche, tout formé de zibeline, dont le contact caressait partout la peau, et dont aucun pli et aucune ceinture ne froissait sa mollesse. Chacun des boutons de ce linceul voluptueux était formé d'une seule pierre précieuse du prix de dix mille ducats d'or.

Sa prodigalité pour la parure des femmes sans nombre de son harem envoyait en mer au-devant des vaisseaux de Gênes et de Venise des fournisseurs chargés d'accaparer les schalls, les mousselines, les velours que l'activité du commerce ne suffisait pas à importer à Constantinople. Il ne se délassait d'un plaisir que par un autre. Il ne quittait les femmes de son harem que pour les joueurs de flûte et de tambour de basque, les musiciens, les chanteurs, les danseurs et les bouffons, diversion nécessaire à la mélancolie suite de ses débauches. Semblable à Néron, à Caligula, ou à Sardanapale, dans ses débordements de mœurs, il avilissait les premières charges de l'empire ou de l'armée jusqu'à en faire le salaire de ses plus grossières orgies. C'est ainsi qu'il nomma aga des janissaires un bohémien nommé Ahmed qui le déridait par ses trivialités bouffonnes, et qu'il récompensa par la place de capitan-pacha l'artificier grec Kœr Mussellioghli qui avait représenté en traits de feu, dans une illumination du sérail, les vaisseaux, les mâts et les voiles de la flotte. Ces deux favoris d'un caprice eurent la pudeur de refuser ce que le prince n'avait pas eu honte de leur offrir.

Il faisait sa société habituelle de tous ces hommes dévoués au plaisir, comme si le plaisir avait été la seule affaire sérieuse de l'État. Il courait la nuit avec eux à cheval, aux flambeaux, du nouveau sérail au vieux sérail, ordinairement inaccessible aux sultans régnants, cherchant parmi les femmes reléguées dans ce dépôt de princesses, de favorites et d'esclaves, des vestiges des célébrités de beauté. Déjà père de sept fils, il avait élevé au rang de sultane Khasséki (sultane épouse) sept femmes de son harem. Chacune d'elles avait son palais dans le sérail, sa cour, ses grands officiers, ses dotations sur le trésor, appelées *argent de pantoufles*, ses barques, ses voitures, ses eunuques, ses esclaves. Sept autres favorites en titre, mais non encore mères, avaient pour *argent de pantoufles* les revenus d'autant de provinces. Il attribuait de plus à chacune la nomination vénale de certaines grandes charges de l'État, en sorte que l'enchère ou le hasard désignait, du fond d'un harem, par la main d'une odalisque, enfant étrangère et illettrée, les candidats aux fonctions les plus augustes du gouvernement.

L'imagination dépravée d'Ibrahim voulait vaincre jusqu'à la nature. Il convoita une épouse gigantesque, objet de ses rêves; des émissaires, envoyés par la Kiaya-Khatoun, cherchèrent, par ordre d'Ibrahim, dans tous les gynécées de l'Asie, une jeune fille d'une stature démesurée. Ils découvrirent un colosse dans une jeune Arménienne, race célèbre par l'ampleur de ses formes et par l'élévation de la stature dans ces montagnes, Helvétie de l'orient. Enlevée à sa famille et présentée au sultan, Ibrahim crut avoir trouvé dans cette nouvelle épouse un phénomène incomparable de la nature. Il s'attacha à l'Arménienne avec tant de frénésie, que la faveur insensée de cette odalisque alarma non-seulement les sultanes Khasséki, mais que la sultane Kœsem elle-même trembla pour son crédit sur son fils. Ibrahim avait donné pour apanage à cette géante du harem le gouvernement de Damas. La sultane Kœsem, feignant de vouloir aussi honorer en elle l'idole de son fils, invita l'Arménienne à une fête, et la fit étrangler par ses eunuques pendant le festin. On persuada à l'inconsolable Ibrahim que sa favorite était morte étouffée par l'excès d'obésité qu'il admirait en elle. Il la pleura comme un prodige de beauté que la nature ne renouvellerait jamais pour lui.

Le chef des eunuques noirs ou le kislaraga, gouverneur du harem, était alors l'eunuque Sunbullu (ce nom signifie *le possesseur d'hyacinthes*).

L'usage de l'Orient affecte aux eunuques des noms de fleurs ou de parfums par allusion aux femmes, fleurs animées avec lesquelles ils sont seuls en familiarité dans les palais des princes ou des grands. Sunbullu, comme les eunuques des pharaons d'Égypte, des schahs de Perse, des empereurs grecs de Constantinople et des sultans de Stamboul, avait pour lui-même le luxe d'un harem. Il avait acheté une esclave qui allait devenir mère. La beauté de cette esclave, rencontrée fréquemment par le sultan dans l'appartement intérieur de Sunbullu, attenant au harem, éblouit tellement Ibrahim, qu'il la demanda au kislaraga pour nourrice d'un fils qu'une de ses femmes, la sultane Tarkhan, venait de lui donner. La prédilection que le sultan ressentait pour la nourrice de son fils Mohammed, s'étendit jusqu'à son enfant; il préférait cet enfant d'une étrangère à son propre fils.

Un jour d'été qu'il jouait au bord d'un bassin avec les femmes privilégiées, les enfants et les nourrices, s'amusant à les pousser dans l'eau pour jouir de leur effroi, et pour avoir le plaisir de les voir nager en regagnant le bord, la sultane Khasséki, mère de Mohammed, jalouse de la préférence que le sultan montrait à l'enfant d'une étrangère sur le sien, éclata en reproches injurieux contre la nourrice. Ibrahim, dans un excès de colère contre la sultane qui outrageait sa favorite, arracha du sein de la mère son propre fils Mohammed, et le précipita par les pieds dans une citerne du jardin. Les eunuques en retirèrent l'enfant à demi noyé, et son front garda toute sa vie la cicatrice de la démence de son père. Sunbullu, tremblant que la vengeance des sultanes et de la Validé Kœsem ne le rendît responsable des désordres dont sa belle esclave et son nourrisson étaient l'occasion dans le harem, résigna de lui-même la place périlleuse de kislaraga, et s'embarqua avec ses trésors, son harem, la nourrice et son enfant, pour aller finir ses jours à la Mecque. Assailli à la hauteur de Carpathos par l'escadre de Malte, il périt en combattant avec intrépidité ; ses deux cents esclaves, les trente femmes de son harem, la nourrice et son enfant devinrent la proie des chevaliers. L'enfant, élevé par eux dans la foi chrétienne, et réputé fils d'un sultan, entra dans l'ordre monastique de Saint-Dominique, et fut célèbre en Espagne et en Italie sous le nom de *père Othman*.

VII

Cependant les vices et les démences du sérail ne prévalaient pas sur le génie viril et entreprenant de la sultane Kœsem, qui gouvernait sous le nom de son fils. L'orgueil d'ajouter un territoire à l'empire lui inspira l'expédition de Candie.

Un Dalmate, ennemi né de Venise, qui possédait encore cette île, était devenu capitan-pacha, et ne cessait de préconiser cette conquête à l'imagination de la sultane Validé. Ce Dalmate, nommé dans son enfance Joseph Maskovich, et depuis Yousouf-Pacha, était né à Vrana en Dalmatie, voisine de la ville vénitienne de Zara. Sa mère était une pauvre esclave ; il avait commencé sa vie aventureuse comme palefrenier dans les écuries du beg de Nadin Sinan ; son indigence était telle, qu'il suivait nu-pieds le cheval du beg, et qu'il dut ses premières babouches à la charité d'une vieille femme de Vrana, touchée de sa beauté et de sa misère. Un chambellan du sultan qui passait par la Dalmatie, en revenant de Venise, fut frappé de sa figure et de son intelligence. Il le prit à son service, l'amena à Constantinople, et lui fit obtenir une place de portier du sérail, aux gages de sept aspres par jour. Il passa de cette humble fonction au rang de fendeur de bois, puis de bostandji du sérail. Ibrahim le remarqua, l'approcha de lui, lui découvrit autant d'aptitude que de grâce, et en fit, par le conseil de sa mère, son silihdar favori après la mort du silihdar Mustafa.

Vindicatif comme un Dalmate, zélé comme un renégat, ambitieux comme un parvenu, Yousouf n'aspirait au poste de capitan-pacha que pour se venger de Venise, dont le joug avait pesé sur sa patrie et sur sa famille. Il y parvint : la sultane Kœsem le fit nommer commandant des forces de terre et de mer de l'expédition qu'elle préparait en silence. Le sultan le fiança avant son départ avec une de ses filles, âgée de deux ans, nommée Fatima. Une flotte de cinq cents voiles, portant cent trente mille hommes de débarquement, sortit le 30 avril 1645 de la mer de Marmara et du golfe de Salonique pour aborder à l'île de Candie.

VIII

L'ancienne Crète, tombeau de Jupiter, royaume de la petite-fille de ce dieu (la nymphe Ida, qui donna son nom à la plus élevée de ses montagnes), l'île fortunée, surnommée dans l'antiquité la nourrice de Jupiter, fut la première des terres connues où l'homme forgea les métaux ; les *Dactyles* du mont Ida sont les forgerons fabuleux ou réels du vieux monde ; ses villes, ses villages, ses montagnes, ses fontaines sont le musée de la théogonie antique. Sa fertilité et sa population égalaient cette île à l'Égypte. Les Crétois semaient le blé avant le Triptolème des Grecs ; ils avaient inventé les premiers codes de lois qui régirent les villes et les royaumes de l'Asie.

L'aristocratie privilégiée y avait succédé à une démocratie unique qui ne fondait l'égalité des citoyens que sur l'avilissement d'une caste d'esclaves. Toujours en guerre avec les Grecs, tantôt vainqueurs, tantôt vaincus, ils étaient entrés par patriotisme asiatique dans la ligue de Mithridate contre les Romains. La première expédition romaine contre la Crète, sous le commandement d'Antoine, père du triumvir, périt tout entière sous leurs armes. Les soldats romains, pendus à leurs propres vergues, furent engloutis avec leurs galères dans les eaux de l'île. Metellus, lieutenant de Pompée, les conquit sans les soumettre. Les nobles s'empoisonnèrent eux-mêmes en masse pour ne pas survivre à l'indépendance de leur patrie ; le peuple se déroba à la servitude en fuyant dans les forêts et dans les cavernes inaccessibles de l'Ida, où ils entretinrent une éternelle révolte contre l'oppression romaine. Brutus et Cassius s'y réfugièrent après le triomphe de la tyrannie d'Octave sur la liberté énervée de Rome. Constantin, en partageant l'empire avec son compétiteur, donna la Crète en partage à Constance.

Les Arabes l'enlevèrent aux Byzantins; Baudouin le croisé, roi de Jérusalem, aux Arabes ; les Génois, à Baudouin ; les Vénitiens, aux Génois : elle leur appartenait depuis trois siècles, et elle était devenue, par les soins du sénat de Venise, la citadelle de la Méditerranée, quand la sultane grecque Kœsem commença par les mains d'Yousouf la conquête de vingt-cinq ans qui devait assurer aux Ottomans cette clef de la Syrie, de l'Égypte, de l'Archipel, ce boulevard maritime des trois continents où régnait l'Islamisme.

IX

La Canée, capitale militaire de l'île, se rendit, après trois mois d'un siége héroïque, aux Ottomans. Ils avaient désormais le pied dans l'île. Ils y laissèrent une garnison de douze mille hommes, sous le commandement d'Hassan-Pacha, et remirent aux années suivantes la conquête lente et continue du reste de l'île et du bloc des montagnes. A son retour, Yousouf, malgré l'appui de la sultane, trouva la mort pour récompense de sa fortune. Salih-Pacha venait d'être nommé grand vizir ; on redoutait la concurrence d'Yousouf. On persuada à Ibrahim qu'Yousouf avait épargné les prisonniers de Candie pour s'enrichir de leur rançon, et qu'il faisait durer la guerre pour prolonger son autorité et son importance.

— « Repars à l'instant pour Candie, ou je te tue, » lui dit Ibrahim, impatient d'achever cette incomplète campagne.

— « Mon padischah, » lui répondit le serdar étonné à son tour de cette ignorance des conditions d'une campagne maritime en hiver et sans préparatifs, « vous ne connaissez rien aux choses de la « mer ; nous n'avons point de rameurs, et les galè- « res ne peuvent marcher sans rames. »

— « Infâme rebelle ! » reprit le sultan, « tu pré- « tends m'apprendre les choses de la mer ? » Puis se tournant vers le bostandji-baschi : « Apporte-moi « sa tête, » lui dit-il en sortant de l'appartement.

Le bostandji suspendit de quelques instants l'exécution d'un ordre irréfléchi, qu'il attribuait à la véhémence du sang d'Ibrahim, dont il attendait la révocation du sang-froid ; il se borna à renfermer Yousouf dans le kiosk *des Oiseaux*, prison grillée des vizirs entre leur disgrâce et leur supplice. Ni l'ancienne amitié, ni le titre de gendre du sultan, ni un fils qui naquit à Yousouf dans la journée, ni la supplique touchante que le prisonnier adressa par les mains officieuses du bostandji-baschi à

Ibrahim pour lui demander au moins grâce de la vie, ne firent pardonner son insolence à son maître. Ibrahim envoya étrangler son favori, son gendre et le vainqueur de Candie, dans le kiosk *des Oiseaux,* et se fit apporter son cadavre ou pour jouir ou pour pleurer. Il contempla avec une sorte de jouissance mélancolique les joues encore colorées d'un reste de vie du beau serdar : « Hélas ! hélas ! » dit-il en s'apitoyant sur sa victime, comme s'il n'eût pas été son bourreau ; « hélas ! hélas ! quel dommage « pour ses belles joues de rose ! »

L'avidité de s'enrichir des richesses présumées du conquérant de la Canée fut la principale cause du meurtre d'Yousouf. Ses ennemis avaient répandu le bruit qu'il rapportait et qu'il dérobait à son maître des trésors fabuleux, et entre autres une colonne d'or massif. Il ne rapportait en réalité que de la gloire, une intégrité rare parmi les généraux, et une île d'un prix inestimable à sa patrie. Quand on fit l'inventaire de ses richesses, la colonne d'or massif se réduisit à une colonne de marbre jaune d'Égypte tacheté de rouge. Cette colonne fut employée par l'architecte de la sultane Validé à supporter la tribune du sultan dans la mosquée qu'elle faisait construire à Scutari.

X

Le ressentiment contre les Vénitiens qui lui résistaient en Candie, et qui faisaient des descentes en Morée, emporta Ibrahim jusqu'à ordonner un massacre général des Grecs et des chrétiens dans sa capitale. Le muphti Abou-Saïd, appelé pour autoriser par un fetwa religieux cet ordre sanguinaire, refusa heureusement d'y donner la sanction de Dieu. Il fit trembler le sultan devant le crime de tant de sujets innocents égorgés, et devant la dépopulation de la capitale, dont ces Grecs et ces chrétiens faisaient la force et l'opulence. Il fit apporter au divan les registres des collecteurs d'impôts, et compta dans Constantinople seule plus de deux cent mille imposés grecs ou arméniens, sans y comprendre les Francs.

La ruine plus que le crime fit reculer le sultan. Il se borna à interdire la résidence de Stamboul, la ville ottomane, aux ambassadeurs des puissances chrétiennes, et à leur fixer pour séjour les faubourgs de Galata et de Péra, de l'autre côté de la Corne-d'Or. Les Jésuites, qui voulaient enlever aux Franciscains le service des lieux saints, furent accusés d'avoir provoqué par leurs intrigues l'arrestation et l'expulsion de leurs concurrents les moines catholiques. Les ambassadeurs autrichiens reçurent de leur cour, le 5 mars 1646, l'ordre de protéger les Franciscains contre les Jésuites, coupables ou innocents des vues ambitieuses qu'on leur supposait.

Le grand vizir Salih s'étudia, pendant la guerre avec les Vénitiens pour la possession de Candie, à détacher l'Autriche de leur cause, et à enlever à cette cour tout grief contre l'empire, en renouvelant sévèrement à Rakoczy, prince de Transylvanie, la défense d'inquiéter les provinces autrichiennes.

« Dis à ton maître, s'écria le sultan en apostro-
« phant en plein divan l'envoyé de Rakoczy, qu'il
« ne se fie pas aux embarras que me donne ma
« guerre contre Venise, que j'ai des armées suffi-
« santes pour me faire obéir partout, et que s'il
« renouvelle ses incursions sur le territoire de l'em-
« pereur d'Autriche, mon frère et mon ami, je le
« déposerai de sa souveraineté. Écoute et tremble. »

L'accent, le regard et le geste d'Ibrahim portèrent une telle terreur dans l'âme de l'agent de Rakoczy, qu'il mourut de la commotion de ces paroles en rentrant dans son palais.

XI

Le complaisant Sultanzadé avait reçu à la place d'Yousouf le commandement de la seconde expédition de Candie. La servilité de ce courtisan étonnait quelquefois le despotisme capricieux du sultan lui-même.

« Comment se peut-il, » dit un jour Ibrahim à Sultanzadé, « que tu approuves toujours sans ex-
« ception tout ce que je dis, et tout ce que je fais
« de bien ou de mal ? »

« Mon padischah, » répondit le favori, « vous êtes
« le khalife, l'ombre de Dieu sur la terre, et tout ce
« qui vous vient à l'esprit est une inspiration di-
« vine ; lors même que vos volontés ont une appa-
« rence d'erreur ou de contradiction que notre fai-
« ble intelligence peut trouver déraisonnable, ces
« volontés ont une sagesse secrète que votre esclave
« doit présumer et respecter sans les comprendre. »

Sultanzadé se soulageait quelquefois de ce servilisme officiel dans ses confidences avec ses amis. Il montra un jour au grand juge Abdoul-Halim, son confident, une lettre autographe du sultan, ou katti-schérif, écrite dans le délire de l'ivresse et dont les termes impérieux pour lui auraient paru à tout autre le scandale de la souveraineté et l'ignominie

du trône. « Écoute-moi, » disait ce katti-schérif du sultan qui commençait par déshonorer de son mépris les ministres de sa puissance ; « mes ancê-
« tres ont envoyé trop d'or et de bijoux à la Mecque
« et à Médine ; fais les rentrer tout de suite dans
« mon trésor ; autrement, je te fais arracher la
« peau, je la fais remplir de paille, et j'en fais un
« épouvantail pour les oiseaux. »

« Tu vois, » dit Sultanzadé au grand juge son ami, après lui avoir lu ce katti-schérif, « à quelle
« abjection j'en suis réduit par suite des caprices
« insensés d'un ramas d'esclaves favorites russes,
« polonaises, hongroises, françaises, persanes,
« grecques qui règnent au sérail. Dieu sait com-
« ment tout ceci finira. »

Sultanzadé mourut en abordant en Crète. Houssein-Pacha continua la conquête à sa place avec le titre de serdar. La ville de Rétimo et plusieurs autres places fortes de l'île élargirent en Crète l'espace occupé par les conquérants. La capitale, Candie, résistait toujours.

La Dalmatie, arrachée ville à ville aux Vénitiens par Tékéli-Pacha, Azof défendue triomphalement par le capitan-pacha Mousa contre une tentative des Russes, honoraient le vizirat de Salih, malgré l'apathie et les scandales de la cour.

XII

Ibrahim, après avoir épuisé les excès de débauche, épuisait maintenant les excès d'orgueil. Contrarié de rencontrer souvent, dans ses promenades à cheval à travers la ville, des obstacles à la rapidité de ses coursiers, il ordonna au grand vizir d'interdire l'entrée de la capitale à toute espèce de chariots ; c'était interdire à Constantinople le mode indispensable de ses approvisionnements en foin, en paille et en bois. L'obéissance fut éludée et illusoire. Cependant, en se rendant un jour à cheval à la plaine de Daoud-Pacha, les regards d'Ibrahim furent offensés par la vue d'un chariot de fourrage entrant dans la ville ; il fit appeler le grand vizir, et sans écouter son excuse : « Qu'on l'étrangle! » s'écria le sultan, « qu'on l'étrangle! »

L'absence de bourreau et de cordon laissa quelques instants de réflexion et quelque possibilité de retour au sang-froid d'Ibrahim ; mais aussi obstiné dans l'exécution qu'il avait été soudain dans l'ordre, il entra dans la maison voisine de l'iman du village, et fit étrangler sous ses yeux l'infortuné Salih avec la corde du puits. Il envoya de là le sceau de grand vizir au capitan-pacha Mousa, vainqueur des Russes à Azof.

Un repentir lui fit, quelques jours après, retirer le sceau à Mousa et conférer le rang de grand vizir à Ahmed-Pacha. Les sultanes et les favorites passagères disposèrent plus que jamais de l'empire. Le gouverneur de Brousse, qui fournissait de neige et de glace pour les sorbets les deux sérails et les kiosks des favorites, s'étant égaré sur les glaciers du mont Olympe, et son absence prolongée ayant fait croire à sa mort, les fonctions de gouverneur de Brousse furent données à un favori de la blanchisseuse du harem. Ibrahim, contre les prescriptions du Coran, épousa une huitième femme, et fit construire pour une favorite un carrosse exposé à l'admiration du peuple, et dont tous les clous étaient des pierres fines.

Candie continuait à se défendre contre les flottes et les renforts sans cesse envoyés de Constantinople à Houssein-Pacha. Ce serdar, frappé de deux balles au visage dans un assaut, se lia lui-même la mâchoire fracassée avec le châle de son turban, et continua à combattre à la tête de ses janissaires. Malte, Florence, Rome, les volontaires illustres de toutes les nations catholiques apportèrent secours à Candie. Houssein accusa les lenteurs du capitan-pacha, qui fut étranglé pour sa négligence. Le grand vizir fit également décapiter tous les pachas ou gouverneurs parents de son prédécesseur Salih, dont il redoutait le ressentiment. Chaque matin le peuple venait examiner avec horreur à la porte du sérail quelles étaient les têtes tombées dans la nuit.

XIII

Ces exécutions poussèrent la terreur même à la révolte. Le fils de l'ancien grand vizir Salih, nommé Mohammed-Pacha, gouverneur d'Erzeroum, avait évité la mort par la difficulté de l'atteindre dans son gouvernement éloigné. Il s'entendit avec Wardar-Ali-Pacha, gouverneur de Kars, pour résister à la tyrannie d'Ibrahim.

Wardar-Ali-Pacha savait qu'il était voué au supplice pour avoir refusé d'envoyer au harem d'Ibrahim la belle Géorgienne Perikhan, fille d'un prince de ces contrées, fiancée à Ipschir-Pacha, son ami. Les deux pachas se donnèrent rendez-vous à Tokat pour y proclamer l'insurrection, et marcher de là sur Constantinople.

« Que la fortune soit avec nous ! » s'écrièrent les troupes du petit-fils de Mohammed ; « marchons au

« nom de Dieu, élançons-nous au combat contre
« les aigles de nos montagnes, ou descendons au
« cercueil. »

Mohammed, en route avec sa garde vers Tokat, rencontra deux chefs de *chiaoux* qui rapportaient à Constantinople la tête de son oncle Mourteza-Pacha, décapité par eux à Siwas. Il leur demanda de lui montrer le firman en vertu duquel ils avaient tranché les jours de son oncle. Les *chiaoux* lui avouèrent que l'ordre de mort, dérobé par eux à ses recherches quand ils avaient traversé Erzeroum, était contenu dans un flacon de plomb suspendu à l'arçon de leur selle, dans lequel les Turcs portent leur eau en voyage. Il prévit tôt ou tard pour lui le même sort, ne vit de salut que dans l'audace, et tenta par des négociations la fidélité de Kœprilü-Pacha, homme intègre et expérimenté qui marchait à la tête des troupes envoyées contre lui et contre Wardar-Ali, son complice. Il écrivit d'Angora à Wardar-Ali de se défier des piéges de la Porte et surtout d'Ipschir-Pacha, cet ami perfide pour lequel il s'était compromis en préservant la belle fiancée de l'esclavage du harem d'Ibrahim.

Wardar-Ali, incrédule à ses avis, reçut Ipschir dans son camp. Le traître Ipschir, vendu secrètement à la Porte, fondit tout à coup avec ses cavaliers sur les troupes désarmées de Wardar, le précipita lui-même de son cheval, le garrotta et le livra à Kœprilü : « Perfide ! » dit-il à Ipschir en le voyant assister aux préparatifs de son supplice, « est-ce « ainsi que tu récompenses la générosité que j'ai « eue d'affronter la tyrannie pour garantir ta « fiancée de l'outrage ? »

Sa tête coupée fut envoyée par Kœprilü au sultan. Ibrahim, au lieu de récompenser Ipschir de sa perfidie, condamna la belle Périkhan, cause involontaire de la révolte, à être exposée à la clarté des flambeaux aux profanations de la multitude; mais l'indignation des musulmans le contraignit à révoquer cet ordre atroce.

Ibrahim convoitait l'épouse du grand vizir Ahmed ; ce vil complaisant de tous ses caprices répudia sa femme, à laquelle il devait sa fortune, pour que le sultan pût l'épouser légalement. En retour de cette ignominieuse ingratitude, Ibrahim donna en mariage à Ahmed la sultane Bibi, sa fille. Ce troc d'épouses fut célébré par des fêtes pendant lesquelles Ibrahim imita les démences de Caligula. On le vit paraître en public la barbe tressée avec des pierres précieuses, à l'exemple des pharaons de l'antique Égypte, faire illuminer les bazars en pleine nuit, et changer les ténèbres en jour pour amuser les fantaisies de ses folles esclaves; le lendemain, il faisait fermer toutes les boutiques et les portes même de Constantinople pour changer le tumulte ordinaire du jour en silence et en désert dans sa capitale.

XIV

Cependant des dissensions intestines commençaient à agiter le harem, et les jalousies de femmes préparaient des révolutions de palais. La sultane Validé Kœsem s'alarmait de l'influence que la sultane favorite Schékerbouli conservait, malgré tant de rivalités, sur l'esprit du sultan. Le gouvernement lui échappait pour passer dans les mains des viles esclaves qu'elle avait elle-même données comme des jouets à Ibrahim. La honte du règne rejaillissait dans l'opinion publique sur la mère de celui qui déshonorait ainsi le trône. Elle ne se dissimulait plus que la vengeance des Ottomans la confondrait tôt ou tard dans la même réprobation et dans la même peine. Shékerbouli et toute sa faction d'hommes et de femmes dans le harem furent exilées au fond de la Nubie, sous prétexte des trésors illicites accumulés par cette favorite pendant son crédit.

Le grand vizir Ahmed augmenta l'impopularité d'Ibrahim en établissant un nouvel impôt appelé l'impôt de *l'ambre et des fourrures.* La passion du sultan pour les femmes et les duvets ne faisait que s'accroître par ses profusions. Ses favorites persanes et arabes qui l'endormaient en lui racontant les poétiques fables de leur pays, lui parlèrent d'un padischah des temps antiques dont le palais n'avait pour tentures, pour plafonds, pour parvis et pour coussins, que les précieuses pelleteries de la zibeline. Son imagination s'enflamma pour ce palais de fourrures, et ses ordres partis pour les gouverneurs de toutes les provinces leur imposèrent ce tribut de peaux d'animaux sous les peines les plus sévères. Il exigea aussi un tribut extraordinaire de pierreries pour les couronnes dont il se complaisait à orner le front de ses femmes.

Le murmure montait avec le désordre. Le juge de Galata se dévoua pour l'exprimer, au risque de sa vie, au nom de l'empire. Il se revêtit de l'habit de derviche, et couvrit, en plein divan, le grand vizir des reproches de l'empire et des menaces de la malédiction divine. « Fais de moi ce que tu voudras, » lui dit-il après ; « j'ai dit ; il ne peut m'arriver « de ma liberté de paroles que trois choses : ou vous « me tuerez, et je bénis d'avance mon martyre ; ou

« vous me bannirez, et je me réjouis d'avance de ne
« plus habiter une ville scandalisée par vos excès ;
« ou vous me dépouillerez, et je vous ai prévenus
« en me dépouillant moi-même et en prenant le
« bonnet indigne de derviche. »

La sultane Kœsem, malgré son titre de mère et sa vieille autorité, déplut par ses représentations à son fils, et fut exilée du sérail dans le jardin du faubourg, appelé le jardin d'Iskender-Tchélébi. Les principaux officiers des janissaires, qui s'indignaient tout bas de ces excès, furent invités à une fête donnée par le grand vizir à la porte *des Canons,* sous prétexte d'y célébrer le mariage de son fils avec une fille du sultan. Cette fête devait être ensanglantée par leur supplice.

Informés en entrant du sort qui les attendait, ils se hâtèrent de s'enfuir à la mosquée du centre, lieu consacré par les grandes séditions de troupes, et d'y convoquer les chefs et les vétérans de tous les corps armés de la capitale : le muphti, les prédicateurs, les oulémas, les agas. Un signal manquait seul à la révolte consommée déjà dans les cœurs. Au lever du jour, les janissaires, sans armes et les bras croisés sur la poitrine, entouraient la mosquée ; le peuple attendait en silence le résultat de la délibération des oulémas. Le sérail abandonné tremblait de sa solitude. Ibrahim envoya enfin au muphti un chambellan pour lui demander la cause de ce rassemblement illicite.

« Que le padischah, » répondit le muphti au nom de tous, « nous livre le grand vizir, autrement nous « ne nous séparerons pas. » Sans attendre la réponse du sultan, l'assemblée déposa le grand vizir, et nomma à sa place un de ces hommes qui reviennent quelquefois à la mémoire des multitudes à cause de l'obscurité même dans laquelle ils ont enseveli leur vie. C'était Sofi-Mohammed-Pacha ou Mohammed le Pieux, ancien spahis, devenu defterdar, ou trésorier de l'empire sous le règne d'Othman II, et retiré depuis, pour se consacrer à la prière et à la vertu, dans un jardin des faubourgs où il pratiquait la philosophie des cénobites. Arraché à son jardin par les oulémas et les agas, la présence de ce vénérable vieillard dans la mosquée fit éclater des acclamations et des larmes. Le peuple croyait consacrer sa révolution en la plaçant sous les auspices de cette vertu.

Sofi-Mohammed, ainsi proclamé, se rendit, malgré l'assemblée, au sérail, pour faire ratifier par le prince la désignation tumultueuse du peuple. Il baisa respectueusement le pan de la pelisse du sultan.

« J'ai déposé Ahmed, » lui dit Ibrahim; « mais

« comment veux-tu que je livre à ses ennemis celui
« qui est l'époux de ma fille? Va, et réponds-moi
« de sa vie. »

Sofi-Mohammed retourna à la mosquée pour implorer la grâce d'Ahmed. Ses intercessions échouèrent devant la fureur de la multitude. Il rentra consterné au sérail.

«Vieux chien,» lui dit Ibrahim, qui avait repris
« confiance par la lenteur des révoltés, «c'est toi qui
« as soulevé les troupes pour devenir vizir ; mais
« laisse faire, ton tour viendra. » Il maltraita à coups de poing le vieillard innocent de toute participation à l'émeute. Sofi-Mohammed, injurié et frappé par le prince, débordé par le peuple, impuissant entre l'un et l'autre, sortit du sérail et se réfugia dans son jardin.

Les chefs des troupes et de la multitude l'y poursuivirent et le ramenèrent de force à la mosquée du centre. Ils firent en même temps occuper les portes de la ville par des détachements chargés d'intercepter les communications du sérail avec les provinces ; ils envoyèrent à la sultane Kœsem, exilée au jardin d'Iskender-Tchélébi, une garde d'honneur pour la protéger contre les attentats de son fils, et lui firent dire de veiller sur la vie des princes ses petits-fils, espoir de l'empire. Du fond de son jardin, la sultane

Kœsem, à la fois politique et mère, dirigeait par ses créatures dans les troupes tous les fils de la révolution.

XV

Déjà les rebelles parlaient ouvertement de déposer le sultan lui-même.

« N'a-t-il pas tué Salih-Pacha ? » disaient-ils ; « n'a-t-il pas tué Wardar-Ali, le seul homme ca-« pable alors de réformer l'empire ? Son cadavre « sans sépulture n'a-t-il pas été pendant vingt jours « la proie des chiens et des oiseaux de proie sur le « charnier de la porte du sérail ? — Le padischah, » disaient les orateurs les plus modérés de la mosquée, « a perdu *le monde* par le brigandage et la « tyrannie ; les peuples sont ruinés, les infidèles ont « pris cinquante places fortes de Bosnie et bloquent « les Dardanelles ; qu'il dépose son vizir, qu'il nous « livre sa tête, qu'il exile ses favorites, et nous nous « disperserons. »

Ces discours, rapportés à Ibrahim, furent éludés par lui comme d'impuissants murmures. Dix mille canonniers et bostandjis campés avec du canon dans les cours le rassuraient sur sa vie ; la nuit tombait ; les oulémas, satisfaits de vains discours, se retiraient un à un, remettant au lendemain les résolutions à prendre :

« Imprudents ! » leur dirent les officiers, « si nous « nous dispersons cette nuit, il nous sera impos- « sible de nous réunir demain ; ne nous séparons « pas avant que l'ordre soit rétabli dans *le monde;* « passons ensemble la nuit dans la mosquée. »

Les janissaires s'emparèrent respectueusement des oulémas, et leur offrirent pour la nuit l'hospitalité militaire dans leur caserne attenant à la mosquée.

XVI

Cependant le grand vizir Ahmed, trompé dans son crime par l'indiscrétion de ses complices, avait interrompu la fête qu'il donnait dans son jardin à l'occasion du mariage de son fils, et s'était retiré avec ses principaux officiers dans son sérail, protégé par ses gardes contre l'émeute nocturne des janissaires. Instruit heure par heure de l'explosion et des progrès de l'insurrection dans la mosquée, il avait désespéré de son salut. Muni de six mille ducats d'or portés par un cheval de charge, les doigts ornés de deux anneaux de la valeur de vingt mille piastres chacun, d'une troisième bague de rubis d'un prix inestimable, il était monté à cheval dans la cour de ses écuries, et, suivi de deux de ses pages inséparables, Khalil et Abdi, s'était réfugié, par des rues obscures et désertes, chez le plus dévoué de ses amis, nommé Déli-Burader.

Sa retraite, bientôt connue des rebelles, le força à chercher un autre asile chez Ahmed le Long, son ancien client; les espions des oulémas y avaient suivi ses traces. Il crut les dépister en se retirant seul et à pied, avant le jour, dans la maison d'un autre de ses amis absent, Hadji-Beïram.

Hadji-Beïram prévint le soupçon des rebelles en révélant perfidement lui-même la retraite du grand vizir dans son harem. Les *chiaoux* l'en arrachèrent, et le conduisirent devant son successeur, Sofi-Mohammed. Loin de triompher de la catastrophe et de la détresse de son ennemi, Sofi-Mohammed l'embrassa les larmes aux yeux, et le fit asseoir avec honneur à côté de lui. Ahmed lui demanda pour toute grâce la permission de se retirer, pour le reste de ses jours, à la Mecque, exil équivalant à une mort politique et civile chez les musulmans. On en appela au muphti pour décider du sort des prisonniers. Le muphti, moins compatissant que Sofi-Mohammed, lança, aux acclamations de la foule, un fetwa de mort contre l'instrument des crimes d'Ibrahim. On lui demanda, avant de lui lire l'arrêt, la liste de ses trésors, en lui donnant l'assurance que sa vie serait rachetée par ses aveux. Il les marchanda comme un avare, ajoutant un chiffre énorme à chaque menace, et cachant encore la plus grande partie de sa prodigieuse opulence. Son interrogatoire épuisé, on le laissa seul avec ses deux serviteurs dans une chambre grillée, attendant la grâce qu'on lui avait promise au prix de l'aveu de ses richesses. Il détacha son turban, fit sa prière et se coucha sur le tapis pour dormir, ses deux pages étendus à ses pieds.

On le réveilla sous prétexte de le conduire devant Sofi-Mohammed, son protecteur, qui avait, lui dit-on, plaidé et obtenu son pardon devant les troupes. Arrivé au bas de l'escalier ténébreux, deux fortes mains le saisirent par derrière, il se retourna, et à la lueur d'une torche il reconnut le bourreau Kara-Ali, l'exécuteur ordinaire des victimes qu'il lui avait livrées lui-même : « Vil giaour ! » s'écria Ahmed en reconnaissant avec horreur le bourreau. « Gracieux maître, » lui répondit ironiquement Kara-Ali en s'inclinant avec dérision comme pour baiser le pan de son caftan ; puis, le saisissant par un bras et son aide par l'autre, les deux exécuteurs le firent marcher à travers les huées du peuple jusqu'à la *porte des Canons*, sur le seuil de son jardin de plaisir, où il avait médité la veille le meurtre des agas des janissaires. Là, Kara-Ali l'ayant abattu comme un bœuf d'un coup de poing sur le front, lui arracha son turban et lui serra le cordon autour du cou. Son cadavre, placé en travers sur un cheval de bât, fut jeté au milieu des immondices sur la place de l'hippodrome, où les oulémas, en se rassemblant de nouveau à l'aube du jour à la mosquée, le reconnurent et s'encouragèrent à la vue de leur ennemi couché sans vie à leurs pieds.

XVII

Le grand juge de Roumélie, Mousslieddin, qui se rendait avec les oulémas à la mosquée pour faire oublier ses lâchetés par son adhésion à la révolte triomphante, fut renversé de son cheval, dépouillé de son turban et traîné la tête nue et ensanglantée sur les marches du péristyle. Il se releva et se jeta à l'étrier du muphti, embrassant sa jambe, pour implorer sa protection contre ses assassins. Les vêtements blancs du chef de la religion furent tachés du sang qui coulait des blessures du juge. L'intercession du muphti ne put sauver le coupable : les soldats le renversèrent de nouveau, lui coupèrent la tête, et la placèrent entre les jambes du cadavre couché à terre sur la poitrine, selon le rite dérisoire des infidèles suppliciés.

Le khodja du sultan, Djindji, avait osé se rendre aussi à la mosquée pour participer à la délibération. La mort du grand vizir et du juge de Roumélie lui présagèrent son sort. Il changea d'habits et de turban avec un pauvre iman de la mosquée, et s'évada, sans avoir été reconnu, par une porte du jardin. Les agas des janissaires rejetèrent avec indignation ces deux meurtres illégaux sur la populace, excitée par les oulémas, plus lâche et plus cruelle que les soldats. Ils sortirent de l'enceinte, et haranguèrent du haut des marches les janissaires, en les gourmandant sur ces ignobles assassinats commis impunément en leur présence. Les janissaires, humiliés, qui voulaient une révolution, mais non des massacres, arrêtèrent le sang répandu par la populace sur l'hippodrome.

Les oulémas, entrés en séance, députèrent le juge de la Mecque, Hassan, au sérail, pour sommer le sultan de se rendre à la mosquée. Ils espéraient ainsi l'arracher aux dix mille défenseurs qui campaient avec les canons dans les cours. Sur le refus d'Ibrahim, ils convoquèrent la sultane Validé à la mosquée, la priant d'amener avec elle l'aîné des princes, Mohammed, qu'ils avaient résolu de proclamer sultan à la place du profanateur du trône.

XVIII

La sultane Kœsem avait tout à craindre et plus rien à espérer d'Ibrahim. Privée de l'influence qu'elle avait exercée jusque-là avec tant de bonheur sur deux règnes; sacrifiée à de viles favorites qui faisaient honte à son fils de sa déférence pour sa mère; témoin des humiliations qu'Ibrahim faisait subir à ses filles Aïsché, Fatima, Khanzadé, dans le harem, en les forçant d'offrir l'aiguière et le café comme des servantes à ses esclaves; tremblant tous les jours pour la vie des princes qu'un caprice d'Ibrahim pouvait faire étrangler jusque sur son sein; exilée déjà dans le jardin d'Iskender; menacée d'un exil plus sévère et plus lointain dans l'île de Rhodes, la sultane mère n'avait d'espoir de salut que dans une révolution. Mais si une révolution était nécessaire à sa sûreté, une déposition suivie inévitablement d'un régicide répugnait à son cœur de mère autant qu'à sa politique. Elle aimait encore dans Ibrahim l'enfant qu'elle avait dérobé au péril de sa vie à l'ombrageuse cruauté d'Amurat IV, et sous le nom de qui elle avait régi souverainement l'empire pendant les années de son adolescence. Elle se croyait plus sûre de reprendre et de conserver son ascendant auprès d'un prince garrotté sur le trône, sous un conseil composé par elle, et avec des vizirs vendus à sa cause, que sous le gouvernement d'un enfant violent de caractère, faible d'esprit, qui devrait le trône aux rebelles, et qui leur donnerait par reconnaissance et par nécessité l'autorité qu'elle voulait pour elle. Le rôle d'arbitre tout-puissant entre Ibrahim déchu, mais non détrôné, et les oulémas ses complices, lui paraissait donc avec raison préférable au rôle de mère cruelle immolant son fils pour couronner son petit-fils.

Elle représenta aux députés de la mosquée, au muphti et au vieil aga des janissaires Mousslieddin, orateurs du peuple et des soldats, qu'il valait mieux pour l'empire respecter Ibrahim, en faisant tomber leur colère sur ses ministres, que de donner le fatal exemple de la déposition d'un padischah. Elle promit de se rendre immédiatement auprès de lui au sérail, et de le disposer aux concessions et aux garanties nécessaires pour préserver la nation des scandales et des dégradations qu'elle déplorait plus que personne ; elle leur parla d'un règne purement nominal, sous la surveillance d'un conseil de gouvernement composé des oulémas, des scheiks et des agas les plus accrédités par leurs vertus, leurs talents et leur autorité dans la capitale. Après les avoir congédiés avec ces perspectives, elle se revêtit d'habits de deuil comme une suppliante du peuple et du prince ; elle fit revêtir du même deuil les deux esclaves et l'eunuque noir qui portait l'éventail devant elle, et coiffée d'un turban noir, d'où pendait sur son visage un voile noir, elle monta dans sa barque pour se rendre avec les deux petits princes au sérail.

Elle en trouva les cours déjà envahies par les oulémas, les agas, les juges, le muphti, le vieux Mousslieddin et leurs collègues. Les bostandjis, ébranlés par la constance et l'unanimité de la révolte, avaient ouvert les portes aux chefs et aux orateurs de la mosquée du centre ; une masse confuse de peuple et de soldats désarmés inondaient derrière eux les abords du palais ; ils invoquaient à grands cris la sultane Kœsem et les princes. Elle parut seule dans le costume funèbre que nous avons décrit, précédée de l'eunuque noir qui l'éventait sur les marches de la porte de *la Félicité*. Son aspect imposa silence à la foule : cette femme représentait aux yeux des Ottomans quarante ans de domination ; la mémoire chérie d'un sultan dont elle avait été l'épouse ; deux règnes maniés virilement par ses mains de femme : l'un heureux, tant qu'il avait suivi ses inspirations ; l'autre plein d'espérance à ses commencements, et qui n'avait déchu qu'avec son crédit sur son fils ; elle représentait enfin, dans les petits-fils qui lui restaient, toute la dynastie survivante d'Othman, et tout l'avenir de l'empire.

XIX

Accoutumée deux fois dans sa vie aux tumultes et aux tragédies des mouvements de la multitude et des troupes, elle leur parla avec cette éloquence naturelle aux Grecs, relevée en elle par l'habitude des affaires d'État traitées si longtemps en sa présence, et par l'énergie de son sentiment de maternité, de patriotisme et d'ambition. Elle osa, dès les premiers mots, gourmander avec une sévérité maternelle ces oulémas et ces vétérans soulevés pour sa cause, et demandant plus qu'elle ne jugeait nécessaire elle-même à sa sécurité comme au salut de l'empire.

« Est-il juste, est-il sage, est-il respectueux à
« vous d'exciter de pareils mouvements ? Et n'êtes-
« vous donc pas tous ici les esclaves privilégiés de
« cette maison ? »

A ces mots de la sultane, le vétéran Mousslieddin osa l'interrompre : « Auguste maîtresse, » lui répondit-il, « ce que vous dites est vrai ; nous avons tous
« reçu des bienfaits de cette maison, et moi plus
« qu'un autre, puisque j'en jouis depuis quatre-
« vingts ans ; mais c'est justement notre attache-
« ment à votre sang et notre reconnaissance pour
« tant de bienfaits qui nous défendent d'assister plus
« longtemps avec une coupable indifférence à la
« ruine de cette maison et de la patrie indissoluble-
« ment liées l'une à l'autre. Oh ! plût à Dieu que
« je n'eusse pas assez vécu pour voir de pareils
« jours ! car de quoi ai-je besoin maintenant ? Quel
« temps me resterait-il pour jouir des richesses ou
« des dignités par une ambition qui contrasterait
« avec la brièveté des jours qui me restent ?

« Mère des Ottomans ! la folie et l'injustice du
« padischah, votre indigne fils, ont mis *le monde* en
« péril. Nos frontières s'écroulent pendant qu'il
« s'abandonne aux plaisirs, aux débauches, aux pro-
« digalités scandaleuses du trésor mal réparées par
« la vente effrontée des places. Vos oulémas se sont
« rassemblés, et ils ont rendu un fetwa qui déclare
« légitime la déposition du padischah Ibrahim, et
« l'installation du jeune padischah, votre petit-fils
« Mohammed. Tant que ces deux actes ne seront pas

« accomplis, il n'y a point d'ordre à espérer dans le
« peuple et dans les troupes ; cédez à notre inébran-
« lable résolution ; si vous vous y opposez, ce n'est
« plus contre des révoltés, c'est contre la décision
« des lois, de la religion et de la patrie que vos sol-
« dats feront résistance ; la révolte aura passé de
« votre côté. »

La sultane sentit qu'il fallait fléchir devant une résolution sanctionnée par la délibération des oulémas, ces interprètes de la loi, et devant le fetwa du muphti, cet oracle de la religion. Elle tenta néanmoins une troisième fois de prévenir la déchéance entière d'Ibrahim, et de ramener l'opinion des chefs de la loi et de la religion à l'idée d'un conseil de régence qui, sans déposer son fils, gouvernerait en son nom. Le grand juge d'Anatolie, Hanefizadé, homme réfléchi et tranchant dans ses paroles, parla au nom des oulémas :

« Gracieuse impératrice, dit-il, nous sommes
« venus ici pleins de confiance dans votre sagesse
« et dans votre patriotisme ; vous n'êtes pas seu-
« lement la mère du padischah, souvenez-vous-
« en, vous êtes la mère vénérée de tous les vrais
« croyants ; plus vous abrégerez cette crise de l'em-
« pire, mieux cela sera pour tous. Les ennemis ont
« partout l'avantage sur nos troupes ; il n'y a point

« de bornes au trafic des places ; le sultan, exclusi-
« vement occupé à satisfaire ses passions, s'éloigne
« des sentiers de la loi. L'appel à la prière, sur les
« minarets d'Aya-Sofia, est couvert par le bruit des
« fifres et des trompettes, des cymbales et des flûtes
« du sérail. Personne ne peut donner sans danger un
« conseil au sultan, vous l'avez éprouvé vous-même.
« Les marchés sont livrés au pillage ; les innocents
« sont mis à mort ; les esclaves favorites gouver-
« nent le monde. »

La sultane Validé essaya encore de lutter contre
la volonté générale. « Tous ces maux, » leur dit-elle,
« sont l'œuvre des méchants ; il faut les éloigner et
« mettre à leur place des hommes bons et raison-
« nables.

« — A quoi cela servira-t-il ? » répliqua Hanefizadé. « N'a-t-il pas fait exécuter des hommes bons
« et vaillants, tels que Kara Mustafa et le conqué-
« rant de Canée, Yousouf-Pacha ?

« — Mais comment est-il possible de mettre sur
« le trône un enfant de sept ans ? » objecta la sultane Validé.

« D'après la sentence de nos légistes, » reprit
Hanefi, « un insensé ne doit pas régner, quel que
« soit son âge, mais bien plutôt un enfant doué de
« raison : c'est là-dessus qu'est fondé notre fetwa.

« Avec un souverain enfant, mais raisonnable, un
« sage vizir met l'ordre dans *le monde,* tandis qu'un
« sultan insensé ruine l'empire par le meurtre, la
« honte et la corruption. »

La convenance de ces paroles et la longueur de cette délibération dans un de ces moments qui ne comportent pas la délibération, mais les résolutions soudaines, emportèrent quelques agas des troupes et surtout Kara Tchélébi, soldat sans mesure, à des exclamations d'impatience si irrévérencieuses pour la pudeur d'une femme et pour la majesté d'une souveraine, que les historiens les indiquent sans oser les répéter, et que Kara Tchélébi les lava plus tard justement dans son propre sang. La patience manqua au peuple et aux troupes ; la sultane humiliée comprit que la révolution ne la respecterait qu'autant qu'elle condescendrait elle-même à la volonté de la révolution.

«C'est bien, » dit-elle sans paraître avoir entendu les outrages de Kara Tchélébi, « je vais chercher
« mon petit-fils Mohammed, et lui ceindre le tur-
« ban. »

Une acclamation unanime rappela l'enfant et la mère. La sultane reparut à la porte de *la Félicité,* et présenta l'enfant au peuple. On l'assit sur le trône, et on défila en silence et en ordre devant lui, de peur que la confusion, la foule, les cris et les armes n'intimidassent jusqu'à l'effroi et jusqu'aux larmes l'enfant arraché tout à coup aux bras des femmes dans le tumulte d'une révolution. Les bostandjis, auxquels ses regards étaient accoutumés dans les jardins du sérail, répondirent à la sultane inquiète de la sécurité de son fils ; elle se retira le cœur plein d'anxiété pour Ibrahim.

XX

Pendant cette cérémonie du couronnement populaire à la porte de *la Félicité*, le muphti, les vizirs, les oulémas, le silihdar et le général des bostandjis lui-même, devenus les exécuteurs domestiques de la volonté du peuple qui entourait le palais, vinrent signifier à Ibrahim, abandonné par sa propre cour, sa déposition et le couronnement de son fils.

« Traîtres ! » s'écria Ibrahim à ces paroles, « ne
« suis-je pas votre padischah ? Qu'est-ce que cela si-
« gnifie ? —Non, » lui répondit Abdoulaziz, le plus résolu et le plus insolent des oulémas ; « non, tu n'es plus
« notre padischah ; tu ne le fus jamais, car tu ne
« l'étais qu'en vertu des lois, et tu as violé toi-même
« toutes les lois, foulé aux pieds la justice et la reli-

« gion. Tu as ruiné *le monde;* tu as consumé ton temps
« dans les jeux et dans les débauches ; tu as dissipé
« les trésors de l'empire pour assouvir de puérils ou
« coupables caprices. La corruption et la cruauté
« ont gouverné *le monde* à ta place... »

Ibrahim, atterré par ces outrages, se tourna vers
le muphti et vers le vieux Mousslieddin, dont l'attitude plus respectueuse attestait un reste d'égards et
de pitié pour lui. « Mais enfin ne suis-je pas votre
« empereur ? » leur dit-il. « Pourquoi descendrais-je
« du trône ?

« — Tu n'en descendras que pour quelques
jours, » lui répondirent quelques voix. On voulait le
tromper pour que sa résistance obstinée n'entraînât
pas les agas à des violences plus extrêmes que la
déposition.

« Je vous comprends, » reprit-il avec une rage
qui ne mesurait plus ni la force, ni le moment, ni le
péril; « vous êtes tous des ingrats et des traîtres.
« Vous êtes, de plus, des hommes sans raison.
« Quoi ! c'est un enfant de cette taille, ajouta-t-il
« avec un geste ironique et en abaissant sa main
« vers la terre, c'est un enfant de sept ans que
« vous voulez faire padischah ? Mais comment cet
« enfant pourra-t-il régner ? Vous nommerez donc
« aussi padischah ce vieillard imbécile ? » en leur

montrant le vieux Mousslieddin. « D'ailleurs, cet
« enfant n'est-il pas mon fils ? »

Abdoulaziz lui coupa la parole par des outrages si
scandaleux, que l'historien, témoin de cette scène,
ne fait que les mentionner. Il souilla la révolution comme Ibrahim avait souillé le trône. Ibrahim dédaigna de répondre à ce flatteur devenu
cynique en un jour. Il apostropha de nouveau le
muphti, et lui reprocha son ingratitude : « N'est-
« ce pas moi qui t'ai fait ce que tu es? » lui dit-il.

« Non, » lui répondit le muphti, habile à détourner sur le destin une reconnaissance qu'il ne
voulait pas devoir à un homme ; « ce n'est pas toi,
« c'est le Dieu tout-puissant. »

Ibrahim en forçant le muphti à lui donner malgré lui et malgré elle sa fille unique pour épouse,
et la lui renvoyant après avec mépris, avait justement changé le bienfait en outrage. Le muphti
ne vengeait pas seulement l'empire, il vengeait sa
fille profanée.

Sourds à ces imprécations et à ces malédictions
du sultan sur leur tête, les agas militaires le prirent
par les deux bras et l'entraînèrent, malgré sa résistance désespérée, hors de la chambre impériale. Il
se résigna enfin, et croisant ses bras redevenus libres
sur sa poitrine : « Ceci, » dit-il en baissant la

tête, « était écrit sur mon front; c'est l'ordre de
« Dieu, marchons. »

On l'enferma, avec deux de ses esclaves favorites, dans le kiosk *des Oiseaux*, vestibule de la mort ou de la prison perpétuelle. De tout l'empire et de tout son harem, il ne lui resta qu'un cachot, une natte et deux esclaves. Sa mère elle-même n'osait l'y visiter, de peur d'être suspecte aux oulémas.

XXI

Cependant, comme Néron à Rome, Ibrahim avait encore un parti dans les tavernes et dans les casernes, où la corruption des princes assure par la licence la vile faveur des populaces. On s'agitait dans les cafés et dans les chambrées de spahis à son nom; on se demandait de quel droit des légistes, des scheiks et des agas avaient précipité du trône un padischah légitime pour couvrir leur ambition de régner du nom d'un enfant à peine sorti du berceau. On affectait de s'alarmer de ce fantôme de gouvernement sous un fantôme de padischah. Les vizirs et les agas tremblèrent de laisser une espérance ou un prétexte à ce repentir dangereux des troupes. On demanda au muphti s'il était permis de déposer et de tuer un padischah qui mettait les dignités de l'empire à l'encan.

« Oui, » répondit laconiquement le muphti, le « Coran ne dit-il pas : *S'il y a deux khalifes, tuez-« en un.* »

Armé de ce fetwa qui innocentait le régicide, le muphti, juge et bourreau à la fois, le grand vizir, les juges de l'armée, les agas des janissaires, des spahis et des autres milices, se rendirent au sérail pour exécuter la sentence. L'horreur du régicide, la crainte de la vengeance tardive, mais infaillible, qui avait atteint tous les meurtriers du premier sultan immolé, la pitié pour un prince plus méprisé que haï par ses serviteurs, avaient fait un désert du sérail. Pages, bostandjis, capidjis, tout fuyait ou se refusait à la complicité du meurtre. Le muphti et les vizirs furent contraints de forcer de leurs propres mains les portes du kiosk *des Oiseaux*, que nul ne consentait à leur ouvrir.

Quand les portes de fer furent tombées de leurs gonds sous leurs coups : « Où est le bourreau ? » demanda le grand vizir.

Le bourreau Kara-Ali s'était caché, de peur de souiller ses mains du sang sacré d'un padischah. On parvint à le découvrir ; on le traîna pâle et tremblant devant les meurtriers ; il tomba aux pieds du grand vizir, et demanda qu'on le tuât lui-même plutôt que de le forcer à tuer son padischah, jurant par le ciel que ses mains tremblantes et ses genoux défaillants d'effroi ne lui permettaient pas d'accomplir son sanglant office.

« Lâche et infâme giaour! » lui dit le grand vizir en lui assénant un coup de bâton sur la tête, « viens ou meurs! » Kara-Ali et Ali-Hammal, aide de l'exécuteur, furent poussés de force dans l'enceinte du kiosk. Ils entrèrent avec une horde de *chiaoux* dans la chambre du prisonnier. Les vizirs, le muphti, les agas se rangèrent en silence dans une tribune haute et grillée de fer, d'où les regards plongeaient sur l'intérieur du cachot éclairé par le dôme.

Ibrahim, que l'épaisseur des murailles avait empêché d'entendre le sourd tumulte de la porte et le dialogue du grand vizir et du bourreau, était assis, les yeux sur un Coran, dans un angle du divan; ses deux esclaves, debout et les mains croisées sur la poitrine, semblaient écouter la lecture. Le sultan était vêtu d'un caftan noir, d'un pantalon rouge serré autour de sa ceinture par un châle en lambeaux; un bonnet grec de laine, teint en pourpre, remplaçait sur sa tête le turban, la guirlande de fleurs et les pierreries dont il était coiffé dans sa majesté. La pâleur, la maigreur et la mélancolie de son visage attestaient déjà l'ombre et la lividité du cachot.

En apercevant dans la tribune le muphti et les vizirs ses ennemis, et en voyant entrer dans sa chambre le bourreau Kara-Ali, personnification muette de la mort, qu'il avait si souvent envoyée lui-même à ses victimes, il comprit son sort, et se levant en sursaut, les regards levés vers la tribune : « N'y a-t-il donc ici aucun de ceux qui ont mangé « mon pain? » s'écria-t-il d'un ton suppliant, « qui « prenne pitié de moi, et qui veuille me porter « secours? Ces barbares veulent me tuer. Grâce! « oh! grâce de la vie! »

Puis, s'adressant personnellement au muphti, dans l'âme duquel il espérait rencontrer quelque reste de leur ancienne affection, brisée par l'injure faite à sa fille : « Vois, Abdoul-rahim, » lui dit-il, « vois « ce que c'est que l'aveuglement des hommes et les « jeux du sort. Yousouf-Pacha m'avait conseillé de « te faire exécuter comme un fauteur de troubles et « un traître; je n'ai pas consenti à ta mort, et tu « veux maintenant la mienne. Lis le Coran comme « moi, lis la parole de Dieu, qui réprouve les cruau- « tés, les injustices et les ingratitudes. »

Les vizirs firent signe aux bourreaux de faire leur

office. Kara-Ali et ses aides portèrent leurs mains sur les épaules du prisonnier; il leur échappa, et se réfugia dans un angle de la chambre, auprès de ses deux esclaves, dont les faibles mains le disputèrent un moment aux bourreaux. Pendant que le cordon serrait déjà sa gorge, ses imprécations et ses malédictions invoquaient encore la vengeance du ciel contre les Ottomans, assassins de leur padischah. Son dernier soupir fut un blasphème contre son peuple. Son cadavre, transporté dans la cour qui sépare le kiosk des *Oiseaux* du palais, y fut lavé et parfumé par les imans, et enseveli dans le tombeau du sultan Mustapha Ier, près de la mosquée de Sainte-Sophie.

On lut le Coran sur sa tombe, et on y brûla l'ambre et l'aloès pour purifier son âme dans la fumée des parfums. La tyrannie morte devenait elle-même sacrée devant la religion d'un peuple qui avait renvoyé le coupable ou l'insensé au vrai juge.

XXII

Le règne court, agité et plein de rivalités de sérail, d'un enfant de sept ans, ne fut que celui de la sultane Kœsem, tantôt servie, tantôt contrariée par les factions qu'elle avait suscitées, et qu'elle était à son tour contrainte de subir.

Les favorites d'Ibrahim furent ensevelies vivantes dans le vieux sérail. La sultane Kœsem n'excepta de cet exil que la jeune mère de Mohammed, la sultane Tarkhan, esclave russe ou polonaise, que son ignorance et sa docilité aux volontés de sa belle-mère rendaient inoffensive auprès de son fils. Les profusions d'Ibrahim pour ses femmes avaient épuisé le trésor du sérail. Les confiscations sur les favoris de ce prince le comblèrent. Son précepteur, le khodja Djindji, qui s'était évadé de la mosquée du centre, fut découvert et torturé par le bourreau pour lui faire confesser ses richesses. Plus tremblant devant la ruine que devant la douleur, Djindji n'avoua que membre à membre les trésors qu'il avait amassés par ses supercheries magiques, et quand la torture lui eut extorqué toute sa fortune, le sabre lui enleva la vie.

Ces extorsions sur les favoris d'Ibrahim fournirent au trésor plus de cent cinquante millions de piastres, qui furent distribuées en gratifications aux troupes, pour les intéresser à la révolution, dont elles commençaient à accuser les auteurs.

L'exemple de la sédition récompensée avait déjà gagné jusqu'aux pages des trois sérails de Constantinople, sortes de colléges civils et militaires, où la jeunesse des grandes familles se formait aux armes et aux affaires pour recruter l'armée ou la cour. Menacés pour un acte d'indiscipline d'une punition corporelle par le capou-aga, les pages s'insurgèrent, se barricadèrent dans leurs sérails, et soutinrent un siége contre les bostandjis. On ne triompha de leur sédition qu'en leur accordant deux cents promotions d'officiers dans les spahis et dans les janissaires.

Chaque pacha marchandait au grand vizir Sofi Mohammed son obéissance. Ce vieillard ne savait que complaire au lieu de gouverner; la révolution, dont il avait été l'instrument passif, le traitait en jouet et non en ministre; les spahis, les janissaires, les oulémas, les agas, commençaient à se renvoyer les uns aux autres comme un crime l'exécution d'Ibrahim; le remords agitait les casernes.

« J'atteste Dieu, » s'écriait le vétéran des janissaires, Mousslieddin, « que nous aussi nous n'avons
« pris aucune part à ce meurtre; interrogez ses
« vrais auteurs, le muphti et le grand vizir. »

Les pages, réunis aux spahis, demandèrent à grands cris la punition des coupables. Le grand vizir et le muphti, justement menacés, consignèrent les janissaires dans les casernes. Le muphti rendit un fetwa contre les agitateurs, conçu dans un verset du Coran : « *S'ils se révoltent les uns contre les autres, tuez-les jusqu'à ce qu'ils respectent l'ordre de Dieu.* »

Ce fetwa parut assoupir la sédition; mais le kiaya du grand vizir, dans une ronde de nuit à travers la ville, ayant fait décapiter trois spahis, percé la plante de leurs pieds avec le fer de leurs lances, et laissé leurs cadavres sur l'hippodrome, le cri de vengeance éclata le matin dans les casernes. Les spahis, offensés d'un ignominieux supplice en contravention avec leurs priviléges, traversent en masse le Bosphore, qui sépare Scutari de la pointe du sérail, et campent sous leurs drapeaux déployés sur l'hippodrome. Les feux de leur camp, soufflés par un vent d'orage, menacent d'incendier la ville. Ils déposent le muphti régicide, et nomment à sa place l'ancien muphti Abousaïd. Ce vieillard élude cette nomination séditieuse, et les harangue pour les ramener à la raison.

La sultane Kœsem dicte à son fils un katti-schérif, par lequel le sultan conjure les spahis de déposer les armes, leur livre le grand vizir et le muphti, auteurs de la révolution, et les autorise à lui désigner eux-mêmes un grand vizir de leur choix. A la lecture de ce katti-schérif, les agas des janissaires, rassemblés au sérail, protestent qu'ils défendront le grand vizir et le muphti, leurs créatures. On échauffe le zèle de leurs soldats par une gratification de cinquante piastres par tête ; les deux milices se heurtent devant la colonne de Constantin ; les janissaires, un moment vaincus, sont ramenés à l'attaque de l'hippodrome par le vieux Moussdieddin. Des milliers de cadavres jonchent l'hippodrome.

On reconnaissait, dit l'historien Naïma, témoin et acteur de cette guerre civile, les têtes des spahis à leurs cheveux blanchis sous le casque ; les têtes des pages, aux boucles noires ou blondes de leur chevelure. Poursuivis par les vainqueurs et immolés jusque sous le parvis des mosquées, les pages et les spahis se réfugièrent au sommet des minarets, d'où l'on entendait, au lieu de l'appel des muezzins à la prière, des cris d'effroi et de grâce implorant la vie et le pardon. Mouslieddin, aussi compatissant que brave, fit descendre les fugitifs des minarets, et les protégea contre la fureur des janissaires. Il permit aux parents des révoltés de venir reconnaître et ensevelir leurs fils ou leurs frères au milieu des morts. Les autres furent jetés sans sépulture à la mer, malgré cet axiome de la législation religieuse musulmane qui dit : « La

« mort lave la révolte, et il faut respecter les cada-
« vres des rebelles, comme si leur sang avait expié
« leur faute. »

Les révoltes se répandirent dans les provinces.
On proposa au divan de les assoupir en conférant à
des chefs de rebelles les grades et les gouvernements qu'ils ambitionnaient. Le grand vizir y avait
consenti ; mais l'inflexible vieillard Mousslieddin
s'écria « que le plus grand des malheurs pour un
« empire n'était pas de voir s'élever des guerres
« civiles dans son sein, mais d'avoir un gouverne-
« ment qui donnait des honneurs et des récom-
« penses pour prix de la rébellion. »

Un de ces chefs de parti de la Caramanie,
Haïder Oghli, le Turcoman, ayant été amené chargé
de fers devant le divan, le grand vizir lui reprocha
ses crimes.

« Mon gracieux seigneur, » répondit le Turcoman, « le petit du loup devient loup ; chacun vend
« comme il achète, et le fils suit l'exemple de ses
« aïeux ; c'est ainsi que je suis devenu brigand,
« comme l'était mon père, Haïder Oghli le Noir.

« — Révèle au divan, » poursuivit le vizir, « où
« sont enfermés tes trésors.

« — Mais c'est une question de jugement der-
« nier que tu me fais là, » répliqua le prisonnier ;

« crois-tu donc que j'aurai versé tant de sang,
« brûlé tant de villes, pour te confesser l'une après
« l'autre toutes mes rapines? Hélas! hélas! voilà
« la nuit qui approche. Je suis né d'hier, et je dois
« mourir aujourd'hui; finis la chose au plus vite,
« c'est la seule grâce que je veux de toi. »

XXIII

Les janissaires, abusant de leur victoire, opprimaient insolemment la capitale et les provinces : ils enlevaient des femmes à Constantinople ; ils prenaient d'assaut une maison de bains à Gallipoli ; leurs agas imposaient leurs caprices au grand vizir, et tramaient sa ruine après l'avoir élevé. La sultane, secrètement irritée du meurtre de son fils Ibrahim malgré ses efforts pour lui conserver au moins la vie, s'entendait avec les agas contre le divan et contre le muphti. L'humiliation des armes ottomanes pendant ces agitations intestines fournissait des prétextes à ses ressentiments.

Housseïn, sans renforts, abandonnait le siége de Candie ; la flotte des Vénitiens brûlait une partie de celle du capitan pacha dans les eaux de l'Archipel. La sultane, de concert avec les agas, convoqua un divan à pied au sérail pour délibérer sur les désastres de la flotte et de l'armée. Son fils, à qui elle avait fait répéter son attitude, son expression de visage et ses paroles, présidait le divan assis sur le trône de Soliman. Le grand vizir s'excusa sur la difficulté des temps. L'enfant, lisant son rôle dans les regards de sa mère, lui répondit en fronçant les sourcils :

« Va, tu n'es pas digne d'être grand vizir ; rends « le sceau de l'État. Et toi, » ajouta-t-il en remettant le sceau à Kara-Mourad, aga des janissaires, « prends-le ; je verrai ce que tu sauras faire. » Puis, se tournant vers le grand juge Aziz-Effendi, soutien et complice du grand vizir, le sultan lui reprocha de vendre à l'encan les plus hautes fonctions de la justice :

« Cher enfant, » répondit le grand juge étonné, « qui t'a appris cela, à ton âge ? »

Cette insolence à l'adresse de la sultane Kœsem fit bouillonner sa colère et rompit son silence. « Quand le padischah commande quelque chose à « ses esclaves, est-il respectueux, » s'écria-t-elle, « de lui répondre en raillant : Cher enfant, qui t'a « appris cela ? C'est la voix du *monde* qui le lui a « appris. Les enfants mêmes savent nos malheurs, « et s'élèvent contre vos iniquités. Malgré tous les « trésors extorqués et prodigués, vous n'avez obtenu

« que des séditions au dedans et des désastres au
« dehors. Vous voulez me tuer moi-même, je le
« sais, parce que mon regard vous importune. J'ai
« vécu sept règnes, Dieu en soit loué! et j'en ai
« gouverné trois. Si je mourais maintenant, *le*
« *monde* ne serait pas reconstruit de fond en com-
« ble, et ne retomberait pas non plus en ruines.
« Tantôt on veut me tuer, tantôt on veut asservir le
« padischah ; mais l'heure est venue de choisir entre
« vous et lui. »

La mort devait suivre de telles paroles ; le nouveau grand vizir Kara-Mourad reçut ordre de la sultane Validé de faire étrangler Sofi-Mohammed, son kiaya et ses complices. Le muphti échappa par la fuite au supplice. On donna sa place, après quelque temps, à Behayi-Effendi, dont les facultés énervées par l'usage de l'opium ne laissaient craindre aucune intervention dangereuse dans les affaires de la Validé.

XXIV

La paix de vingt-deux ans fut renouvelée avec l'Autriche, et le siége de Candie repris avec une nouvelle énergie par Housseïn. Mais les révoltes incessantes de ses lieutenants et de ses soldats contre lui neutralisaient son courage et ses talents. Le grand vizir Kara-Mourad, après quelques rébellions vaincues en Asie-Mineure, se livra à l'oisiveté, à l'intempérance et aux débauches de sa première vie de soldat. Ses vices honteux scandalisaient la capitale; il passait ses jours dans ses jardins des villages grecs des environs de Constantinople, où le vin abrutissait sa raison. On le voyait souvent suivi d'un simple muezzin, sacristain de la mosquée voisine de son palais, ivrogne comme lui, revenir chancelant sur son cheval de ses orgies crapuleuses hors de la ville. Le mépris pour l'homme rejaillissait sur le gouvernement.

Le sultan grandissait en âge et en raison; la sultane Tarkhan, sa mère, lui dicta un katti-schérif menaçant pour Kara-Mourad : « T'ai-je fait grand « vizir, » disait cette lettre de la main de l'enfant, « pour que tu passes ton temps dans tes jardins et « dans tes vignes? Occupe-toi des affaires de l'em- « pire; autrement je te coupe la tête. »

Kara-Mourad, frappé de stupeur à la lecture de cette lettre, et inquiet de découvrir lequel de ses ennemis avait inspiré au sultan une remontrance si supérieure à son âge, fit appeler le maître d'écriture du padischah. C'était un scheik éminent de la Mecque, récemment investi de cette fonction confidentielle, nommé Beschir-Aga. Interrogé par le grand vizir sur l'auteur du katti-schérif, Beschir-Aga jura qu'il ignorait complétement le message et l'inspirateur de la colère du sultan; il avoua cependant à Kara-Mourad que l'enfant, depuis quelques jours, lui avait souvent demandé comment on devait écrire les mots : « *Je te coupe la tête,* » formule fréquente dans la dernière ligne des kattis-schérifs. Le grand vizir remplaça audacieusement le maître d'écriture suspect par un autre. La sultane Tarkhan s'indigna de cette usurpation sur ses prérogatives de mère. Cette jeune Validé, jusque-là souple et docile aux volontés de la sultane Kœsem, sa belle-mère, commença à se révolter contre une domination prolongée qui attentait à sa propre influence sur son fils.

La division des partis dans le divan se répercuta dans le harem. La sultane mère décrédita, dans l'esprit de son fils, Kara-Mourad, créature de la sultane aïeule. Kara-Mourad, par les conseils de l'aga des janissaires Begtasch-Aga, son parent et son ami, résigna de lui-même ses fonctions entre les mains du jeune sultan : « Mon padischah, lui
« dit-il, il ne doit pas y avoir plus d'un grand
« vizir dans l'empire ; voici le sceau : ne le donne
« pas à un janissaire, de peur d'entraîner la ruine
« *du monde.* »

Il partit immédiatement pour Ofen avec le titre de gouverneur de Hongrie. Malek-Ahmed-Pacha, homme jusque-là obscur, mais favorisé par la sultane Tarkhan, lui succéda. L'illustre astronome de la cour, Housseïn, juge de Médine, ami de Kara-Mourad, partagea sa disgrâce. Exilé d'abord à Sténia en Bosnie, puis rappelé à Constantinople par l'intercession de la sultane Kœsem, sa protectrice, il se prophétisa à lui-même, sur l'inspection des astres, sa propre fin. Le muphti Behayi, autrefois son obligé, rendit à son insu un fetwa de mort contre lui, sous prétexte d'impiété, mais en réalité pour complaire à la jeune sultane Tarkhan. La veille du jour où le fetwa secret devait être exécuté, Housseïn consulta les astres, et reconnut que le lendemain était un des jours qui portaient malheur. Il fit seller ses chevaux et équiper une barque dès la matinée pour passer ce jour funeste hors de Constantinople. A peine avait-il pris la mer que les bourreaux cernèrent sa maison, et, s'embarquant sur sa trace, l'atteignirent auprès du château des Dardanelles, l'étranglèrent, et jetèrent à la mer le cadavre d'un des premiers astronomes qui aient élevé la science des cieux, chez les Turcs, presque au niveau des connaissances de l'Égypte et de l'Arabie.

XXV

Le nouveau grand vizir, investi de toute la faveur de la sultane Tarkhan, était Malek-Ahmed, Géorgien d'origine, entré enfant au sérail, et célèbre par sa mâle beauté, qui lui avait fait donner le surnom de *l'Ange*. Homme honnête, intègre, désintéressé, il proposa au divan des réformes et des retranchements sur les traitements exorbitants des vizirs, des agas, des troupes et surtout sur les pensions du clergé qui épuisaient le Trésor. La sultane Kœsem s'opposa à ces économies qui désaffectionnaient les derviches, tribuns religieux du peuple, toujours prêts à grossir ses murmures.

« Chère âme, » lui répondit Sarikatib, astronome du sérail, disciple du sage et malheureux Housseïn et secrétaire du divan, « depuis que le
« *monde* existe, il est inouï que les places fortes et
« les provinces aient été conquises ou défendues
« par les prières des derviches et des mollas. Si vous
« demandez qui a gagné cette bataille, qui a pris
« cette forteresse ? On vous répond : C'est Ibrahim-
« Pacha l'ivrogne, ou tel autre pacha débauché ; les
« malédictions des derviches et des mollas sont
« aussi impuissantes que leurs prières, et j'assume

« sans crainte sur ma propre tête toutes les impré-
« cations. »

Ces économies et des altérations du titre des monnaies pallièrent un mal par un autre. Les Druzes s'insurgèrent en Syrie, les Kurdes sur la frontière de Perse; Smyrne et Salonique, les deux places commerçantes de l'empire, s'insurgèrent contre leurs pachas; le luxe des harems, des équipages et des tables, dévorait à Constantinople les revenus des provinces. L'historien Ewlia raconte que Mohammed-Pacha, son patron, fils d'un trésorier de l'empire, et plus célèbre par sa table que par ses exploits, possédait une vaisselle d'argent et des services de porcelaine de Chine d'une valeur incalculable, des nappes brodées d'or et de pierreries, quarante cuisiniers qui se relayaient vingt par vingt sur sa route quand il voyageait, pour qu'il trouvât partout le même luxe et les mêmes délices; soixante chevaux portaient à sa suite ses provisions de bouche; sept intendants, chefs de ses cuisines, dirigeaient chacun une escouade de ses cuisiniers.

A ce luxe des grands correspondait comme toujours la misère du peuple. Les impôts, disproportionnés aux forces des imposables, écrasaient l'agriculture et le commerce. Une insurrection de tous les marchands et de tous les ouvriers de Constantinople pour exiger l'abolition de ces charges excessives renversa Malek-Ahmed du pouvoir.

La sultane nomma à sa place le silihdar Siawousch-Pacha, ancien esclave abase, monté de grade en grade par sa valeur jusqu'au gouvernement de la Hongrie. Siawousch, par les conseils de la sultane Kœsem, alla demander aux casernes des janissaires la protection de leurs armes pour le jeune sultan. Begtasch-Aga, le plus turbulent, le plus populaire et le plus ambitieux des tribuns de cette milice, la lui accorda en termes hautains qui mettaient les services de ce corps au prix de la complète déférence du grand vizir à leurs volontés.

« J'obéirai aux ordres de mon padischah, et non
« aux vôtres, » répondit avec dignité Siawousch ; « vos
« cous et le mien ne doivent pas être épais et roides
« devant lui, mais minces et souples comme la lame
« de nos sabres. »

Les janissaires consentirent à réprimer les restes de la sédition du peuple qui fermentaient encore aux portes du sérail.

XXVI

Ce calme ne fut que précaire ; le feu de la haine couvait au harem et ne pouvait tarder d'éclater au dehors. La sultane Kœsem, à qui la jeune sultane Validé Tarkhan arrachait l'empire par l'élévation successive d'abord du beau Malek-Ahmed, puis de l'intrépide Siawousch-Pacha au rang de grand vizir, voulait le retenir à tout prix ; Begtasch-Aga, Grec comme elle, attaché à sa cause par l'espérance, par l'ambition, par le génie de l'intrigue, par la commune patrie, était son appui et son instrument dans le parti militaire. Elle disposait, par sa popularité, des janissaires, qu'il agitait ou apaisait à son gré.

La sultane Tarkhan répandait dans le harem, dans le sérail et dans les casernes, que la sultane Kœsem conspirait avec Begtasch-Aga par jalousie de pouvoir, la déposition, et même le meurtre de son petit-fils Mahomet IV; elle voulait, disait-on, substituer à cet enfant trop docile à l'influence de la sultane Tarkhan, sa mère, un autre de ses petits-fils, le jeune Soulëiman, fils d'une mère qui la laisserait sans rivalité dominer le sérail, du haut de sa vieillesse et de son expérience.

Une esclave du harem, nommée Maléki, chargée de surveiller les breuvages du sultan, révéla un complot d'empoisonnement réel ou imaginaire dans un sorbet préparé par le confiseur du sérail, Ouwéis-Aga. Tremblante ou feignant de trembler pour la vie de son enfant, la sultane Tarkhan remplit le palais de ses terreurs et de ses larmes. Rien n'atteste la réalité du crime; mais ces accusations intentées d'un côté, repoussées comme des calomnies mortelles de l'autre, étaient comme le signal de la guerre civile dans la capitale et dans les casernes.

Les janissaires, avertis par la sultane Kœsem des dangers qu'elle courait dans un harem où l'on demandait sa mort, et remués par Begtasch-Aga, s'ameutèrent au nombre de dix mille hommes aux portes du sérail, demandant impérieusement les têtes des conseillers de la sultane Tarkhan, qui perdaient l'empire, et qui déshonoraient, pour la détrôner de sa tutelle sur son petit-fils, la mère des Ottomans, la patronne des troupes, la providence du *monde*, la sultane Kœsem. Leurs cris ne respectaient pas même le sultan, fils de l'ennemie de leur protectrice et de leur aga; ils mêlaient à leurs vociférations contre la mère le nom du sultan Souleïman, déjà couronné de leurs vœux, comme dans le cœur de son aïeule.

Cette nuit couvait une révolution tramée à l'insu des deux enfants dans l'ombre d'un harem et dans le tumulte d'une caserne. La sultane Kœsem, renfermée dans ses appartements, ainsi que ses eunuques et ses femmes, attendait avec anxiété, mais avec confiance, que les complices de Begtasch-Aga, ses libérateurs, vinssent frapper aux portes du harem, lui apporter la tête de sa rivale et lui demander Souleïman pour padischah.

XXVII

Cependant l'opinion, ce destin des mouvements politiques, se prononçait depuis quelques jours contre les janissaires et contre la sultane leur idole. La fidélité réfléchie et religieuse des Ottomans à leur prince, l'âge tendre de Mahomet IV, l'intérêt qui s'attache à l'innocence et à la faiblesse, entourées des piéges de l'ambition et de la perfidie; la lassitude du joug d'une femme, longtemps reine, mais dont l'insatiable passion de régner survivait à l'âge; le bruit vrai ou faux que cette veuve d'Achmet Ier, empoisonneuse de son petit-fils, avait promis sa main, ses trésors et le sceau de l'empire à Begtasch-Aga, en récompense de la perte de sa belle-fille, la sultane Tarkhan, de la déposition de Mahomet IV, de la proclamation de Souleïman; l'horreur enfin pour le prétendu complot d'empoisonnement par cette marâtre, habilement semé dans le sérail et dans la ville, tout contribuait à passionner l'opinion publique pour Mahomet et pour sa mère.

Une faction armée et quelques oulémas, créatures obstinées de l'aïeule, étaient seuls pour sa cause aux portes du palais; tout l'empire était pour sa rivale et pour son enfant.

XXVIII

Le grand vizir Siawousch, bien que surpris dans son palais par l'heure, par la promptitude de l'événement, par la nuit, était tranquille sur la vie et sur la liberté du sultan. Le sérail gardé, à tout événement, par des troupes, des bostandjis, des pages et des eunuques fidèles, lui répondait du jeune padischah contre toute surprise de son aïeule. Son caractère martial, sa renommée de soldat, ses services, sa vieillesse même lui donnaient sur l'opinion et sur les spahis, ses anciens compagnons de camp, une autorité morale avec laquelle les janissaires eux-mêmes étaient obligés de transiger. Aucune révolution n'était possible sans le concours, sans la neutralité ou sans la mort violente du grand vizir; mais sa mort même n'était que la ressource désespérée des factieux, que le sang de ce vieillard intègre aurait accusés devant les soldats et devant le peuple.

Begtasch-Aga se rendait compte de cet obstacle à son entreprise, et il avait résolu de chercher à l'éluder avant de tenter de le vaincre. Pendant que ses soldats cernaient toutes les portes des jardins du palais, afin d'empêcher le grand vizir d'y pénétrer pour défendre son maître, il convoqua, dans une mosquée voisine de la porte principale du sérail, les vizirs, les oulémas, les agas et les chefs de chambrée des troupes du parti de la sultane Kœsem. Sûr de la majorité, de la complicité et de la main de tous ces conspirateurs, il envoya sommer le grand vizir de paraître immédiatement dans cette assemblée pour y conférer avec lui sur les mouvements nocturnes de la capitale. Le grand vizir, désarmé et surpris dans son palais par une sédition militaire dont l'aga des janissaires était lui-même le moteur, n'avait pas à délibérer. Son audace et son sang-froid étaient sa seule ressource pour sauver l'empire et son maître. Il se rendit avec une apparente complaisance à l'invitation de Begtasch.

Les janissaires et les oulémas le reçurent dans la mosquée avec les respects et la déférence que les factieux, incertains de la fortune du jour, affectent pour ceux qu'ils veulent séduire avant de les intimider. Begtasch-Aga prit la parole au nom de tous ; il déplora la dégradation de la gloire militaire, les frontières envahies, les flottes incendiées, les charges vendues, les monnaies altérées par l'ancien grand vizir Malek-Ahmed ; les eunuques, sous une mère incapable, maîtres du gouvernement, et faisant fléchir la sagesse et les vertus des premiers hommes d'État sous les fantaisies puériles d'un enfant à qui on mettait des paroles sur les lèvres et des kattishérifs sous la main. Il déclara, au nom des oulémas et des agas présents et unanimes, que la prolongation d'un tel fantôme de règne serait la ruine des Ottomans ; que le grand vizir lui-même ne recueillerait de ses vains efforts que la responsabilité de ces désastres, la honte ou la mort ; que le seul génie capable de redresser l'empire croulant était le génie de cette femme supérieure par son expérience, par son courage comme par son âge, qui avait vu sept règnes, et à qui la jalousie d'une sultane Validé, sans talent, ne disputait le dernier que pour le livrer à des esclaves et à des eunuques; qu'un seul salut s'offrait aux vrais défenseurs de la foi et de la patrie, c'était de faire descendre cette sultane du trône avec son fils, et de restaurer le règne de la sultane Kœsem en nommant son autre petit-fils le sultan Souleïman.

« Jurez, » ajouta-t-il en s'adressant au grand vizir, « jurez avec nous, sur la tête de vos ancêtres, que

« vous nous seconderez dans ce généreux dessein. »

Siawousch, qui ne croyait pas devoir la vérité à des assassins, feignit de tremper dans cette conspiration du bien public, et jura par le Coran d'aider les rebelles à sauver la patrie. Les conjurés, satisfaits de n'avoir ni à combattre ni à immoler un homme si populaire par sa vertu, le laissèrent sortir avec honneur de la mosquée.

XXIX

Les factieux, se croyant sûrs de lui, lui permirent de franchir le blocus du sérail et de rentrer dans le palais par la porte de fer des jardins. Les affidés de la sultane Kœsem tenaient cette porte entr'ouverte pour introduire, à l'heure convenue, les janissaires de Begtasch-Aga dans le harem, où elle devait leur présenter, pour padischah, le jeune Souleïman. Cette circonstance le convainquit de la connivence de la sultane au meurtre prémédité de Mahomet IV. Il fit refermer les portes derrière lui; il posta des bostandjis à toutes les issues, et courut au sérail, résolu de mourir ou de sauver l'enfant confié à sa tutelle.

Cependant le chef des eunuques noirs du sultan, nommé Souleïman-Aga, un de ces hommes qui meurent, comme le lion apprivoisé, aux pieds du trône où l'on a rivé leurs chaînes, avait pressenti le complot et devancé, par ses mesures, la présence du grand vizir. Les pages, réveillés en sursaut à sa voix et au bruit des périls du sultan, avaient massacré leur gouverneur, qu'ils avaient cru à tort complice des janissaires, forcé les portes de leurs chambrées, couru aux armes et ameuté les baltadjis, les bostandjis, les eunuques et les agas, sur les marches de la porte de *la Félicité*.

Siawousch-Pacha, en descendant de cheval devant cette porte, harangua énergiquement les défenseurs du palais, puis pénétrant avec Souleïman-Aga dans l'intérieur, il frappa aux portes fermées de l'appartement reculé où la sultane Tarkhan, dans l'ignorance du tumulte de cette nuit, reposait à côté de son fils. Le kislar-aga du sultan, ayant voulu défendre le seuil, Souleïman-Aga le renversa mort d'un coup de poignard, et appelant les cent vingt eunuques préposés à la garde de l'enfant et de sa mère : « — Que faites-vous ? » leur cria-t-il à travers la porte ; « vous dormez pendant que les janis-
« saires envahissent les abords du sérail pour vous
« égorger ; ces traîtres, d'intelligence avec la sul-
« tane Kœsem, veulent étrangler le padischah et
« élever Begtasch-Aga, leur chef, jusqu'au trône en
« lui faisant épouser la *vieille*, que le poison a

« trompée, et qui dirige à présent le fer contre son
« petit-fils. »

XXX

A ces paroles les portes s'ouvrent, les cent vingt
eunuques s'arment de leurs poignards, le grand vizir
et Souleïman-Aga se précipitent dans la chambre
de la sultane Tarkhan. Ils l'éveillent, et lui révèlent
à la hâte l'extrémité du péril. Aux premiers mots
du vizir, la jeune Validé s'élance de son lit auprès
de son fils, qui dormait sans soupçons de la mort
suspendue sur sa tête : « O mon fils ! » s'écrie-
t-elle, en se penchant sur lui et en le serrant con-
vulsivement dans ses bras, « nous sommes perdus ! »
L'enfant effrayé se leva sur son séant, et tendant
les bras à Souleïman-Aga : « O mon père ! » lui
dit-il, « sauve-moi ! »

Le vizir et l'eunuque, attendris de voir leur souverain implorer ses esclaves, se jettent aux pieds de
l'enfant et de la mère, et jurent de se sacrifier pour
lui. Souleïman-Aga, le prenant dans ses bras, le
porte en chemise, à la lueur des torches, dans la
salle du trône, où s'étaient réunis tous les défenseurs du sérail, et l'élevant à la vue des pages et des
bostandjis : « Que ceux qui mangent le pain et le

« sel du padischah, » s'écria-t-il, « viennent à son « secours. »

A ces lueurs, à cet aspect, à cette voix, vizirs, agas, pages, chambellans, bostandjis, baltadjis tombent d'un mouvement unanime à genoux devant ce symbole du droit, de l'innocence, du trône, et jurent de lui donner leur sang. « Soyez tranquille, « mon padischah, » dit Souleïman-Aga, « s'il plaît « à Dieu, toutes les têtes de vos ennemis seront « demain à vos pieds. »

XXXI

Pendant ces scènes d'effroi et d'attendrissement dans le harem, le grand vizir convoquait au palais, sous peine de mort contre ceux qui perdraient une heure, tous les pachas, beglerbegs, chefs de corps, agas, lewends et grands de l'empire, avec tous ceux de leurs serviteurs armés qu'ils auraient sous la main, et des vivres pour trois jours. La haine sourde contre les janissaires, oppresseurs communs, la fidélité pour le souverain, la tendresse pour l'enfant, la confiance dans Siawousch-Pacha, remplirent avant l'aurore les quais, les jardins, les cours, les appartements du sérail d'une armée de toutes armes dont le nombre était doublé par l'enthousiasme du dévouement. Toutes les chaloupes de la flotte et les caïques du port y débarquèrent en silence les armes, les canons, les munitions de l'arsenal, suffisants pour un long siège.

L'effroi de la nuit se changeait en fureur contre les auteurs d'un si exécrable complot. Le nom de la sultane Kœsem était dans toutes les bouches. Trois cents pages et bostandjis, guidés par le chef des eunuques noirs, Souleïman-Aga, se détachèrent de la foule et se dirigèrent en silence vers le kiosk de l'aïeule pour lui enlever le prince Souleïman, au nom de qui elle prétendait régner encore.

L'eunuque de garde à la porte refuse de l'ouvrir; les pages lèvent les poignards sur sa tête; il tombe à genoux et demande la vie pour prix des révélations qu'il s'offre de faire au sultan. On le mène devant Mahomet IV; il se précipite à ses pieds, et lui remet la clef du trésor secret de sa grand'mère; mais au moment où il balbutie une excuse et une supplication, un baltadji lui fend la tête d'un coup de hache. L'enfant, épouvanté, jette un cri d'horreur, et cache son visage dans le sein du chef des eunuques, qui le portait encore sur ses bras.

XXXII

Cependant les pages et les trois cents eunuques

blancs et noirs attachés à la garde personnelle de la sultane Kœsem défendaient héroïquement les portes extérieures de son kiosk et jonchaient le seuil de leurs cadavres. Souleïman-Aga dépose le sultan entre les mains du grand vizir, et court, avec une poignée de pages et de bostandjis, renforcer les assaillants. Il pénètre le premier, le sabre ruisselant de sang à la main, dans le dédale familier aux eunuques des pièces qui composent le harem.

La sultane Kœsem, au bruit de ses pas dans les corridors, croit que ce sont les janissaires de Begtasch-Aga qui viennent la délivrer et la porter au trône.

« Sont-ils là? » dit-elle à voix basse en entrouvrant un guichet de la porte.

« Oui, ce sont les janissaires, » lui répond Souleïman-Aga ; « seulement sortez. »

Mais la sultane, ayant reconnu son erreur, et pressentant sa perte à la voix du chef des eunuques dévoué à sa rivale, se réfugie dans l'ombre de ses appartements les plus reculés, se cache dans une de ces armoires profondes où les esclaves replient pendant le jour les matelas et les tapis de nuit. Là, roulée par la main d'une de ses femmes dans un rouleau de nattes, elle espère échapper à la première fureur de ses ennemis, et laisser à Begtasch-Aga le temps d'accourir et de changer sa fortune; mais la rage des icoglans et des baltadjis ne s'arrête ni devant l'inviolabilité du harem, ni devant la majesté de la mère et de l'aïeule de tant de padischahs; ils se précipitent, sur les traces de Souleïman-Aga, dans l'enceinte sacrée, où ils cherchent vainement leur proie.

Une esclave dévouée, sacrifiant sa vie pour celle de sa maîtresse, se présente à eux revêtue d'un riche costume, et leur dit : « Frappez, c'est moi « qui suis la sultane Kœsem. »

Ils allaient plonger le fer dans son sein, quand Souleïman-Aga leur fit reconnaître l'erreur. Ils tournent un moment leurs poignards contre l'eunuque lui-même, l'accusant de conniver avec la sultane Kœsem, et de vouloir leur dérober leur victime. Mais au moment où Souleïman-Aga allait tomber sous les coups de ses propres amis, un baltadji, brisant les meubles et les armoires, saisit les pieds de la sultane sous la natte dans laquelle elle était roulée.

« Tais-toi, » lui dit-elle à voix basse, « et ta for-« tune est faite à jamais. »

Mais la haine l'emportant dans l'âme du baltadji sur l'avarice, il arrache la sultane de son asile, et appelle ses compagnons pour la contempler. Elle tenait encore dans sa main un mouchoir rempli de sequins d'or qu'elle avait eu la précaution de prendre dans son trésor pour en faire des libéralités aux janissaires qu'elle attendait ; elle s'était revêtue, dans l'attente des événements de la nuit, des plus riches étoffes de sa garde-robe impériale ; ses jambes et ses bras étaient ornés de bracelets de pierreries ; ses doigts éclataient, à la lueur des torches, d'anneaux étincelants ; elle portait en pendants d'oreilles deux diamants de la forme et de la grosseur d'une noix de Caramanie, présent d'Achmet Ier, son mari, dans le temps de sa jeunesse, de sa beauté et de ses amours.

Le groupe de baltadjis et d'icoglans, éblouis et frappés d'un reste de respect à la vue de cette mère de l'empire étendue dans ces ornements impériaux sur le tapis, à leurs pieds, semblaient hésiter entre la vénération et la colère. La sultane, lisant leur indécision dans leurs regards, se relève d'un bond avec une force supérieure à ses années, déploie le mouchoir, et sème, pour ralentir leur poursuite, la pluie de sequins et de bijoux sur le plancher. Tandis que ses assassins se baissent pour les ramasser, elle s'enfuit de chambre en chambre à travers le harem, et touche à une porte des jardins où les ténèbres vont favoriser sa fuite ; mais un page, plus acharné que les baltadjis, l'atteint, la terrasse, lutte avec peine contre la résistance désespérée de cette femme intrépide, et, les deux genoux sur sa poitrine, la contient en appelant à lui les baltadjis. Ils accourent : l'un d'eux, nommé Mohammed-Baltadji, arrache, à défaut de corde, un des cordons de soie des rideaux de la porte, et le serre autour de son cou jusqu'à ce que la sultane évanouie paraisse morte sous la main des bourreaux. Ses fourrures de zibeline, ses pendants d'oreilles, ses bracelets, ses bagues, ses colliers arrachés de ses pieds, de ses bras, de ses oreilles, de sa poitrine, deviennent la proie de ses assassins.

Ils jetèrent le cadavre presque nu, selon l'ordre du fetwa rendu par le muphti, sur le pavé où l'on expose le corps des criminels, devant la porte du kiosk *des Oiseaux*. Celui qui portait la tête fut mordu au pouce, par cette bouche presque inanimée, avec tant de force, qu'il ne put lui faire desserrer les dents que d'un coup de poignard dans la gorge. Les assassins la croyant morte, s'éloignaient pour aller porter la nouvelle du meurtre à la porte de *la Félicité*, lorsqu'en se retournant ils virent le fantôme nu et sanglant de la sultane qui se relevait et qui s'enfuyait dans l'ombre en leur lançant un regard de vengeance. Ils revinrent achever leur victime, qui avait feint la mort par un dernier instinct de vie. Elle combattit, quoique désarmée, contre eux, avec la force d'un athlète, et ne succomba une seconde fois que sous le nombre. Le cordon, resserré autour de son cou avec le manche de la hache d'un baltadji, lui arracha enfin le dernier soupir. Les flots de sang qui jaillirent des blessures, des yeux et des oreilles de cette femme colossale, bien qu'elle eût passé soixante-dix ans, attestèrent la verdeur de sa vieillesse, et la mâle énergie de cette Albanaise, qu'il fallut tuer deux fois pour lui arracher l'empire.

Le crime que lui imputait la haine publique d'avoir tramé la déposition, l'empoisonnement, le meurtre de son petit-fils, est incertain. Ses talents, ses services à l'empire, sa longue et glorieuse domination d'esprit sur trois règnes, sa régence ferme, calme et virile, tant qu'elle ne fut pas sapée dans le sérail par le harem, sont réels. Si ces trois règnes où la Turquie fut relevée ou soutenue par sa main ne portent pas son nom dans l'histoire, ils portent son empreinte.

Adorée dans sa jeunesse, chérie dans sa maternité, vénérée dans sa vieillesse, précipitée de la régence et de la vie encore dans la vigueur de son intelligence par une de ces tragédies de palais dont la confusion recouvre le mystère, sa vie est un monument du génie maternel des femmes appliqué au gouvernement des nations orientales. Roxelane fut plus séduisante et plus épouse, la sultane Kœsem fut plus virile et plus mère. L'une gouverna par sa séduction, l'autre par son génie. Le règne de l'une finit avec sa beauté, le règne de l'autre ne finit qu'avec sa vie. Roxelane fut toute à la nature, la sultane Kœsem dut tout à la politique.

L'une et l'autre attestent que les institutions qui proscrivent les femmes de la liberté et de la vie publiques sont impuissantes, même chez les musulmans, contre la nature qui leur donne d'autres droits, mais autant de droits qu'à l'homme, et que l'amour conjugal ou la piété filiale restitue souvent à la femme supérieure, même dans le gouvernement des empires, ce que la jalousie et l'ingratitude des lois s'efforcent en vain de leur ravir. Régner par l'amour d'un époux ou par la déférence d'un fils, ce n'est pas être une femme exclue du trône, c'est régner deux fois.

XXXIII

Le meurtre de la sultane Kœsem et l'affluence du peuple autour de l'étendard du prophète, cet oriflamme des Ottomans déployé par Siawousch-Pacha au sérail, consterna les janissaires, en leur enlevant tout mobile de sédition, et répandit la terreur dans le conciliabule des agas et des oulémas rebelles de la mosquée.

Begtasch-Aga seul, plus intéressé, comme plus coupable, persévéra dans la révolte, et parla d'incendier la capitale pour forcer les citoyens rassemblés au sérail à voler au secours de leurs familles et de leurs foyers menacés. Il monta à cheval et parut devant les janissaires qui rentraient découragés dans leurs casernes. Il les conjura de retourner sur leurs pas et de secouer le joug des eunuques qui venaient d'égorger la mère des soldats : « Nous ne voulons pas déposer le padischah, » leur dit-il en se rétractant de ses desseins de la veille ; « nous ne voulons que venger le meurtre de « notre Validé. »

Les janissaires indécis l'écoutent avec froideur. L'un d'eux, rompant le silence par une de ces apostrophes populaires qui déconcertent les tribuns en prêtant une trivialité à leurs ennemis, lui cria : « Es-tu donc l'héritier, le fils ou le mari de la Validé, « pour prendre en main sa cause contre le padi- « schah ? »

Un rire railleur éclata à ces paroles qui faisaient allusion à ce titre d'époux de la vieille, qu'on attribuait à Begtasch-Aga. Les janissaires l'abandonnèrent à ses périls et rentrèrent dans l'obéissance. Les spahis et tous ceux d'entre les janissaires des vieilles casernes qui n'avaient pas participé aux mouvements de la nuit, se présentèrent aux portes du sérail pour grossir le nombre des défenseurs du trône. Le sultan, par les conseils de Siawousch-Pacha, envoya à la mosquée du centre, siége déjà déserté de la rébellion, un katti-schérif impérieux : « Vous, « agas de mes janissaires, » disait-il ; « toi, leur général « en chef ; toi, leur général en second, koulkiaya ; « toi, Begtasch-Aga, paraissez à l'instant devant moi « dans le divan, ou bien il vous arrivera malheur ! »

Begtasch-Aga, à la réception de ce katti-schérif qui achevait d'ébranler les conjurés, fit apporter en vain devant les casernes les sacs d'or et d'argent destinés à les corrompre ou à les retenir ; les janissaires refusèrent d'ouvrir les sacs, de peur de souiller leurs mains par la solde d'un factieux. Le koulkiaya se hâta de bien mériter du parti vainqueur en invectivant le chef de la faction. Il reprocha à Begtasch-Aga de n'avoir ouvert la main que quand il fallait racheter sa vie au prix de ses trésors. Les agas, les oulémas et les chefs secondaires écrivirent des lettres d'excuses et se rendirent, comme des hommes trompés par un ambitieux, au sérail ; il avaient cru, disaient-ils, accomplir les volontés du padischah. Begtasch-Aga lui-même fut contraint de les suivre. Sa popularité dans les casernes lui semblait une sauve-garde contre la vengeance du sérail.

Siawousch-Pacha, en effet, reçut avec une indulgence apparente les conjurés repentants. Il nomma Begtasch-Aga gouverneur de Brousse, et lui ordonna de partir sans délai pour son gouvernement. Soit audace, soit terreur, Begtasch-Aga, au lieu de partir, se cacha dans la ville. Découvert le lendemain par le nouvel aga des janissaires Hassan, il fut garrotté sur un âne de rebut, et conduit au sérail à travers les huées et les malédictions de la même soldatesque qui l'applaudissait la veille. Les popularités coupables ne survivent pas à la déchéance de leurs idoles ; le peuple aime partout à faire expier à un seul les factions qu'il a grossies ; il aime à se laver dans le sang de ses tribuns de la tache des séditions vaincues.

Le baltadji Mohammed, qui avait tiré par les pieds la sultane Kœsem de l'armoire et prêté le manche de sa hache pour serrer le cordon autour de son cou, rencontra le cortége injurieux de Begtasch-Aga. « Traître ! » cria-t-il à l'aga vaincu, « que « t'avais-je fait pour demander hier ma tête à la « mosquée ? »

« Misérable assassin, » lui répondit Begtasch-Aga, « ne me condamne pas à voir ton visage. » Il fut étranglé par les muets dans la première cour du sérail, et son cadavre jeté à la mer. Son avarice avait amorti en effet son ambition. On découvrit sous une chaudière de ses bains, scellée dans une maçonnerie massive, deux vases immenses pleins de ducats d'or, de sequins et de pierreries, dons de la sultane Validé ou fruits de ses rapines.

Kara-Tschaousch, son collègue et son complice, amené devant le sultan, pleura comme une femme. « C'est avant la peine, lâche, qu'il fallait pleurer, » lui dit le bostandji-baschi; et il fit signe au muet d'abréger ses larmes par la mort. La tête du koulkiaya des janissaires, troisième chef du complot, fut apportée quelques jours après à l'arçon de sa selle, par un paysan de Féredjik, où il s'était défendu jusqu'à la mort. On jeta cette tête à la porte du sérail.

L'astronome, secrétaire du divan, Sarikatib, quoique étranger à la conspiration, expia l'amitié que lui portait la sultane Validé. Une raillerie de ce Juvénal ottoman lui coûta la vie. Pendant les scandales de la vénalité des charges sous l'avant-dernier grand vizir, Sarikatib, sortant du sérail, fut rencontré par un de ses amis qui lui demanda d'où il venait. « Je

« viens, » répondit-il avec une amère indignation dans l'accent, « du marché des esclaves. »

Comme Caton, il prévint le bourreau par le poignard, et mourut en déplorant la décadence de sa patrie.

L'eunuque noir, Souleïman-Aga, dont le sang-froid et l'intrépidité avaient suppléé dans la nuit à l'absence du grand vizir et sauvé son maître, fut élevé au premier grade de la domesticité du palais, celui de kislar-aga. Il avait été le véritable grand vizir dans la nuit. La sultane Tarkhan, maintenant Validé et maîtresse du gouvernement, lui abandonna, sous le titre de kislar-aga, la tutelle de l'enfant qu'il avait préservé, et la direction absolue du divan. Il usa de son crédit avec l'insolence d'un Éthiopien parvenu à l'avant-dernière marche de l'empire.

XXXIV

Siawousch-Pacha ne tarda pas à se lasser d'un titre de vizir purement honorifique sous un favori qui lui dictait ses ordres par la bouche d'un enfant et d'une femme. — « Ce n'est pas le pouvoir d'un
« grand vizir, » disait-il souvent, « que l'esclavage
« honteux auquel on voudrait me condamner sous
« des eunuques noirs. »

Ces murmures lui furent imputés à crime. La sultane, asservie par la reconnaissance à l'eunuque, cherchait à la fois un grand vizir assez fort pour soutenir l'empire, assez résigné pour supporter un protecteur dans Souleïman-Aga. L'empire n'en avait qu'un seul, c'était Kœprilü, pacha vieilli dans les guerres et dans les conseils, étranger aux factions, un de ces hommes que la faveur néglige parce qu'ils dédaignent de la rechercher, et qu'on laisse arriver au déclin des années avant de reconnaître en eux le salut et la grandeur des empires. Son nom était déjà sur les lèvres ; mais la crainte de sa supériorité l'éloigna encore une fois des oreilles de la Validé.

L'eunuque demanda à la sultane-mère la destitution et la mort de Siawousch-Pacha ; elle ne lui accorda que la destitution et l'exil honorable à Maïghara. Souleïman-Aga fit nommer à sa place un vieillard qui touchait à la seconde enfance, Gourdji-Mohammed, âgé de quatre-vingt-douze ans. Sa caducité était son titre. Souleïman-Aga voulait régner sous ce fantôme. Il fit exiler ceux des conseillers de la sultane qui avaient prononcé le nom de Kœprilü, et le relégua lui-même à Gustendjil, pour que la distance effaçât l'éclat de son mérite. Les exactions remplirent le trésor ; les places d'aga des janissaires, de defterdar, de grand chambellan, de vizir, furent données à des complaisants de cour et à des bouffons de Souleïman-Aga. Ipschyr-Pacha et Abaza-Pacha, fils du grand rebelle, s'insurgèrent en Caramanie, et s'avancèrent jusqu'à Brousse. On négocia honteusement avec eux, et on acheta leur retraite et leur soumission par des gouvernements et des subsides.

L'Égypte, en proie aux insurrections et à l'anarchie, échappait à l'administration directe et régulière de la Porte. Le sultan convoqua un divan solennel pour délibérer sur le parti à prendre relativement à cette importante province de la monarchie. La sultane Validé y assistait derrière le grillage de la tribune de son fils. Le grand vizir, avec l'incurie de la caducité et la loquacité de l'âge, proposa le premier et soutint longtemps le funeste système de gouvernement à vie, sorte d'abdication partielle qui fait des provinces un patrimoine viager et bientôt héréditaire des pachas. Il fut réfuté avec éloquence et indignation par Masoud-Pacha, homme d'État révélé par cette discussion dans un conseil d'eunuques. Le grand vizir insista et revendiqua jusqu'à satiété, dans sa réplique, le respect qu'on devait à son grand âge.

« Mon père, » s'écria la sultane en se levant d'impatience, et en écartant le rideau qui la voilait au divan, « il ne s'agit pas ici de barbe blanche, grise « ou noire, il s'agit du meilleur avis et de la plus « sage politique. »

Masoud conquit dans cette scène la confiance de la sultane. Le soir elle convoqua un nouveau divan dans le kiosk du sérail, appelé le kiosk *de la Mer*, parce qu'il trempe ses murs dans les flots. Il s'agissait de la marine ; le grand vizir en discourut comme il avait discouru de l'Égypte ; Masoud, encouragé par l'approbation de la Validé, le convainquit d'ignorance et d'impéritie. Le sultan, préparé d'avance à son rôle par sa mère, fit passer à Gourdji-Mohammed un katti-schérif :

« Je ne saurais le lire, » dit le grand vizir ; « qu'on « fasse entrer le secrétaire du divan, et qu'il m'en « fasse la lecture. »

Le muphti présent prit le katti-schérif et le lut : « Toi, mon vizir, » disait la lettre laconique, « rends « le sceau. »

Les mains tremblantes et convulsives de ce vieillard ne pouvaient dénouer les cordons du sachet de soie dans lequel les vizirs portent le sceau sur leur poitrine. Le grand chambellan fut forcé de l'assister dans ce tremblement de ses doigts qui tenaient encore à ce hochet de son ambition mourante. Il balbutia quelques plaintes sur l'injustice et l'ingratitude des hommes. Masoud, sans décence de sentiments et sans pitié de langage, l'apostropha avec mépris, espérant élever sa faveur sur sa ruine. Gourdji-Mohammed se retira les larmes aux yeux. Cet outrage à la vieillesse est rare chez les Ottomans. qui croient que l'âge est un sacre de Dieu, et que l'expérience est l'oracle vivant des affaires.

Le sultan rassembla le lendemain le conseil, et posa le premier la question du choix d'un grand vizir. Le muphti renvoya ce libre choix au padischah seul. Masoud demanda l'ajournement et la nomination d'un simple caïmakam ou lieutenant général de l'empire ; d'autres demandèrent pour vizir Housseïn-Pacha, le serdar ou généralissime de l'armée de Crète, estimé et aimé des troupes. Les agas des janissaires et des spahis s'y opposèrent, comme à une mesure qui décapiterait l'armée active sous les ordres d'Housseïn, et qui comblerait de joie les Vénitiens. La sultane Tarkhan, qui commençait à s'enhardir aux discussions d'État, et qui voulait complaire aux généraux en soutenant leur avis, parla derrière le rideau contre le choix du brave Housseïn.

On se réunit sur le nom d'un pacha jusque-là obscur, mais dont la réputation de sévérité inexorable présageait à l'empire un bourreau plus qu'un ministre : c'était Ahmed-Pacha, Albanais féroce, sorti des pages, devenu kiaya du grand vizir autrefois massacré par les spahis révoltés sur l'hippodrome, échappé avec peine lui-même à cet attentat, et qui avait conservé de ces sinistres mouvements militaires une horreur profonde de l'indiscipline, qui se vengeait de la terreur qu'il avait éprouvée par la terreur qu'il inspirait à son tour aux factions. Il accepta à condition d'une indépendance absolue dans ses actes.

XXXV

Sa courte administration ne fut qu'une brusque continuité de représailles contre tous ceux qui avaient trempé dans les séditions quelconques du dernier temps. Il affronta Souleïman-Aga lui-même, et fit bannir l'eunuque au fond de l'Égypte. Il déposa le muphti pour avoir, dans un accès de colère, arraché la barbe à un ancien juge de Caffa en Crimée. Une querelle avec le capitan-pacha ameuta contre lui les vizirs, les agas, le harem. On répandit qu'il songeait à se délivrer du joug importun de la sultane Validé en substituant, comme Begtasch-Aga, Souleïman, fils d'une autre femme, au jeune

Mahomet IV. La crédulité du harem conspira sa chute et sa mort.

La sultane, pour lui dérober le piége, le couvrit de faveurs ; elle lui envoya la veille des fêtes un caftan de zibeline et un poignard à manche de diamants. Comme on le félicitait sur ces grâces : « Insensés, » dit-il à ses familiers, « que vous connaissez peu les « cours ! Tout cela n'est que le présage de mon « exécution. J'ai, pour servir le padischah, tourné « tout le monde contre moi ; je n'ai pas réfléchi « que résister à tous, c'est se dévouer à sa ruine ; « je recueille ce que j'ai semé. »

Ses songes lui confirmèrent dans la nuit ses réflexions du jour. On l'appela inopinément au sérail ; il pressentit le supplice, et s'y prépara avant de sortir par l'ablution et la prière des mourants : « Grâce à Dieu, » dit-il en passant le seuil, « mes « ennemis ne vivront pas longtemps. »

Le sultan, en l'apercevant, l'apostropha avec une colère d'emprunt au-dessus de son âge, et ordonna aux bostandjis de l'étrangler devant lui.

« Mon padischah, » lui dit en s'inclinant le fidèle mais importun vizir, » tu me fais mourir injuste- « ment ; au dernier jour mes deux mains pèseront « lourdement sur ta tête. » L'enfant détourna les yeux et les muets serrèrent le cordon. On remit son cadavre à sa fille unique pour l'ensevelir dans le sépulcre qu'il s'était construit lui-même sous les cyprès de Scutari.

Son crime était d'avoir trop servi un pouvoir faible qui ne savait pas soutenir ses serviteurs. Le capitan-pacha Dervisch-Mohammed, son ennemi, lui succéda.

XXXVI

L'agitation des provinces se propagea dans la capitale. Un scheik d'Ourmïah, qui passait pour prophète, déclara en chaire à Constantinople, au nom de Dieu, que toutes les calamités des Ottomans venaient de l'influence de la sultane Tarkhan, et qu'il fallait ou l'exiler ou la marier à un pacha qui l'enlevât aux intrigues du harem. Ces prédications ameutant le peuple, on embarqua nuitamment le fanatique et on le relégua dans ses montagnes.

Le gouverneur d'Égypte, l'eunuque Abderrahman, qui accourait à Constantinople avec les trésors du Caire pour acheter le grand vizirat, fut accusé d'avoir concouru au meurtre du sultan Ibrahim. « Aus-
» sitôt que les registres de l'Égypte qui contiennent
» le secret de ses richesses seront arrivés, » écrivit la sultane mère à son fils, « tu le tueras. » Le

grand vizir représenta au sultan que le privilége des eunuques était de n'être immolés que dans l'enceinte du sérail. Abderrahman fut étranglé en y entrant.

Ce supplice fit trembler les eunuques ; l'influence des femmes s'accrut de leur abaissement par ce meurtre. La nourrice du sultan, mariée par la sultane Kœsem au grand cafetier du sérail, et une esclave favorite de la même sultane, nommée Antar, mariée à Mourtéza, pacha d'Erzeroum, se disputèrent le gouvernement dans le harem. On relégua le jeune frère du sultan, Souleïman, objet de tant d'ombrages, dans le kiosk *du jardin des buis*, sombre vestibule de la mort, sorte de limbes du palais, entre le trône et le supplice.

Le nouveau chef des eunuques noirs, Beïram-Aga, devenu kislar-aga de Mahomet IV, reprit sur cet enfant l'influence enlevée à Souleïman-Aga par son éloignement. Les pages eux-mêmes, compagnons des jeux et des exercices de Mahomet, inspiraient de la jalousie à sa mère. Beïram-Aga, averti par les précepteurs du prince des familiarités naissantes entre les pages et le sultan, remarqua un jour que l'enfant prenait un plaisir trop vif à ces jeux avec les enfants de son âge; il lui fit signe de rentrer dans ses appartements.

« Mon lala, » lui dit Mahomet, « mes ancêtres, « je le sais, avaient la coutume de passer les jours « de fêtes dans la chambre des pages pour être té- « moins de leurs progrès dans les exercices d'esprit « et de corps, et j'y trouve le même plaisir que mes « pères. »

Beïram alla se plaindre à la sultane Validé de la désobéissance de son fils. « Pourquoi, » lui dit-il, « permettez-vous au sultan de passer les nuits avec « ses pages? Ignorez-vous donc qu'il y a de ces « jeunes gens qui aspirent à devenir ses favoris pour « l'arracher à votre autorité? »

« Aga, » répondit la mère indulgente à l'eu- nuque, « mon lion est encore un innocent enfant « qui s'amuse à ces jeux de son âge, laissez-le veil- « ler jusqu'à minuit. »

Beïram-Aga, substituant sa propre sévérité à la molle tendresse de la Validé, revint dans la salle des pages, prit le sultan par la main, et l'obligea à rentrer dans ses appartements, en lui disant que c'était l'ordre de la Validé.

L'enfant murmura et versa des larmes d'humi- liation; les pages offensés tirèrent leurs poignards, les muets protégèrent avec peine l'eunuque contre l'émeute de ces jeunes favoris. Les pages intéressè- rent dans leur cause les spahis offensés comme eux,

par une altération des monnaies qui retranchait quelques aspres de leur solde. Ils pillèrent la maison du defterdar; ils protestèrent contre les ordonnances de l'aga des janissaires qui leur interdisaient le tabac : « Laissez-nous fumer, » criaient-ils dans les cours du sérail, « ou cette fumée que vous
« étouffez deviendra contre vous la flamme de la
« révolte. »

XXXVII

Le grand vizir Dervisch-Mohammed mourut dans ces angoisses de l'empire. La terreur et la corruption firent nommer l'agitateur amnistié de l'Asie, Ipschyr. Le titre de grand vizir ne fit qu'exalter son audace. Il refusa de sortir d'Alep, dont il était gouverneur, sous prétexte de troubles de l'Asie à apaiser. Il ordonna à tous les beglerbegs de le rejoindre au printemps, à Koniah, comme s'il eût voulu paraître en conquérant et non en vizir à Constantinople : « Vois ces troupes, » dit-il au chambellan qui lui apportait une lettre du sultan pour l'appeler immédiatement à son poste, « et juge si avec de
« telles forces je jouerai ma tête contre la lettre d'un
« enfant. »

L'Asie entière le considérait comme un dictateur

qui allait purger et renouveler l'empire ; la cour et la capitale tremblaient d'avoir ajouté un titre légal à tant d'insolence. Les irrésolutions du divan donnaient lieu à des scènes et à des rixes qui changeaient les conseils en tumultes. Le capitan-pacha n'échappa aux poignards des eunuques qui lui reprochaient, devant le sultan, le sang d'Ibrahim, qu'en s'ouvrant la fuite le sabre à la main. Ipschyr, déjà arrivé de Nicomédie, entra en triomphateur à Constantinople. La sultane Validé, pour assouvir son ambition, lui donna la main de la jeune sultane Aïsché, sa fille, sœur de Mahomet IV. Il proscrivit ou immola tous ses ennemis dans le divan.

Le defterdar, Morali-Pacha, dont la Validé lui avait demandé la vie, fut atteint par quatre *chiaoux*. Avant d'arriver au lieu de son exil, il fut dépouillé de ses habits, couvert de la tunique d'un paysan qui labourait son champ près de la route, et égorgé par les bourreaux dans un chemin creux. Son oppression souleva contre lui les troupes mêmes qui en étaient les instruments dans la capitale. On fit craindre aux janissaires que la destruction de leur milice ne fût le but de son armement dans les provinces et de ses faveurs aux troupes asiatiques, amenées par lui dans la capitale. Une pétition, promenée aux flambeaux sur l'hippodrome par les janissaires, demandant la tête d'Ipschyr et du muphti, souleva en une nuit la ville entière.

Pendant que le grand vizir se réfugiait au sérail, les révoltés pillaient sa maison et y trouvaient quatre cent mille ducats d'or, fruits de ses exactions. — « Que faire ? » s'écria le sultan. Tout le monde se tut dans le conseil; l'aga des janissaires, enhardi par la détresse d'Ipschyr et dévoilant l'inimitié de tous contre l'oppresseur commun, se leva : « Mon « padischah, » dit-il en montrant du doigt le grand vizir, « tes esclaves sont contents de toi ; mais ils ne « veulent pas de ton *lala*. — Tant que le grand vizir « et le muphti, son complice, vivront, » poursuivit le capitan-pacha, « les troupes ne se disperseront « pas. »

Ipschyr, pris au piége de son ambition, se prosterna pour rendre le sceau, aussi humble dans la détresse qu'insolent dans la force. — « C'est sa tête « qu'il nous faut ! » crièrent les troupes à travers les grilles du palais. On leur porta sa tête sur l'hippodrome. Le peuple se la passa de main en main comme un jouet, et les soldats la plantèrent au fer d'une lance. Son parti mourut avec lui : les popularités de caserne ont moins de racines que les popularités d'opinion; le seul Abaza-Pacha, son complice de révolte, qu'il conservait à Scutari à la tête d'un corps d'Asiatiques pour intimider la capitale, lui resta fidèle même après le supplice. La moitié des troupes d'Abaza l'avait abandonné pour se joindre dans Constantinople aux spahis et aux janissaires soulevés. Gourd-Mohammed, autrefois kiaya d'Ipschyr et maintenant transfuge de sa cause, alla à Scutari conjurer Abaza de désavouer son ami mort, et de se soumettre avec sa poignée d'Asiatiques au nouveau grand vizir. — « Que ton visage devienne pourpre « de honte, » lui répondit Abaza révolté de tant de bassesse, et il partit avec ses troupes pour les montagnes de Caramanie.

XXXVIII

Un Arménien, nommé Souleïman-Pacha, mari d'une sultane, dut le sceau à la faveur de la Validé. Sa main incertaine et faible ne put ralentir la décadence générale du gouvernement. Il le résigna, on reparla de Kœprilü; mais la modicité de sa fortune dans un temps où tout s'achetait, même l'obéissance dans l'empire, servit encore à ses envieux de prétexte pour l'écarter. — « Comment un homme « sans fortune pourrait-il gouverner *le monde ?* » s'écria Souleïman-Pacha lui-même.

On envoya le sceau au conquérant de Crète, le serdar Houssein. Un caïmakam fut institué pour l'attendre. C'était Sournazen-Pacha, capitan-pacha, homme ambitieux et turbulent, qui aspirait au gouvernement pour lui-même. L'agitation qu'il fomenta secrètement dans les troupes força le sultan à tenir un divan à pied, sorte de séance soldatesque et populaire devant les séditieux.

Les troupes exigèrent qu'il sortît, contre l'usage, de la cour du sérail par la porte de *la Félicité*, pour comparaître dans l'*Alaï-Kiosk*, situé à l'angle des jardins et ouvrant par ses balcons sur la place où elles étaient rassemblées. Mahomet IV s'y assit derrière un grillage; des cris impérieux l'obligèrent à faire ouvrir les grilles. Les conseillers de sa jeunesse l'entouraient pour lui souffler ses réponses; de nouvelles clameurs demandèrent l'éloignement de ces conseillers, pour que le padischah, maintenant en âge de penser, parlât de lui-même; les vizirs disparurent de la loge. Cependant les deux chefs des eunuques blancs et des eunuques noirs s'accroupirent invisibles à ses pieds pour lui murmurer tout bas ses paroles. Un juge, nommé Hassan, parla au nom du peuple, demanda la réforme des abus et trente têtes nominativement portées sur une liste de proscription. Il jeta pour pièces de conviction sur la terre une poignée d'aspres falsifiées, monnaie qui trompait et ruinait le peuple.

Les deux eunuques, dont les têtes étaient comprises dans la proscription, firent prononcer au sultan quelques vagues promesses de redressement de ses torts. Le caïmakam s'avance à son tour à la fenêtre et promet, au nom du padischah, que les trente coupables seront dépouillés et bannis. « Mais ne demandez pas leurs têtes, » ajouta-t-il pour complaire au sultan.

« Prends garde à toi-même, » lui répondit la foule inflexible.

Le malheureux enfant vit arracher de ses pieds les deux chefs des eunuques, ses favoris, dont il venait de plaider vainement la cause. On les étrangla sous ses yeux, et on jeta leurs cadavres du haut du balcon à la multitude. Trois autres eunuques furent précipités après eux. Le *lala*, précepteur chéri de Mahomet IV; le grand trésorier; le capou-aga, chef des gardes du sérail; le kislar-aga, son premier chambellan; le grand douanier Hassan, le grand maréchal du palais Shaban-Khalifé, le grand cafetier, enfin la toute-puissante Méléki, favorite successive des deux sultanes Validé, demandés, contestés, marchandés et impitoyablement refusés aux supplications et aux sanglots du sultan, furent de la même tribune jetés sans vie aux soldats et au peuple.

Ce monceau de cadavres s'élevait jusqu'au niveau du balcon du kiosk. Le caïmakam Sournazen-Pacha ramassa, comme il l'avait prémédité, le sceau de l'empire dans ce sang. Mais à peine Mahomet IV l'eut-il proclamé grand vizir, que les troupes complices portèrent envie à sa fortune, et s'écrièrent en le voyant recevoir le sceau : « Misérable ! ne « nous as-tu donc soulevés que pour devenir grand « vizir ? »

XXXIX

Ces cris de juste réprobation le précipitèrent de son poste au moment même où il venait de l'obtenir. Tant de crimes ne lui furent payés que par deux heures de puissance. Siawousch-Pacha, l'ancien grand vizir, fut rappelé de Malghara pour reprendre la tutelle de cette sanglante minorité.

Les trente cadavres, traînés par les janissaires et par la populace sur la place de l'Hippodrome, y furent pendus par les pieds aux branches de l'immense platane où, par une juste représaille du temps, le généreux Mahmoud II, vengeur de ses ancêtres, devait faire pendre aux mêmes branches les cadavres des janissaires anéantis dans leur dernier crime. C'est de cet arbre, pilori vivant des victimes et des bourreaux, que ces funèbres journées de la jeunesse de Mahomet IV ont reçu le nom d'événements du *platane*.

Ce long massacre et ces hideux trophées n'avaient pas rassasié les janissaires. Pendant les dix jours qui précédèrent l'arrivée de Siawousch, chaque matin, le peuple, à son réveil, venait compter de nouveaux cadavres suspendus pendant la nuit aux rameaux du platane.

Siawousch, malade de la goutte, maladie expiatoire de l'oisiveté et des délices du harem, mourut presque en arrivant, la nuit même où il faisait étrangler son ennemi le defterdar. La victime et le meurtrier furent portés ensemble au champ des morts, allant s'accuser ou s'excuser devant le Justicier suprême.

Mohammed-Pacha, *au cou tordu*, gouverneur de Syrie, fut appelé au sceau. Quarante blessures reçues dans les guerres de Perse, dont l'une lui avait coupé et dévié un muscle du cou, lui valaient ce surnom. Le nouveau caïmakam Yousouf purgea, en l'attendant, la ville des bandes nocturnes qui continuaient à régner en attroupements sur l'hippodrome et à pendre les victimes qui leur étaient désignées au fatal platane. Il arracha aux janissaires eux-mêmes, rassemblés autour de l'étendard du Prophète, la punition de leurs propres agitateurs Roum-Hassan, Schamli, Jamakali et Kara-Othman. Leurs têtes furent exposées en terreur à leurs complices devant la porte du sérail et sous l'arbre dont ils avaient fait leur gibet.

XL

On apprit, le lendemain de ces massacres, à Constantinople, la destruction de la flotte du capitan-pacha Kénaan, à l'embouchure des Dardanelles, par les Vénitiens. Quatre-vingts vaisseaux ou galères furent incendiés ou coulés dans ce combat par l'amiral Marcello, dont le nom ne resta pas moins terrible aux Turcs que celui de don Juan d'Autriche après le désastre de Lépante. Ténédos, Lemnos, Samothrace, îles au cœur de l'empire, rentrèrent sous la domination de Venise.

Mohammed *au cou tordu*, à peine arrivé à Constantinople, découvrit une trame de l'ambitieux Masoud, devenu muphti par la faveur inconsidérée de la sultane Tarkhan, trop charmée de son éloquence au divan. Il avait conspiré la déposition de Mahomet IV et le couronnement de Souleïman, dont il espérait la tutelle.

Envoyé en exil à Brousse, et conspirant de là le soulèvement de la Caramanie, le juge de Brousse, qui épiait ses trames, les dévoila à la Porte. Une lettre du sultan ordonna au juge de lui envoyer la tête du muphti. A la réception de cette lettre, le juge fit cerner, par une bande de chasseurs simulés, la maison de campagne qu'habitait Masoud, sur les pentes du mont Olympe. On le surprit mangeant des fruits avec ses femmes dans un kiosk de ses jardins, au clair de la lune.

A l'aspect de ses meurtriers, il ne se résigna pas en pontife, mais il tira le sabre et combattit en désespéré pour la vie ou pour la vengeance. Son cadavre, laissé au bord de la fontaine où il était venu chercher les délices d'une nuit d'été, fut visité le lendemain, en foule, avec une égale curiosité, par les musulmans et par les chrétiens de Brousse. Les uns vénéraient en lui un martyr, les autres exécraient un persécuteur des chrétiens qui avait fait fermer, pendant qu'il était muphti, plusieurs de leurs églises à Constantinople. Masoud, le second des muphtis morts par le supplice, était de la pire espèce des persécuteurs, un persécuteur sans foi, un hypocrite de fanatisme. L'intrigue, l'ambition, l'agitation de sa vie, ses talents et son éloquence pendant cette *fronde* des Turcs, sous la minorité de Mahomet IV, rappellent le cardinal de Retz en France. Hommes de tumulte l'un et l'autre, ils ne parvinrent jamais au but élevé de leur ambition; ils espéraient la gloire, ils n'atteignirent que le bruit.

XLI

Ces exécutions ne rouvraient pas les Dardanelles bloquées à Ténédos par les Vénitiens, ne renforçaient pas l'armée de Candie, ne comblaient pas le vide du trésor, ne restauraient pas la flotte, ne recrutaient pas l'armée. Le sultan, qui grandissait en âge et en raison, rassemblait en vain divan sur divan pour rendre, par ses reproches au vizir, quelque vigueur à la monarchie. La chute de Mohammed *au cou tordu* fut déterminée par une généreuse impatience du jeune sultan.

« Je veux, » dit-il un jour au divan, « marcher
« moi-même à la tête des troupes contre les Véni-
« tiens qui ravagent nos provinces de Grèce : pré-
« pare-moi, vizir, une armée et une flotte dignes
« d'un padischah. »

Le grand vizir s'excusa sur l'impossibilité d'improviser une flotte dans un temps où l'indiscipline avait ruiné l'obéissance dans les troupes, les séditions l'ordre dans l'empire, les Vénitiens et les tempêtes dans les escadres, et où le trésor public, qui ne recevait plus le produit des impôts, ne pourrait être rempli que par des offrandes volontaires des enrichis, aussi âpres à retenir qu'ils avaient été avides à acquérir.

Le sultan ayant communiqué cette réponse à sa mère, elle fit appeler dans la nuit, à une entrevue secrète avec elle, le vieux Kœprilü, qui portait dans sa tête le conseil de l'empire. « Tout périt, » lui dit-elle, « faute d'une main pour tout soutenir et « tout relever dans le *monde;* te sens-tu, comme on « le dit, le courage et le génie d'accepter, dans une « situation si désespérée, le fardeau du gouverne-« ment ? »

« Oui, » répondit le vieillard; « avec le secours « de Dieu et la bénédiction de la sultane Validé, je « prends l'engagement de tout rétablir, à la condi-« tion de tout pouvoir, de ne souffrir aucun égal et « aucun rival dans la confiance absolue du padischah « et de sa mère, de voir mes ordres aveuglément « ratifiés par lui, et d'être cru de lui et de vous sur « parole et non sur les calomnies de mes ennemis. »

La sultane fit, au nom de son fils et en son propre nom, le serment de tenir fidèlement ces conditions de dictature absolue réclamée par l'homme nécessaire. Le lendemain, Kœprilü reçut le sceau de l'État, en plein divan, des mains du sultan, et Mohammed *au cou tordu* fut envoyé en exil.

L'avénement tardif d'un seul homme était la restauration de tout un peuple. La main de la jeune sultane, en s'étendant au hasard sur tant de têtes, était enfin tombée sur le prédestiné de l'empire.

LIVRE VINGT-SEPTIÈME.

I

Il ne faut ni trop déprécier les hommes souvent capables, mais malheureux, qui ne peuvent arrêter, malgré tous leurs efforts, la décadence des empires, ni trop exalter ceux qui les relèvent. Indépendamment du mérite, la destinée est pour une grande part dans la fortune ou dans l'infortune des hommes d'État. Il y a dans le cours des choses humaines des heures mal choisies où rien n'est possible, même à la vertu, à l'héroïsme, au génie, et qui semblent porter malheur à ceux qui vivent et qui règnent sous leur influence. Il y en a d'autres où ce malheur des circonstances semble, pour ainsi dire, épuisé, où l'excès du mal, la lassitude de l'anarchie, la terreur ou la honte de la ruine commune, le retour à l'ordre, cet équilibre des sociétés, et des coïncidences d'esprit public et d'événements favorables, rendent tout facile, parce que le plus difficile alors devient possible. Le mal a son excès, comme le bien a son apogée. Arrivés au sommet du bien, les peuples descendent; tombés au fond du mal, ils remontent; c'est la loi de notre nature humaine, infirme pour le crime comme pour la vertu.

La Turquie était à une de ces heures où la honte de lui-même saisit un peuple, et où le désespoir de sa perte inévitable lui rend la volonté et l'énergie de se sauver. Tout le mérite de Kœprilü, ce Richelieu des Ottomans, fut d'avoir eu foi dans cette résipiscence de sa nation, tout son bonheur fut d'être appelé au gouvernement à l'heure juste où la Turquie voulait être gouvernée. Un an plus tôt, il aurait été entraîné dans l'écroulement général des choses et des hommes; un an plus tard, il n'y aurait plus eu d'empire à sauver. Les dates, qui sont l'opportunité des choses, ne tiennent pas assez de place dans l'appréciation que les historiens philosophes font des hommes d'État. Les années où ils surgissent sont un des principaux éléments de la justice ou de l'injustice qu'on fait à leur nom. Dieu s'est réservé plus de part qu'on ne croit dans les gloires politiques : celui qui vient avant que la Providence l'appelle est un fléau ; celui qui vient à la minute du siècle est un grand homme. Tel fut Kœprilü, appelé par des historiens occidentaux Koproli et plus généralement Kiuperli.

II

Rien jusqu'à ces derniers temps ne l'avait désigné pour le pouvoir suprême, et sa vieillesse, qui s'avançait avec la soixante et douzième année de son âge, semblait plutôt le reléguer hors de la scène active des affaires d'État, où il avait rempli jusque-là des rôles honorables, mais presque ingrats.

On disait que sa famille était originaire de France ; rien ne le confirme ni ne le dément. Cette famille, jusqu'à lui obscure, avait pu flotter, comme beaucoup de familles dépaysées par le mouvement des religions et des races, de la côte de France à celle d'Italie, de celle d'Italie à celle de l'Adriatique, et s'était nationalisée en Albanie. Le père albanais de Kiuperli avait transporté sa maison et ses biens dans une des fertiles vallées de l'Asie-Mineure, non loin d'Amasie. Le village dont il prit le nom ou auquel il donna le sien s'appelait *Kœpri* (le Pont); il s'appelle aujourd'hui *Vizir Kœpri*, ou le Pont des Vizirs, en souvenir des trois grands hommes d'État sortis de ce hameau pour la gloire de l'empire. Situé au pied d'une haute montagne, au confluent de deux petits torrents qui vont grossir le fleuve Halys, affluent de la mer Noire, il est renommé par ses eaux, ses orges, ses poires, ses pommes, ses raisins, ses cerises et ses toisons de brebis. C'est en apportant tout jeune, par la mer Noire, ces produits du pâturage et des vergers de son père au marché de Constantinople, que Kiuperli, connu des pourvoyeurs du palais, devint aide de cuisine, puis chef des cuisines au sérail. Quoique illettré comme un berger d'Albanie, son intelligence et son zèle le firent remarquer du grand vizir Kara-Mustafa, son compatriote, qui le fit sortir des cuisines, passer dans l'armée, et monter de grade en grade jusqu'à la dignité de *mirakhor* ou grand écuyer.

Les vicissitudes de ces temps agités l'avaient éloigné presque toujours de la cour depuis sa jeunesse; tantôt gouverneur de Jérusalem, tantôt de Damas ou de Tripoli, toujours irréprochable et considéré dans ses fonctions diverses, imprimant de lui une haute idée aux pachas qui traversaient ses provinces, redouté des factieux, chéri des populations, et se faisant une clientèle unanime d'estime et d'amitié, qui ne portait ombrage à aucune ambition supérieure, c'est ainsi qu'il était arrivé à la vieillesse sans éclat, mais sans ombre : un de ces hommes dont on ne soupçonne le génie qu'à l'heure où il va s'éteindre. Mohammed, *au cou tordu*, l'avait rappelé de Damas, puis nommé au gouvernement inférieur de Gustendjil, quand son nom avait commencé à être prononcé à voix basse au sérail. Kiuperli, offensé de cette relégation imméritée à Gustendjil, avait ajourné son départ, contemplant de l'ombre où il était caché les anarchies et les ruines de l'empire.

Son élévation étonna et scandalisa les prétendants nombreux au pouvoir, qui connaissaient à peine son nom. Les oulémas disaient : « C'est un igno-« rant qui ne sait ni lire ni écrire. » Les militaires disaient : « C'est un administrateur civil qui n'en-« tend rien à la guerre, et qui s'est laissé vaincre « par le rebelle Wardar-Pacha. » Les financiers disaient : « C'est un homme sans biens qui ne « pourra remédier à la pénurie du trésor. » Tous disaient : « C'est un vieillard à qui l'âge a enlevé « la chaleur du sang qui donne la force aux volontés « de l'homme; et qui monte si tard et si haut ne

« tardera pas à descendre dans la tombe à laquelle
« il devrait seule penser. »

III

Les premiers actes de Kiuperli ne tardèrent pas à démentir ces présages de l'envie et de l'ignorance. Il renonça dès le premier jour au système appauvrissant des concussions qui faisait enfouir les richesses, et rendit l'or à la circulation en rendant la confiance aux propriétaires. Il refusa énergiquement au sultan la tête et les biens de son prédécesseur Mohammed, *au cou tordu*, que les courtisans voulaient tuer pour sa dépouille.

Une sédition religieuse des orthodoxes musulmans contre les derviches et les sophis leurs adversaires, ayant ameuté la capitale quelques jours après son avénement, il embarqua résolûment pour l'île de Chypre tous les fanatiques intolérants qui agitaient les mosquées au nom de leurs visions mystiques. Un moine mendiant, nommé Turk à cause de son austérité sauvage, qui cachait les plus honteuses voluptés sous l'apparence de l'ascétisme, voulait ramener les musulmans à la nudité de la brute, proscrire les pantalons flottants, les peignes, les cuillères, comme des instruments inutiles à l'homme, à qui Dieu a donné des doigts ; l'argenterie, les arts, les étoffes, la musique, la danse étaient également l'objet de ses malédictions somptuaires. Cet insensé faisait retentir avec plus de cynisme les malédictions philosophiques de Jean-Jacques Rousseau contre l'état de civilisation : « Mais, » ajoutait-il en professant également l'impeccabilité des quiétistes chrétiens du dix-septième siècle, « l'homme une fois sanctifié peut se livrer « en secret et innocemment à toutes les licences « de la volupté. »

Kiuperli l'exila dans le mépris, au lieu de le populariser par le martyre ; il destitua le muphti qui avait prêté la main, par faiblesse, aux persécutions de la secte des orthodoxes, contre la secte des sophis, puritains de l'islamisme. Le defterdar, ayant été assailli à coups de pierres par les janissaires le jour de la solde : « Prends patience comme moi, » lui dit-il, « jusqu'à ce que la patience nous rende la « force, et fais remettre à tes fenêtres les vitres « que l'émeute a brisées ; le jour viendra. »

La temporisation, cette politique des vieillards, usa ce que la force ne pouvait encore écraser. La sédition cessa d'être populaire. Derrière le vizir les factieux commençaient à sentir l'opinion, ce vizir suprême.

IV

Les ambassadeurs de Perse apportèrent des gages de paix; l'empereur Léopold Ier d'Allemagne demanda le renouvellement des trêves; le roi Gustave de Suède implora l'assistance de Kiuperli contre les Russes. Il la promit à ce prince, à condition de se réconcilier avec les Polonais, ennemis naturels des Russes. Les Polonais, de leur côté, lui dénoncèrent une conspiration des Russes, pour insurger dans l'empire tous les sujets du sultan professant la religion grecque; il sentit l'impuissance d'un pareil soulèvement à cette époque où l'empire comptait cinq musulmans armés contre un grec sans armes. Il refusa aux Polonais la guerre impolitique dans laquelle ils voulaient l'engager au nord, pendant que la guerre contre Venise appelait toute son attention et toutes ses forces au midi. Bien que l'esprit catholique et chevaleresque de la noblesse française fît violence à la politique de Louis XIV, pour venir individuellement combattre et mourir en volontaires à Candie, il n'eut point de peine à retenir cette puissance dans l'alliance traditionnelle de François Ier, par la crainte de l'ascendant que la décadence de la Turquie donnerait à la maison d'Autriche, cette éternelle rivale de la France.

V

Les démagogues turcs *du Platane* ayant renoué leurs conciliabules pour reprendre par la terreur l'ascendant qu'ils avaient exercé pendant ces journées de massacres, *véritables journées de septembre* de la Turquie, il se rendit chez le muphti et lui demanda un fetwa légitimant d'avance tous les actes de son administration : — « Mais à quoi bon ? » lui demanda le muphti étonné. — « A m'assurer
« de votre fidélité, » répondit Kiuperli, « afin que
« si jamais les ennemis de l'ordre venaient à vous
« séduire ou à vous intimider comme vos prédéces-
« seurs, cet écrit témoignât devant le sultan et
« devant la postérité que nous avons agi de concert
« pour le salut *du monde*. »

Le muphti, lié à son ami par cette solidarité, lui remit avec confiance le fetwa. Il contenait l'anéantissement des spahis, ces factieux de toutes les révoltes. A cheval, à la tête des janissaires qu'il avait détachés de leurs anciens complices, Kiuperli les cerna de troupes et de canons dans leurs casernes. A l'aube du jour, tous les corps d'état convoqués par ses ordres au sérail reçurent du sultan invisible un katti-schérif ainsi conçu : « Depuis mon avéne-

« ment au trône, les spahis n'ont cessé de désobéir,
« de se jouer du respect qu'ils me doivent et de
« l'honneur de l'empire ; en conséquence nous
« avons chargé notre grand vizir de les anéantir;
« que les bons prêtent assistance à mon vizir contre
« les pervers. Les chefs des rebelles doivent être
« saisis et mis à mort. »

Les mesures étaient prises, les listes dressées, les coupables désignés, le fetwa couvrait tout de l'autorité de la religion et des lois ; les chefs saisis par le grand vizir et l'aga des janissaires, pendant leur ronde nocturne, étaient entre les mains des bourreaux. Soixante têtes de chefs de faction, au nombre desquelles étaient celles du kiaya des Djebedjis Khalil-Aga, du grand chambellan Khasseki, Moustafa-Aga, tombèrent devant la fenêtre grillée du sérail, où, deux ans auparavant, le sultan avait subi la sanguinaire exigence des factieux et livré les cadavres de son précepteur et de ses eunuques. La faiblesse de son enfance et ses outrages furent ainsi lavés sur la place même où les coupables avaient triomphé de lui. Son autorité ressortit terrible et vengée du lieu où elle avait péri. L'obscur et timide Kiuperli, tant que l'heure n'avait pas été propice à la restauration complète du trône, apparut tout à coup aux musulmans comme le fantôme armé de la justice, exécuteur de la vengeance de Dieu.

L'ancien grand vizir Siawousch-Pacha, comptant sur l'appui du harem, et taché de quelques souvenirs de vieilles factions, ayant temporisé avec l'ordre d'exil qu'il avait reçu, Kiuperli demanda sa mort en exemple aux coupables obscurs. Le sultan la refusa par l'inspiration de sa mère. — « Reprenez
« donc le sceau, » lui dit l'inflexible ministre,
« puisque, malgré vos engagements avec votre es-
« clave, vous ne ratifiez pas tout ce que je juge
« nécessaire à votre salut.

« — Mon lala, » répondit Mahomet IV, « fais ce
« que tu voudras : je t'abandonne les têtes de tous
« ceux qui contrarieront tes desseins. » La menace suffit pour éloigner Siawousch.

VI

L'ordre ainsi rétabli au dedans, il reconstitua la flotte et l'armée, retrouva dans sa volonté la vigueur martiale de sa jeunesse, et s'avança lui-même par terre à la tête des troupes sur la rive européenne des Dardanelles pour les débloquer pendant que la flotte naviguait à la hauteur de l'armée. Les janissaires embarqués sur l'escadre ayant faibli au premier choc des vaisseaux vénitiens, Kiuperli fit tirer sur les lâches par les batteries du rivage, et les força à se rembarquer. Le vaisseau amiral de Mocenigo, général des Vénitiens, sauta en l'air, frappé en pleine soute par un boulet rouge du château des Dardanelles. Cette explosion incendia les deux cents galères des Vénitiens, foudroyées des deux rives. Une fumée épaisse, refoulée dans le canal par le vent du sud, couvrit pendant deux heures le mystère de cette lutte entre les hommes, les navires, les feux, les vents et les flots. L'escadre ottomane avait péri avec celle des Vénitiens. Les Dardanelles n'étaient qu'un vaste cimetière de vaisseaux dont les carcasses fumaient encore. Mais la mer de l'Archipel et de Crète était rouverte aux Ottomans.

« Viens, mon faucon, » s'écria le sultan en recevant à son retour le canonnier Kara-Mohammed qui avait pointé le canon contre le vaisseau-amiral, « que le pain du padischah soit à jamais ta légitime « nourriture ! Que Dieu récompense les braves tels « que toi ! » Il le baisa sur les yeux, attacha de ses propres mains deux aigrettes de pierreries à son turban, et se dépouilla de son caftan pour l'en revêtir.

Kiuperli ne cacha pas la lâcheté des janissaires,

quoique intéressé à les ménager pour l'appui qu'il en avait reçu contre les spahis : flatter les fautes de ses soldats lui paraissait aussi impolitique que les corrompre. Leur kiaya et sept de leurs colonels qui avaient entraîné leurs soldats dans leur fuite furent décapités derrière sa tente, et leurs corps jetés avec mépris dans la mer. Le capitan-pacha, craignant sa vengeance, se réfugia avec quelques vaisseaux sur la côte d'Afrique. Kiuperli le rassura par des lettres indulgentes. Une nouvelle escadre, rapidement équipée par ses ordres, transporta le vizir et l'armée à Ténédos. L'île retomba promptement dans ses mains; Lemnos suivit le sort de Ténédos.

VII

Kiuperli envoya de Lemnos au sultan l'invitation de transporter sa cour à Andrinople, de peur qu'en son absence il n'y fût obsédé par les intrigues des ambitieux et par les séditions du peuple. La passion de Mahomet IV pour la chasse servit de prétexte à cet éloignement de la cour. Dès sa plus tendre enfance, cette passion, qui devait occuper toute sa vie, fut celle de Mahomet. Un pigeon qu'il avait percé d'une flèche à l'âge de huit ans, dans la vallée des *Eaux-Douces*, avait été chanté par les poëtes de la capitale comme un exploit digne de ses aïeux. Ce sultan ne rêva jamais d'autre gloire.

En 1658, une expédition contre Rakoczy, prince de Transylvanie, éloigna de nouveau Kiuperli d'Andrinople pendant l'hiver. Allié de l'hetman des Cosaques, qui lui fournissait soixante mille cavaliers, Rakoczy, attaqué d'un côté par le grand vizir, de l'autre par deux cent mille cavaliers tartares qui inondèrent ses provinces, laissa cent mille morts sur ses champs de bataille, et se réfugia avec ses débris derrière la Theïss. Le reste de la jeunesse de Transylvanie fut emmené en esclavage par les Tartares de Crimée. Barcsay fut investi par la Porte de la souveraineté de Transylvanie, à la charge d'un tribut annuel de quarante mille ducats.

VIII

Une révolte d'Abaza-Hassan en Asie-Mineure rappela Kiuperli aux armes. Ce rebelle compagnon d'Ipschyr avait, comme on l'a vu, quitté Scutari avec une poignée de *lewends* turcomans, après le meurtre de ce vizir. L'anéantissement des spahis lui avait servi de prétexte pour soulever de nouveau les Turcomans, et pour marcher avec cent mille cavaliers sur Brousse. Il envoya de là au sultan des députés chargés de demander la destitution de Kiuperli, l'exterminateur des spahis.

« Je ne déposerai pas mon fidèle vizir, » répondit Mahomet IV : « il n'a fait qu'exécuter mes ordres. » Il suivit Kiuperli à Scutari pour combattre Abaza. Trois pachas et treize cents spahis de l'armée du sultan dont on découvrit les intelligences avec les rebelles furent massacrés par l'ordre du grand vizir.

Mourteza-Pacha, son lieutenant, à la tête de cinquante mille janissaires, perdit huit mille hommes dans une première bataille contre Abaza. Le grand vizir, sans lui faire un reproche de son revers, le renforça d'une seconde armée. Il refoula Abaza jusqu'à l'Euphrate. Des négociations perfides s'ouvrirent entre les deux généraux sous les murs d'Alep. Mourteza persuada au simple et crédule Turcoman, que s'il se retirait de la ville et de la citadelle d'Alep, son pardon serait facile à obtenir de Kiuperli. Abaza se retira hors de la ville; Mourteza y entra. Une trêve régna entre les deux camps. Sous prétexte d'une fête de réconciliation, Mourteza invita Abaza-Hassan à rentrer dans Alep avec une suite de cavaliers. Les habitants d'Alep, chez lesquels on logea, homme par homme, cette escorte, avaient ordre de massacrer chacun leur hôte au signal d'un coup de canon tiré du château.

A la fin du souper offert par Mourteza-Pacha à Abaza : « Donnez, » dit-il à ses pages, « donnez aux « pachas, nos frères, l'eau pour les ablutions de la « prière du soir. » Au lieu de l'eau des ablutions, les satellites apostés de Mourteza répandirent le sang des convives. Abaza et trente de ses généraux tombèrent sous le poignard des assassins. Le coup de canon annonça leur dernier soupir aux hôtes des cavaliers turcomans de sa garde ; chacun d'eux apporta une tête à Mourteza. Ainsi périt la révolte par la trahison, triste vicissitude des gouvernements despotiques.

IX

Le héros presque fabuleux du siècle, le conquérant de Crète, Déli-Housseïn, rappelé de Candie où il avait versé son sang pendant tant d'années pour la foi, fut sacrifié, non à la sécurité de l'empire, mais aux ombrages de Kiuperli. Déli-Housseïn ne s'était élevé que par ses exploits ; il était incapable de crime.

Né à Iénischyr, d'un simple bûcheron de cette vallée, il était entré au sérail comme *baltadji*, dans son enfance, sous Amurat IV. L'ambassadeur de Perse ayant donné en présent au sultan un arc que les plus vigoureux athlètes de la capitale n'avaient pu tendre, Déli-Housseïn, en portant du bois dans la chambre du kislar-aga, trouva, par hasard, cet arc suspendu à la muraille. Seul, dans l'appartement, il essaya ses forces sur l'arc, et parvint à le fléchir en se jouant, et à attacher aux deux extrémités la corde; puis, entendant les pas du chef des eunuques, et craignant d'être surpris dans son indiscrétion, il s'évada en laissant l'arc tendu dans la chambre.

Le kislar-aga, en rentrant, s'étonna de trouver l'arc déplacé et prêt à recevoir la flèche. On interrogea Housseïn; il avoua sa faute; elle devint sa fortune et sa gloire. Le sultan Amurat IV, archer vigoureux lui-même, admira un archer plus robuste encore que lui, l'éprouva en présence de sa cour, l'attacha à ses chasses, et finit par le nommer son grand écuyer. Son instinct de la guerre et sa fortune firent le reste. L'armée ne connaissait que son nom. On pensait à lui dans les extrémités de fortune de l'empire; il avait été désigné deux fois pour le poste de grand vizir. Kiuperli craignait que cette gloire militaire n'éclipsât sa puissance politique. Il l'avait nommé capitan-pacha par déférence à l'opinion plus que par faveur.

De vagues accusations de malversations dans le maniement des fonds de la marine servirent de texte à sa haine. Il la communiqua au sultan; le sultan, docile, appela Housseïn devant lui et l'accabla d'injures. Emprisonné aux Sept-Tours, Housseïn y expia, deux jours après, sa gloire trop éclatante par une mort ingrate. Cette mort est la seule tache de Kiuperli; peut-être la crut-il juste et nécessaire à la sécurité de Mahomet IV, à qui les factions militaires, qui cherchaient un chef, auraient imposé promptement par Housseïn la servitude dont il avait délivré l'empire; peut-être le sacrifia-t-il au besoin d'être seul grand dans l'opinion après ce rival d'influence. La conscience et la politique se mêlent tellement dans l'âme d'un homme d'État, dans un gouvernement despotique, que les historiens attribuent quelquefois au crime ce qui est devoir, et au devoir ce qui est crime.

X

Le poëte Abdi, devenu plus tard historien de son siècle, fut nommé gouverneur de l'Arabie maritime, où les révoltés avaient propagé l'agitation. La Syrie fut purgée par Ali-Pacha, lieutenant de Kiuperli, de tous les chefs druzes qui remuaient de nouveau dans ses montagnes.

Sur le Danube, Michné, Grec de naissance, qui s'était fait couronner, par les moines, archiduc de

Valachie, soulevait ses provinces contre les Turcs. Une armée de Tartares, de Polonais et de Cosaques alliés de l'empire le défit à Yassy, tua quinze mille de ses partisans dans une bataille de trois jours, et le força à se réfugier auprès de Rakoczy, parmi les derniers défenseurs de la cause de ce rebelle.

L'asile prêté par l'Autriche à l'ambitieux Rakoczy devint, entre Kiuperli et l'ambassadeur d'Autriche, le texte de griefs qui devaient aboutir à la guerre. La fidélité aux conditions de la trêve avait honoré jusque-là la diplomatie ottomane. Les excursions de Rakoczy dans les provinces autrichiennes avaient été énergiquement réprouvées et même réprimées par la Porte. Ce fut une des causes de l'insurrection des Transylvains contre les Turcs. Les généraux allemands en profitèrent pour prendre, au nom du prince vaincu et dépossédé, possession des places et des châteaux de Hongrie. Le pacha d'Ofen, indigné, marcha à son tour contre la forteresse de Grosswardein, occupée par les impériaux. Housseïn-Pacha emporta la place réputée imprenable. « Ses remparts sont si élevés, » dit l'historiographe ottoman, témoin de ce siége, « qu'un oiseau ne saurait en atteindre la cime, et « ses fossés si larges, que la pensée elle-même n'ose « s'aventurer à les franchir. »

Les Russes profitèrent de cette diversion des Allemands pour exciter les Cosaques du Dniester à s'unir à eux contre les Tartares. Le khan des Tartares, informé de ces insinuations, leva quarante mille cavaliers pour prévenir les Russes. Firasch-Beg, son général, défit leur avant-garde sur les bords de l'Arel. Soixante et dix mille Russes s'approchaient pour venger cette défaite. Mohammed-Ghéraï, khan des Tartares, les enveloppa d'une nuée de cavaliers tartares et cosaques, alors ses alliés; trente mille Russes restèrent sur les steppes du champ de bataille; les trente mille autres furent emmenés captifs en Crimée.

Les Polonais envoyèrent des ambassadeurs féliciter la Porte de cette victoire sur l'ennemi commun. Les Russes en envoyèrent également pour se plaindre de l'agression des Tartares. Kiuperli temporisa dans ses réponses. Les symptômes de la guerre prochaine contre l'Autriche lui défendaient de diviser les forces ottomanes. Il rappela d'Ofen Sidi-Ahmed-Pacha, un des anciens rebelles dont il avait ajourné la punition, et il ordonna au sérasker de Hongrie, Ali-Pacha, de lui envoyer sa tête. Sidi-Ahmed, attiré par trahison sous la tente du sérasker, reçut cinq balles dans le buste, de la main des *chiaoux*. Il se fit jour, malgré ses blessures, le sabre à la main, et, s'élançant sur son cheval, il allait échapper à ses meurtriers, quand les *chiaoux* coupèrent les jarrets de son cheval. Sidi-Ahmed, en se retournant, vit un de ses propres serviteurs qui le visait à la tête : « Traître ! scélérat ! » s'écria-t-il ; puis, s'enveloppant de son manteau pour ne pas voir tant d'ingratitude, il attendit, comme César, sans mouvement, qu'on l'eût achevé à coups de pierres devant la tente du sérasker.

XI

Une campagne des Polonais et des Tartares contre les Russes, fomentée par Kiuperli, mais dans laquelle il n'engagea pas les troupes ottomanes, anéantit, à Azof, vingt mille Cosaques qui s'étaient vendus cette fois aux Russes. Kiuperli fit construire de nouvelles forteresses pour fermer l'empire trop ouvert au nord, l'une à l'embouchure du Don, appelée Seddoul-Islam (la digue de l'islamisme) ; l'autre sur les rives du Dniéper, au *gué du faucon;* la troisième au milieu des steppes de la Tartarie, entre le Dniéper et le Don, pour dominer solidement les Tartares eux-mêmes, les plus nombreux, les plus consanguins, mais les plus indisciplinables de ses feudataires ; la quatrième entre la mer Caspienne et la mer Noire, dans ces déserts qui déversent par moment des torrents d'hommes sur le nord et sur le midi.

Les châteaux des Dardanelles furent multipliés et réarmés pour servir d'écueils infranchissables aux nouvelles flottes que Venise tenterait de lancer au cœur de l'empire. Ce fut alors qu'il fit répondre à l'ambassadeur d'Autriche, qui se plaignait de l'assaut de Grosswardein, et qui demandait des réparations : « Le lion, mon maître, ne craint plus le « feu ni l'eau, et si toutes les puissances chrétiennes « réunies sur terre ou sur mer veulent éprouver sa « force, qu'elles le fassent. J'ai assez vécu pour « rasseoir à la fois, quoique vieux, le trône de mon « padischah et la religion du prophète. »

XII

Son génie jeta en s'éteignant ses plus vives lueurs. Épuisé de jours et rassasié de gloire, il sentit la vie se retirer de lui sans s'affliger de la mort. Son œuvre lui survivait; son nom ne pouvait mourir. Il fit prier le sultan, qui le vénérait comme un père, de venir auprès de son lit tenir un divan secret de mort. Il lui légua, dans un long entretien secret, sa politique :

« Tous les malheurs de votre enfance, » lui dit-il,

« sont venus de l'influence des femmes dans le
« gouvernement ; livrez-leur votre cœur, jamais
« votre politique ; ne laissez pas l'oisiveté cor-
« rompre vos troupes, et vous-même montrez-
« vous souvent à la tête de vos armées, afin
« que les factions tremblent au dedans et que
« les giaours vous respectent au dehors. Quant au
« trésor, ne souffrez jamais qu'il reste vide, car le
« malheur peut venir des quatre points de l'horizon
« sur un empire aussi vaste que le vôtre ; mais il
« n'y a point de malheur irréparable avec un trésor
« plein et un peuple soumis. »

Il expira en paix après avoir versé son expérience dans la mémoire et dans le cœur de son jeune souverain. Parvenu au pouvoir à soixante-douze ans, il n'avait gouverné que cinq ans ; mais ces cinq ans avaient ressuscité la Turquie.

XIII

A peine Mohammed Kœprilü ou Kiuperli avait-il rendu le dernier soupir, que le sultan appela à Andrinople l'aîné de ses fils Ahmed Kiuperli. Ce jeune homme, de vingt-six ans, était alors caïmakam ou lieutenant de son père, à Constantinople. Mahomet IV lui remit le sceau de l'empire comme un héritage; c'était le 1ᵉʳ novembre 1661.

Ahmed Kiuperli tenait de la nature le caractère et le génie inculte de son père; mais il avait de plus, par le bonheur de sa naissance, une éducation littéraire et politique qui achevait en lui les perfections des dons naturels. L'histoire de cette famille, où le vizirat fut trois fois héréditaire, est en quelque sorte celle de l'empire pendant une période de vingt-sept ans. Ahmed fut le plus grand des trois Kiuperli. A ce titre, rien de ce qui caractérise cet homme historique n'est indifférent au récit : les peuples passent anonymes, ils ne revivent que par quelques grands noms pour la postérité.

XIV

Parmi tous les hommes d'État qui ont inscrit leurs noms par leurs œuvres aussi profondément sur les règnes que les rois eux-mêmes, celui avec lequel Ahmed Kiuperli présente le plus d'analogie est le grand homme d'État anglais M. Pitt. Comme lui il gouverna souverainement sous un prince effacé du trône; comme lui, il succéda, dans la fleur de sa jeunesse, aux fonctions et au génie d'un père qui avait préparé son successeur dans son fils; comme lui, il eut un génie différent, mais égal au génie de son père ; comme lui, il ne vécut que pour gouverner ; sa seule passion personnelle fut la passion de l'autorité sur sa nation, de la défense du pays, de la grandeur de la monarchie ; comme lui, enfin, il mourut jeune et à l'œuvre, sans avoir connu la disgrâce, laissant après lui une renommée amère aux ennemis de sa patrie, mais qui se confond, pour les Anglais et pour les Ottomans, avec le patriotisme du pays lui-même.

Ahmed Kiuperli n'avait point eu d'enfance : son père, dans la prévoyance des vicissitudes de fortune et de spoliations qui atteignent en Turquie les hommes élevés aux fonctions de la cour ou de l'armée plus que les autres, avait voulu prémunir ce fils chéri contre ces catastrophes et ces spoliations en l'attachant au corps plus modeste, mais moins exposé, des oulémas. Il le destinait aux fonctions civiles de juge ou de muphti. Ses études avaient été d'autant plus précoces et d'autant plus sérieuses que son père, qui ne savait ni lire ni écrire, appréciait à un plus haut prix pour son enfant les avantages d'une éducation dont il avait été privé lui-même. L'admirable aptitude de ce jeune homme avait correspondu à tant de leçons. La religion, le droit civil, le droit public, la politique, l'éloquence, l'histoire, la poésie, les langues arabe, persane, turque, italienne nourrissaient son intelligence ou ornaient sa mémoire. Il avait puisé dans une lecture immense et assidue la maturité d'idées et l'élégance de style qui donnent à l'homme intérieur la sûreté de pensée et la fluidité d'élocution. Ces études et ces goûts pour les sévères plaisirs de l'esprit avaient imprimé de bonne heure à son attitude et à ses traits un caractère de réflexion et de gravité douces qui n'impose pas le respect, mais qui l'inspire.

Son extérieur révélait la maturité avant le temps. Il était de haute et noble stature, un peu incliné en avant; son front était vaste, ses yeux bien ouverts, son teint blanc comme celui d'un homme qui vit à l'ombre des bibliothèques; son accueil était modeste, décent, gracieux; la rusticité et la rudesse du père avaient disparu dans le fils; il semblait vouloir faire oublier plutôt que rappeler en lui le titre de fils d'un grand vizir. Attaché, par la philosophie qu'on lui avait enseignée, aux biens réels et permanents, tels que la vertu et la gloire, plutôt qu'aux biens périssables, tels que l'ambition, la sensualité, les richesses, son désintéressement était exemplaire, et les présents qu'on lui offrait étaient pour lui des offenses. Ami de la règle et de l'ordre par devoir, jamais par colère et par passion, il avait horreur des tschaouschs ou *chiaoux*, des spahis, ces instruments des massacres qui déshonoraient même sous son père la politique du divan, et il ne croyait devoir demander au châtiment que ce qu'on ne pouvait obtenir de la raison et de l'intérêt bien entendu des peuples. Le khodja de Kiuperli, Othman, homme consommé en sagesse et en science, lui avait transmis ses vertus.

Tel était l'homme à qui Mahomet IV allait confier son trône et l'empire. Fatigué avant d'avoir vécu par les orages qui avaient agité son berceau, heureux d'avoir retrouvé la sécurité et la paix sous la tutelle d'un ministre, seul exposé aux vicissitudes des factions pendant qu'il jouissait du loisir, des amours et des délassements de sa jeunesse, adonné à la chasse comme un fils des Turcomans, ce sultan avait résolu, par instinct autant que par politique, de ne jamais régner lui-même, pour écarter de sa personne les troubles et les responsabilités terribles du gouvernement; mais, droit et ferme dans ses choix, il savait déjà choisir ses ministres et les soutenir après les avoir bien choisis. Le nom de Kiuperli, indépendamment du mérite de celui qui le portait, lui paraissait une désignation céleste, un nom d'heureux présage pour l'empire et pour sa maison.

XV

Ahmed Kiuperli ne démentit aucun de ces présages. Quoique si jeune, ses voyages dans toutes les provinces de l'empire, le gouvernement de Damas, quelques campagnes contre les Kurdes et contre les Druzes, et enfin l'exercice récent des fonctions de caïmakam à Constantinople, autant que l'exemple et les entretiens paternels, l'avaient préparé pour les affaires. Il commença par se montrer sévère, afin de pouvoir être impunément indulgent. Il voulait détendre insensiblement les ressorts trop sanglants du gouvernement, mais il voulait que sa douceur ne fît pas présumer en lui la faiblesse, et qu'en changeant, l'empire ne changeât pas de respect.

Le grand chambellan, Déli-Hafiz, ennemi de Mohammed Kiuperli, son père, ayant témoigné une joie presque factieuse au moment où le corps du grand vizir enseveli passait devant sa maison, Ahmed l'exila à Chypre. Le muphti ayant récriminé dans le divan contre quelques exécutions du dernier gouvernement : « Qui a signé ces fetwas de mort ? » lui demanda-t-il.

« C'est moi, » répondit le muphti ; « mais je les

« ai signés par intimidation, et parce que je crai-
« gnais pour moi-même. »

« Effendi, » lui dit sévèrement le nouveau grand vizir, « est-ce à toi, qui es versé dans la loi du Pro-
« phète, à craindre un ministre plus que tu ne crains
« Dieu ? »

Le muphti destitué alla expier sa lâcheté à Rhodes. Le vertueux Sanizadé fut nommé muphti à sa place.

XVI

L'ordre si complétement rétabli dans l'empire par son père lui permit de tourner ses premiers regards vers l'Allemagne. Le premier des Kiuperli avait tout préparé en vue d'une énergique répression des sourdes hostilités de l'Autriche. La guerre s'allumait d'elle-même dans les provinces limitrophes des deux empires, de Hongrie et de Transylvanie. Les commandants de places fortes du parti des Impériaux et les pachas gouverneurs de provinces du côté des Turcs se combattaient ou se réconciliaient sans l'aveu de leurs gouvernements respectifs. Les généraux, presque tous Italiens, des armées de l'empereur Léopold, et les volontaires lorrains ou français, jetés dans ses armées par le fanatisme de la gloire et de la foi, se faisaient d'eux-mêmes, dans l'intérêt du pape et de Venise, les champions d'une guerre sacrée que la politique n'avouait pas encore. Des partisans hongrois et transylvains, excités par cette chevalerie d'Allemagne, d'Italie, de France, guerroyaient tantôt sous un prétexte, tantôt sous un autre, contre les garnisons turques du Danube.

Ali, pacha d'Ofen, ayant envoyé Housseïn-Pacha à Huzt en négociateur, Housseïn fut fusillé perfidement par le commandant de Huzt. Ali vengea l'assassinat de son ambassadeur par une incursion dans le Palatinat de Marmaroesh. La Transylvanie fut incendiée; un noble transylvain, Michel Apafy en reçut l'investiture. Les Tartares de Crimée, cavalerie innombrable, qui était pour les Turcs ce que les Cosaques étaient pour les Russes, accourus à l'appel d'Ali-Pacha, renforcèrent son armée de quarante mille sabres. Hermanstadt et Téméswar ne se rachetèrent de l'incendie que par une rançon de deux cent mille ducats, indemnité des frais de la guerre intentée déloyalement aux Turcs.

Kémény, autre prétendant à la souveraineté de Transylvanie, appuyé indirectement par les Impériaux, rentra avec une armée de partisans dans cette province après la retraite d'Ali et des Tartares. Vaincu, comme l'avait été, un an avant, Rakoczy par Koutschouk-Pacha, lieutenant d'Ali, Kémény, renversé de son cheval, périt dans la déroute sous les pieds des chevaux du pacha.

XVII

Tout présageait un choc prochain, et pour ainsi dire involontaire, entre les deux empires, entraînés par leurs populations. Kiuperli aurait voulu ajourner la lutte jusqu'à la fin de la guerre avec Venise et de la lente conquête de Crète. Le parti du harem, à qui sa jeunesse et son inexpérience imposaient moins de déférence que ne lui en avait imposé le vieux Kiuperli, l'accusait de sa longanimité, et se plaignait de l'autorité trop absolue qu'il prétendait, comme son père, exercer sur le sultan. La sultane Validé Tarkhan, irritée de ce qu'il avait déposé le defterdar Housseïn-Pacha, sa créature, représentait à son fils que si la déférence était glorieuse envers un vieillard, elle était humiliante envers un jeune homme qui n'avait encore de grand que son orgueil. Elle employait, pour fomenter l'envie de régner par lui-même dans son fils, les insinuations des favorites, et la voix même des scheiks.

Un jour, que le sultan passait à cheval devant la mosquée *des Roses*, à Andrinople, pendant qu'un prédicateur célèbre y était en chaire, Mahomet IV descendit de cheval, et entra pour écouter la parole sacrée. Le prédicateur, en apercevant le sultan, changea tout à coup de texte, et apostrophant indirectement le padischah : « Nous t'avons placé sur « la terre, » s'écria-t-il en citant un verset du Coran, « pour y succéder au Prophète ; juge donc « toi-même avec justice les hommes que nous t'a- « vons confiés. »

Mahomet IV, une autre fois, par le conseil de sa mère, s'abstint quelques jours de la chasse, unique occupation de sa vie ; il se plaça derrière un grillage du kiosk *des Revues*, d'où l'on voyait tous ceux qui se rendaient aux audiences du grand vizir, et fit punir sévèrement lui-même tous les chrétiens qui s'y rendaient dans le costume réservé par les lois aux musulmans. Un jeune Arménien, qui, selon la coutume tolérée par l'usage, portait le jour de son mariage des pantoufles jaunes, fut arraché par ordre du sultan, à son cortége et à sa fiancée, et puni de mort.

Un exercice si puéril et si atroce de son autorité fit murmurer Andrinople, et convainquit le sultan lui-même et sa mère que le gouvernement ne serait que le hasard de l'ignorance et du despotisme en de telles mains. La sultane Tarkhan se réconcilia avec le jeune Kiuperli, au prix de faveurs habiles que le grand vizir accorda au confident de cette princesse, Schamizadé. Une ligue politique entre ces trois influences du sérail confirma le pouvoir dans les mains du grand vizir.

XVIII

Venise, lasse d'une guerre qui épuisait ses finances et ses arsenaux, commençait à négocier sous main un accommodement, par Ballarino, son agent secret à Andrinople. Kiuperli, attentif aux dispositions de l'Allemagne, qui lui faisaient pressentir une guerre continentale, se montrait disposé à partager la possession de la Crète avec la république, et à ajourner une de ces guerres pour tourner toutes les forces de l'empire contre les Impériaux. Une rencontre maritime, dans les eaux de Chio, entre la flotte vénitienne et la flotte ottomane, rompit fortuitement ces négociations. Celles de la Porte avec l'Autriche, au sujet de la Transylvanie, n'aboutirent, à la fin de 1662, qu'à une rupture complète de la longue paix cinq fois renouvelée sous le nom de trêve. La Porte refusa définitivement de renoncer au droit de nommer les princes de Transylvanie. Le 16 mars 1663, Kiuperli, après avoir nommé son beau-frère,

Kara-Moustafa, caïmakam de Constantinople pour lui répondre de la capitale en son absence, sortit d'Andrinople pour commander lui-même l'armée.

Le sultan accompagna son vizir jusqu'à la première station hors d'Andrinople, et lui remit avec pompe l'étendard du Prophète et un sabre à poignée enrichie de diamants. L'armée l'attendait à Belgrade; elle reçut le vizir tout-puissant comme elle aurait reçu le sultan lui-même. Les deux frères de Kiuperli, Moustafa-Beg et Ali-Beg, marchaient à côté de lui; l'armée entière se replia après son passage pour l'accompagner à sa tente dressée sur la croupe des collines au pied desquelles se confondent le Danube et la Save, presque aussi large que le fleuve où se perdent ses eaux.

Le baron de Gœs et le résident autrichien à Andrinople, Réninger, plénipotentiaires du duc de Sagan, ministre de l'empire, attendaient Kiuperli à Belgrade pour tenter une dernière fois la paix. Le vizir les reçut avec politesse, mais avec froideur; il les fit monter à cheval à sa suite, et les conduisit sur une colline d'où le regard embrassait son armée entière. Elle était composée de cent vingt-cinq mille hommes d'élite, de cent vingt-cinq pièces de canon de campagne, de douze canons énormes de siége, de soixante mille chameaux et de douze mille mulets portant les approvisionnements et les munitions. Cent vingt mille Tartares étaient en marche pour la grossir d'une nuée de cavalerie mal disciplinée et dévastatrice des campagnes. Ahmed-Ghéraï, fils du khan des Tartares, la commandait. Une telle armée, dans les mains d'un jeune homme que le nom de Kœprilü ou Kiuperli rendait redoutable aux ennemis de l'empire, était la plus éloquente des diplomaties. Les conférences s'ouvrirent sous cette impression.

Kiuperli demanda seulement, pour se retirer, les conditions de Soliman le Grand, si longtemps acceptées par l'Autriche, c'est-à-dire la reconnaissance du droit de protection de la Porte sur la Transylvanie, la restitution des villes hongroises conquises contre la foi des traités par les partisans autrichiens, enfin le renouvellement du tribut annuel de trente mille ducats, payé autrefois, et maintenant tombé en désuétude, par l'Autriche. Les plénipotentiaires promirent satisfaction sur les premiers articles; quant au dernier, ils déclarèrent qu'ils n'oseraient pas soumettre au duc de Sagan une proposition si attentatoire à la dignité d'un grand empire; ils achèteraient la paix par la justice, par la déférence, jamais par l'humiliation d'un vasselage.

XIX.

Kiuperli porta l'armée en avant jusqu'à Essek, où les conférences se renouvelèrent aussi vainement entre les mêmes plénipotentiaires et Ali-Pacha, serdar de Hongrie, commandant de l'avant-garde des Ottomans. Ali-Pacha et Mohammed-Pacha, son collègue, n'attendirent pas la réponse de Vienne pour attaquer l'armée hongroise de Forgacs et de Palfy à Neuhœusel. Trente mille Hongrois périrent ou dans le choc ou dans le fleuve. Forgacs s'enferma avec quelques débris dans Neuhœusel. Palfy n'échappa qu'avec deux hussards et son escorte; des milliers de têtes furent jetées en monceaux aux pieds du grand vizir, qui avait commandé lui-même les mouvements de la bataille. Les cent vingt-cinq mille Tartares arrivèrent le soir de la victoire; le fils du khan, Ahmed Ghéraï, armé d'un sabre, d'un poignard, d'un carquois, vêtu d'une veste de drap d'or bordée d'hermine, coiffé d'un kalpak de zibeline, escorté de Tartares et de Cosaques de Crimée dans le même costume et avec les mêmes armures asiatiques, rappelait Timour-Lenk au milieu de ses conquêtes.

Kiuperli répartit cette multitude en quatre immenses camps autour de la ville, et dirigea lui-même les assauts. Les Hongrois, malgré la hauteur et l'épaisseur de leurs remparts, contraignirent par une lâche révolte le marquis Pio et Forgacs, leurs généraux, à capituler. La victoire de Neuhœusel et surtout la chute de cette forteresse de la Hongrie, jusque-là réputée imprenable, répandirent l'étonnement et la consternation dans toute l'Allemagne. Ces deux triomphes donnèrent à Kiuperli l'audace d'accomplir dans sa propre armée un coup d'État de toute-puissance qu'il crut devoir à l'affermissement de sa récente autorité.

Le confident intime de la sultane Validé, Schamizadé, qui avait suivi le grand vizir à l'armée, moins comme ami que comme surveillant jaloux de sa conduite, conspirait avec la sultane la déposition de Kiuperli au premier revers, et voulait élever à la place d'un ministre si impérieux son propre beau-père Ibrahim-Pacha, un des lieutenants du vizir alors à l'armée avec lui. Kiuperli, informé de cette trame, écrivit au sultan que si le bruit répandu de sa destitution prochaine n'était pas démenti par l'exécution immédiate des traîtres qui se vantaient de lui succéder, son ascendant miné dans sa propre armée ruinerait la campagne.

Mahomet IV, sans consulter sa mère, répondit à

Kiuperli de ne prendre conseil que du salut de l'empire. Le lendemain de cette réponse, le favori de la sultane Validé, Schamizadé et son complice Ibrahim furent décapités, à la stupéfaction de l'armée, devant la tente de Kiuperli, et leurs têtes, envoyées à Andrinople, comme deux têtes de traîtres, attestèrent l'immuabilité du ministre dans la faveur du sultan. La sultane Tarkhan trembla pour sa propre influence et se réfugia dans son titre de mère :

« Mon vizir, » écrivit le sultan à Kiuperli, « a
« bien gagné le pain de mes esclaves en n'ayant pour
« tapis que les pierres et pour lit que la terre nue ;
« que mon pain lui profite ! »

XX

Cependant le prince élu de Transylvanie, Apafy, était accouru avec ses principaux partisans s'abriter sous la protection de l'armée turque. Un noble transylvain, nommé Haller, soupçonné de briguer pour lui-même l'investiture de la principauté, l'avait suivi. Kiuperli reçut dédaigneusement Apafy, et fit décapiter Haller et jeter son cadavre dans le fleuve par les Tartares.

Toutes les places voisines de Lewenz, Novigrad, Neutra, Freystad, Schintau, tombèrent au contre-coup de Neuhœusel. Les Tartares répandus dans la Moravie et dans la Silésie ramenèrent des troupeaux de jeunes filles enfermées dans des sacs sur les croupes de leurs chevaux, ou accouplées deux à deux comme des chiens en laisse ; leurs hordes, le fer et la torche à la main, galopèrent au milieu des flammes jusqu'à trois milles d'Olmütz, les terres des princes de Diétrichstein et de Liechtenstein furent ravagées ; douze mille de leurs vassaux furent traînés en esclavage et vendus au marché de Neuhœusel. Presbourg vit du haut de ses remparts brûler trente-deux de ses riches villages. Treize cents chariots chargés de femmes et d'enfants, chassés devant eux par les Cosaques et les hussards du khan de Tartarie, et quatre-vingt mille Hongrois esclaves, marchaient en files vers Belgrade pour aller peupler les vallées d'Europe ou les steppes de Crimée. Kiuperli, sans armée ennemie devant lui, et repliant la sienne sur Belgrade pour l'hiver, laissa les Tartares inonder la Hongrie. Les Polonais lui ayant envoyé demander le secours de ses Tartares contre les Russes, il les congédia en les menaçant de tourner ses armes contre eux-mêmes s'ils continuaient à pactiser avec les Impériaux pendant qu'il était en guerre avec l'Allemagne.

Le printemps de 1664 renouvela l'invasion de la Hongrie par l'armée de Kiuperli reposée et recrutée pendant l'hiver. Le sultan, du fond du harem ou des forêts d'Andrinople, assistait aux exploits de son vizir. Il avait épousé, l'année précédente, une jeune Grecque née en Crète, enlevée par les Turcs à la prise de Rétimo. Le serdar de Crète, Housseïn, frappé de ses charmes, l'avait jugée digne de son maître et l'avait offerte en présent à la sultane Validé. Son nom était Rébia Gülmisch, c'est-à-dire, en turc, *l'abeille qui boit les roses du printemps*. L'amour de Mahomet IV pour cette jeune esclave aux cheveux noirs ne tarda pas à contre-balancer dans son cœur l'autorité jusque-là souveraine de la Validé aux cheveux d'or.

Rébia Gülmisch donna, au printemps, un premier fils au sultan, qui fut appelé Moustafa. Cette fécondité précoce consolida son crédit.

XXI

Cependant l'Allemagne, menacée d'une invasion plus profonde, armait depuis sept mois tous ses défenseurs. Zriny, surnommé Pieu de Fer, avait rallié les Hongrois et s'avançait en Transylvanie; le comte de Souches marchait sur Neutra. Hohenloë,

Strozzi, généraux de l'Autriche, suivis de corps français et italiens, concertaient un plan de campagne sous les murs de Kanischa, qu'ils assiégeaient. Ils se concentraient à Sérinwar pour y recevoir, dans une situation solidement retranchée, le choc de Kiuperli. Strozzi tomba frappé à mort dans une mêlée.

Le maréchal Montécuculli, le premier homme de guerre de l'Italie et de l'Allemagne, vint prendre le commandement général de l'armée confédérée. Il s'établit dans un triangle fortifié par la nature entre la Mur, la Drave et la position retranchée de Sérinwar. Kiuperli ne pouvait l'aborder qu'après avoir surmonté cette position défendue par la ville. Le nombre et l'acharnement des Turcs triomphèrent des défenseurs de Sérinwar ; le comte de Thurn, qui la commandait sous Montécuculli, y périt sur la brèche avec trois mille Hongrois, l'élite de ses troupes. Montécuculli et le comte de Coligny, qui lui avait amené six mille volontaires français, repassèrent la Mur et fermèrent le passage à Kiuperli.

L'armée turque, dispersée en détachements de trente à quarante mille hommes, se contenta d'observer les Impériaux et les Français, et d'assiéger une à une les places qui résistaient encore. Montécuculli, trop faible pour s'engager contre ces corps d'armée qui l'auraient étouffé en l'enveloppant, se retira sur la Raab, rivière qui couvre l'Autriche. Kiuperli l'y suivit de près et campa sur la rive gauche. Il y fut rejoint, au village de Saint-Gothard, par les plénipotentiaires de l'Autriche, témoins de l'incendie de la Hongrie et de l'esclavage de tout un peuple.

Le même sort qui menaçait leur pays, l'inégalité du nombre entre l'armée de Montécuculli et celle de Kiuperli, avaient fait fléchir l'empereur Léopold : le duc de Sagan, son ministre, les autorisait à subir, dans un traité permanent, les nécessités et les humiliations de la défaite. Kiuperli, pour les contraindre à une plus complète et à une plus prompte résignation, voulut passer sous leurs yeux la Raab à Saint-Gothard, devant l'armée de Montécuculli. Ce général, le héros de son siècle, surpris d'abord par l'impétuosité des Ottomans, qui avaient passé le fleuve à gué et refoulé les Allemands sur un amphithéâtre de collines, céda un moment le village de Moggersdorf, centre de sa position, aux janissaires qui l'avaient escaladé. Ses soldats fuyaient, ses officiers se faisaient tuer à leur poste ; lui-même, avec le sang-froid, ce génie du caractère, recueillait et reformait sous son épée ses débris.

Quand il les eut ranimés de son âme, il déploya

hardiment ses deux aîles, l'une commandée par le duc Charles de Lorraine, son élève dans l'art des combats, l'autre toute composée de noblesse française, sous les ordres du comte de Coligny. Ces trois grands capitaines, fondant à la fois sur la première moitié de l'armée turque, qui avait seule encore passé la rivière, refoulèrent les Ottomans dans le lit de la Raab, à demi comblé de leurs morts. Vingt mille janissaires, le nerf de l'armée, abandonnés sur la rive gauche et enfermés dans leur conquête, périrent, plutôt que de se rendre, au village de Moggersdorf. Les trois mille chevaliers français de Coligny et du duc de La Feuillade lancèrent leurs chevaux dans le fleuve, sur les pas des Turcs, et sabrèrent les spahis jusque sous les batteries de Saint-Gothard.

« Quelles sont ces jeunes filles? » demanda ironiquement Kiuperli aux renégats hongrois qui l'entouraient, à l'aspect des cuirasses polies, des coiffures élégantes, des nœuds de rubans, des chevalières poudrées déroulant leurs ondes sous les casques? « Ce sont les Français, » répondirent les Hongrois. Mais leur parure efféminée recouvrait les lions de la guerre ; cette jeune noblesse chargea jusqu'aux tentes du vizir en criant: *Allons! allons! tue! tue!* Ce cri, retenu par les Turcs, servit, le soir, à désigner les Français, comparés le matin à des femmes. La Feuillade, leur colonel et leur exemple, reçut dans ce combat, des janissaires et des spahis, le nom de *Fouladi* ou de l'homme d'acier.

Tant d'héroïsme et de fortune fut perdu ; la gloire seule de Montécuculli fut couronnée par la victoire sans poursuite de Saint-Gothard. Elle relevait l'honneur de la campagne ; elle n'en réparait pas les désastres. Malgré les vingt mille janissaires qu'il avait perdus, Kiuperli n'en conservait pas moins deux cent mille soldats, partout vainqueurs dans les plaines de la Hongrie. Le village et la chapelle commémorative de Saint-Gothard furent le seul monument de la journée. Tant de sang répandu ne changea rien aux conditions de la paix consenties d'avance par l'empereur Léopold. Elle fut signée à Eisenbourg, le 10 août, telle que Kiuperli l'avait dictée à Belgrade.

Apafy, le client des Turcs, était reconnu prince de Transylvanie, sous leur suzeraineté ; les palatinats hongrois rentraient à la Porte ; les conquêtes de la campagne devenaient propriété permanente du sultan ; il était interdit à l'Autriche de relever les fortification de Serinwar ; le tribut déguisé sous le nom de présent d'ambassade fut allégé, mais maintenu. Une telle paix, après un seul revers dans une continuité de triomphes, pouvait retentir comme la plus éclatante des victoires dans l'empire et dans le cœur du sultan.

Kiuperli ramena l'armée à Belgrade, congédia avec un présent digne de son maître le khan des Tartares, suivi de cent mille esclaves que ses cavaliers avaient enlevés à la Hongrie et à la Saxe. Kara-Mohammed-Aga, beglerbeg de Roumélie, fut nommé ambassadeur de la Porte à Vienne, pour y porter la ratification du traité de paix par le sultan. Escorté d'un cortége asiatique de cent cinquante dignitaires de la cour, les présents qu'il était chargé de présenter à Léopold Ier consistaient en panaches de plumes de hérons, en aigrettes de diamants, en une vaste tente, soutenue au centre par un seul pilier, en tapis de Perse, en pièces de soie et de mousseline des Indes, en deux livres d'ambre gris, en quatorze chevaux de main, nés en Arabie ou en Perse, couverts d'équipements d'or et de pierreries.

XXII

Kiuperli retrouva à Andrinople sa toute-puissance, accrue de sa renommée de conquérant et de vengeur de l'empire. Le sultan, en son absence, n'avait fait que de pacifiques campagnes contre les bêtes fauves, dans les forêts voisines d'Andrinople. Son historiographe, Abdi, était chargé de consigner dans ses annales, comme des événements historiques, tous les accidents de ces chasses impériales. La sultane favorite, Gülmisch, et son jeune confident, Yousouf, l'accompagnaient dans ces lointaines excursions de plaisir. Il partait ordinairement de ses stations à la clarté de la lune, au son des trompettes et des timbales, faisait sa prière dans les mosquées des villages, rendait des jugements, comme saint Louis, sous les chênes des forêts, se montrait inflexible et souvent sanguinaire envers les blasphémateurs de sa foi, et punissait de mort le doute comme un crime.

Abdi cite deux victimes de son fanatisme martyrisées comme athées : l'un parce qu'il égalait Jésus au Prophète, l'autre parce qu'il professait la religion cosmopolite des Druzes. Il raconte, le même jour, le meurtre d'un palefrenier qui maltraitait sans cause un cheval, et la rencontre fortuite, par le sultan, d'une vache qui enfantait un veau dans la prairie, et son dialogue avec le paysan chrétien, maître de la vache, qu'il s'efforça de convertir à l'islamisme.

Le sultan, jaloux de la mémoire de ces puérilités,

venait souvent les raconter familièrement à l'historien Abdi, quand il était malade, et se faisait représenter les Annales, dont quelques pages sont écrites de sa propre main. Tout indique en lui, dans ces pages, un de ces rois fainéants de la première race dynastique de la France, considérant comme subalterne toute autre fonction que celle de donner leur nom au règne, et laissant le gouvernement et la guerre, comme des métiers ignobles, à des maires de palais. La prière, la chasse et le loisir étaient pour lui les seules œuvres d'un roi.

XXIII

Kiuperli, libre maintenant de porter toute son attention sur la conquête de la Crète, ramena le sultan à Constantinople, où la sultane Validé Tarkhan accueillit son retour par des présents d'une valeur d'un million cinq cent mille piastres, dont l'énumération éblouit l'esprit. Mahomet IV y reçut en même temps les présents de la cour d'Autriche, apportés à Constantinople par l'ambassadeur, le comte Walter de Leslie. Ces présents attestent l'industrie et les arts de l'Autriche à cette époque. Des miroirs de la hauteur d'un homme encadrés dans l'argent ciselé, et tournant sur un pied de même métal, des aiguières d'argent et d'or sculptées, portées sur des trépieds et des colonnettes cannelés; des bassins dorés et couverts, qui lançaient des jets d'eau parfumés; des candélabres à plusieurs branches; des arrosoirs d'argent, pour épancher en gouttes les eaux de senteur; une vaisselle de vermeil; des guéridons d'argent; des fusils; des poignards; des pupitres de jaspe; des lunettes d'approche; des tapis des Pays-Bas espagnols, brodés d'or; des montres, des pendules, une grotte artificielle avec un cadran dont une chute d'eau faisait marcher l'aiguille et sonner les carillons; et des présents analogues, mais à l'usage des femmes, pour la sultane mère et la sultane favorite; telles étaient les magnificences dont Léopold colorait son humiliation et achetait la paix.

Le cortége de noblesse allemande, italienne et anglaise, qui accompagnait à cheval l'ambassadeur, était digne des présents. On y comptait les ducs de Norfolk, lord Arundel, les princes de Lichtenstein, le comte de Trautmannsdorf, d'Herberstein, le Florentin Pécori, le Génois Durazzo, le Milanais Casanova, le Français Châteauvieux. Cent cinquante nobles de toutes les nations de l'Europe, excepté les sujets de Rome et de Venise, décoraient de leur présence l'ambassade de Léopold.

L'ambassadeur de France, M. de La Haye, à son retour à Constantinople, subit les reproches et les injures du grand vizir pour les secours indirects et volontaires que le roi de France laissait, en Crète et en Hongrie, se joindre aux ennemis de l'empire : « Vous autres Français, » lui dit Kiuperli, « vous vous proclamez nos meilleurs amis, et nous vous rencontrons toujours avec nos ennemis. »

Ce reproche amer et spirituel était fondé en ce moment. Il aurait été aussi légitime à l'époque où Napoléon débarquait en Égypte pour en expulser les Ottomans, et où il autorisait, à Erfurth, la Russie à attaquer impunément les Ottomans, nos alliés naturels ; il l'aurait été à Navarin, où nos canons, confondus avec ceux de la Russie et de l'Angleterre, anéantissaient follement la flotte de Mahmoud ; il l'aurait été, enfin, dans ces derniers temps où nous imposions à la Turquie, relativement aux Lieux saints de Jérusalem, des partialités envers des moines catholiques et des expropriations envers huit millions de ses sujets grecs qu'elle ne pouvait consentir sans s'exposer, de la part de la Russie, à la guerre glorieuse, mais onéreuse, dans laquelle nous l'assistons aujourd'hui (avril 1855).

XXIV

M. de La Haye, homme irritable et fier, se leva et jeta avec mépris les capitulations, qu'il tenait à la main, sur le tapis. Kiuperli s'emporta et l'apostropha du nom outrageant alors de juif. Son premier chambellan leva le tabouret sur lui et l'en frappa ; l'ambassadeur tira son sabre du fourreau ; les chiaoux s'élancèrent sur lui pour le désarmer ; le tumulte menaça de devenir sanglant. Le grand vizir reconnut, trois jours après, son tort, convoqua le ministre français, lui fit des réparations, et le pria d'étouffer dans le silence, entre sa cour et la Porte, une violence réciproque de paroles et de gestes dont l'ébruitement aurait coûté à la Porte et à la France leur vieille amitié.

Cette vieille amitié, il est vrai, était sans cesse compromise, de la part de la France, par des hostilités sourdes qui répondaient mal aux déclarations officielles d'alliance ou de neutralité. Cette double conduite de la France n'était pas duplicité préméditée, c'était la violence perpétuelle faite par la religion à la politique. Nous allons retrouver, en effet, la noblesse française en face des Turcs en Crète, comme nous venons de la rencontrer en Hongrie. Il y avait deux peuples dans les Français et deux hommes dans Louis XIV. Si la politique conseillait au roi et au peuple de persévérer toujours dans la seule alliance qui pût l'aider à contre-balancer la maison d'Autriche, la religion, les préjugés populaires datant des croisades, les incitations de Rome et les dernières palpitations de l'esprit chevaleresque leur faisaient un reproche d'honneur et de conscience de ne pas s'unir aux ligues chrétiennes contre les sectateurs réputés barbares du Prophète.

C'est ce double sentiment qui faisait éclater sans cesse une apparente contradiction entre les paroles et les actes de la France, relativement aux Ottomans. Ce n'était pas perfidie dans la cour de France, c'était faiblesse. Louis XIV lui-même, alors dans toute la vigueur de sa jeunesse et de son règne, n'y échappait pas : ainsi, pendant qu'il assurait Kiuperli de sa neutralité bienveillante dans la guerre que la Porte soutenait contre l'Autriche en Hongrie et contre Venise en Crète, il était forcé, par condescendance à l'esprit chevaleresque de sa noblesse, d'autoriser au moins par son silence des corps de volontaires français à voler sous le drapeau désavoué de la France au bord du Danube et dans la mer de Candie. Le chevalier l'emportait malgré lui sur le politique et le chrétien sur le roi.

C'est là l'explication de toute la diplomatie française en Orient à cette époque, et c'est encore aujourd'hui la seule explication que l'histoire puisse donner de la double diplomatie du gouvernement actuel de la France, ébranlant lui-même la Turquie en 1852 par l'inopportune exigence des Lieux saints, et lui prêtant ses armes et son sang en 1854 pour la consolider; cette diplomatie a compromis l'État. Le préjugé lutte contre la raison. Les Turcs sont nos amis, et les musulmans sont la vieille antipathie de nos mémoires.

XXV

Kiuperli toléra, en homme d'État consommé, une contradiction dont l'ambassadeur français lui révéla confidentiellement les motifs. Il se garda bien de contraindre à une rupture déclarée une puissance dont il avait intérêt à ménager le rôle ambigu, et dont il comprenait la double nature. Les forces navales et les forces de terre qu'il pouvait désormais tourner toutes contre les Vénitiens en Crète le rassuraient contre le petit nombre de volontaires, aventuriers de religion et de gloire, que Louis XIV laissait sortir de ses ports. Cette conquête de Candie n'était pas seulement pour Kiuperli une nécessité et une gloire de l'islamisme, elle était aussi une adulation habile à la jeune et belle sultane Gülmisch, qui régnait de plus en plus en souveraine sur le cœur tendre de Mahomet IV.

Cette favorite, Crétoise de famille et née à Rétimo, se flattait, après la conquête de sa patrie par son époux, d'être couronnée reine de Crète, de posséder, comme *argent de pantoufles,* les riches revenus de cet empire insulaire devenu l'apanage d'une esclave née dans son sein, et de gouverner à son gré, avec la douceur d'un joug de femme, ces compatriotes et ces chrétiens dont elle se sentait toujours la fille et la sœur.

Gülmisch, enivrée de ces perspectives dont Kiuperli l'éblouissait pour s'assurer son concours, se chargeait à son tour de défendre Kiuperli dans l'esprit du sultan, son époux, contre les rivalités subalternes de deux jeune favoris, Yousouf et Moustafa qui lui donnaient quelques ombrage. Cette ligue entre un grand homme et une femme adorée pour dominer un prince faible permit à Kiuperli de concentrer à Andrinople des trésors et des armements égaux à ce que Soliman le Grand avait jamais rassemblé de ressources pour ses plus vastes expéditions. Kiuperli, sûr de Gülmisch, n'hésita pas à prendre lui-même le commandement d'une guerre qui l'éloignait pour longtemps peut-être du sultan.

L'armée, accompagnée du sultan jusqu'à la mer, fut passée en revue par Mahomet IV avant son embarquement ; puis il revint à Andrinople par une marche prolongée par des chasses qui durèrent vingt-deux jours. Il y occupa ses loisirs à la construction du nouveau sérail, qui coûta douze cent mille ducats d'or, et que l'historien Abdi décrit en termes aussi magnifiques que son architecture :

« Le palais fabuleux de Schedad, fils d'Aad, et celui de Chosroès de Perse à Médaïn, ne pouvaient supporter la comparaison. On y voyait des estrades de marbre, des avenues de colonnes de pierres colorées de diverses teintes, des kiosks aux coupoles dorées, des fontaines jaillissantes retombant dans des vasques d'argent massif, des portes en bois odorant ciselé, des murailles revêtues de nacre de perles.

XXVI

Une agitation religieuse fomentée par un imposteur juif de Smyrne, nommé Sabathaï, qui se donnait pour un autre messie et un autre prophète, et dont les juifs et les musulmans adoptèrent la secte, émut un moment l'empire ; Kiuperli le fit enfermer avant son départ aux Sept-Tours. Ses partisans ne virent dans cette captivité que la réalisation d'une de ses prophéties qui annonçait cette persécution. Sabathaï devait en sortir vainqueur, monté sur un lion dont il dirigerait la course avec une bride formée de serpents à sept têtes.

Un autre imposteur polonais, inventeur de rêveries mystiques, et rival de Sabathaï dans la crédulité populaire, le dénonça au caïmakam Moustafa comme soufflant la révolte aux peuples. Le sultan le fit venir à Andrinople et l'interrogea lui-même. Crédule autant qu'orthodoxe, Mahomet IV voulut cependant éprouver la puissance surnaturelle de Sabathaï; il le fit attacher nu à une colonne pour servir de but aux flèches de ses archers, pour voir s'il était invulnérable. L'imposteur juif éluda l'épreuve et la mort en confessant ses impostures et en abjurant sa divinité. Il embrassa l'islamisme, et devint, de messie, portier à gages du sérail. Sa honte anéantit sa secte.

XXVII

L'armée s'embarqua le 14 mai 1666. Après avoir traversé la mer de Marmara, elle employa quatre mois à traverser lentement l'Anatolie, et se rembarqua à Isdin, en face de Rhodes, pour la Crète. Elle atterrit, le 16 novembre 1666, sur la plage de la Canée.

La flotte égyptienne de vingt-six voiles qui amenait le contingent du Caire à Kiuperli, interceptée par l'escadre vénitienne, fut anéantie sous les yeux des Turcs.

Une seconde flotte, partie de Constantinople avec six mille janissaires, porta au printemps l'armée du grand vizir à quatre-vingt mille combattants. Le 20 mai, il ouvrit les tranchées devant les murs de Candie, ce dernier boulevard des Vénitiens en Crète et des Chrétiens dans l'Orient. Morosini, le premier homme de guerre de Venise, récompensé de ses exploits par l'ingratitude et par l'envie, avait été rappelé de l'oubli par les nobles de cette oligarchie pour sauver une seconde fois sa patrie. Il avait tout pardonné à ses ennemis et s'était dévoué pour toute vengeance. Nommé généralissime de l'armée et de la flotte, il avait débarqué avec deux mille hommes dans la place. Neuf mille autres, aguerris déjà par leur longue lutte contre Housseïn, défendaient derrière d'inexpugnables bastions cet écueil de la puissance ottomane pendant tant d'années. Quatre cents pièces de canon couronnaient les remparts, servies par les premiers artilleurs de la chrétienté ; sept bastions presque massifs, des fossés semblables à des abîmes creusés au ciseau dans le roc vif, enfin des mines souterraines et inconnues pratiquées sous le sol et prêtes à engloutir les assiégeants jusque dans leurs tranchées, rendaient Candie la terreur des Turcs.

Cette ville leur avait déjà dévoré deux flottes et trois armées. Morosini, pour être plus présent au danger, logeait sous un des bastions casematés de la place. C'est de là qu'il inspectait sans cesse les tranchées, qu'il déblayait les fossés des fascines par une machine de son invention, qu'il dirigeait les sorties, et qu'il recevait, à l'imitation des Turcs, les têtes coupées des ennemis que ses soldats apportaient à ses pieds avant de les jeter à la mer.

Six cents dix-huit explosions de mines et trente-deux assauts couvrirent la ville de fumée, la mer de sang et la terre de cadavres, du 22 mai au 18 novembre. L'Égypte et la Syrie entendaient de leurs rivages, par les vents de mer, les détonations de la ville et du camp, comme celles d'un perpétuel volcan. Quatre cents officiers chrétiens, trois mille Vénitiens dans la ville, huit mille Ottomans tués pendant ces premiers mois de siége attestaient l'acharnement des combattants.

Un des bastions, nivelé par les monstrueux canons de Kiuperli, parut ouvrir enfin l'enceinte aux janissaires. Morosini les devança par une sortie de toute la garnison qui reconquit les tranchées sur les Turcs. Ceux-ci parvinrent à les recouvrer ; mais une mine pleine de deux cents barils de poudre, que les assiégés avaient recouverte de terre sous leurs pas, en engloutit sept mille dans leurs lignes. Kiuperli renvoya d'un seul convoi quatre mille de ses soldats mutilés en Asie. La peste, fomentée par les exhalaisons de tant de cadavres, décima son camp ; les tempêtes écartèrent ses renforts de la côte ; les pluies d'hiver comblèrent ses ouvrages. Morosini, aussi entreprenant sur la mer qu'invincible sur ses murailles, sortit avec une escadre de vingt vaisseaux, et abordant corps à corps la seconde flotte d'Égypte chargée de troupes, l'incendia et la coula sous les yeux du grand vizir.

XXVIII

Dix-huit mois s'étaient consumés sans autre résultat que des milliers de cadavres. Le duc de Savoie, qui avait loué des régiments à Venise, les retira, à l'instigation de Kiuperli, au printemps de 1668. Le marquis de Ville, qui les commandait, obéit avec douleur à son prince vainement gourmandé par le pape. Le marquis de Saint-André-

entière de Kiuperli. La Feuillade et ses principaux officiers affectaient un tel mépris pour les Turcs, qu'ils dédaignaient de tirer leur épée sur cette horde, et qu'ils galopaient comme Murat sur les Cosaques, un fouet à la main, sur les spahis. Leurs défis, leur jactance et leur témérité leur coûtèrent des milliers de braves au retour dans le camp.

Kiuperli, les chargeant à la tête des Topschis et des janissaires, en tua quatre mille entre la ville et le camp. Villemor, Tavannes, quarante des amis de La Feuillade furent tués; Fénelon vit son fils tomber à ses côtés sans pouvoir arracher au moins son corps aux janissaires; d'Aubusson, Sévigné, Montmorin, Créquy, La Feuillade rentrèrent décimés, couverts de leur propre sang, et presque seuls, par cette même porte qu'ils avaient forcée le matin pour faire honte aux Vénitiens de leur prudence. Ils se découragèrent d'une guerre de discipline et de constance en opposition avec leur génie aventureux; ils murmurèrent contre la timidité de Morosini, qui murmurait lui-même contre leur jactance. Ils se rembarquèrent, ne rapportant de leur campagne qu'une vaine gloire, l'estime des Turcs, la juste colère des Vénitiens.

entière de Kiuperli. La Feuillade et ses principaux officiers affectaient un tel mépris pour les Turcs, qu'ils dédaignaient de tirer leur épée sur cette horde, et qu'ils galopaient comme Murat sur les Cosaques, un fouet à la main, sur les spahis. Leurs défis, leur jactance et leur témérité leur coûtèrent des milliers de braves au retour dans le camp.

Kiuperli, les chargeant à la tête des Topschis et des janissaires, en tua quatre mille entre la ville et le camp. Villemor, Tavannes, quarante des amis de La Feuillade furent tués; Fénelon vit son fils tomber à ses côtés sans pouvoir arracher au moins son corps aux janissaires; d'Aubusson, Sévigné, Montmorin, Créquy, La Feuillade rentrèrent décimés, couverts de leur propre sang, et presque seuls, par cette même porte qu'ils avaient forcée le matin pour faire honte aux Vénitiens de leur prudence. Ils se découragèrent d'une guerre de discipline et de constance en opposition avec leur génie aventureux; ils murmurèrent contre la timidité de Morosini, qui murmurait lui-même contre leur jactance. Ils se rembarquèrent, ne rapportant de leur campagne qu'une vaine gloire, l'estime des Turcs, la juste colère des Vénitiens.

XXIX

La Feuillade, guéri de ses blessures, ne désespéra pas cependant de Candie ; il aida les envoyés de Venise à Paris et le légat du pape à obtenir du roi un secours de vingt régiments. Le duc de Beaufort, ce héros et ce tribun de la Fronde sous Mazarin, déchu de sa popularité, mais non de son courage, cherchait dans la guerre les aventures qu'il avait cherchées dans les séditions. Il s'embarqua peu de temps après La Feuillade pour Candie. Il y amena, le 19 juin 1669, une escadre de quatorze vaisseaux, chargés de troupes sous ses ordres et sous ceux du duc de Navailles. Les mousquetaires de la garde de Louis XIV et cinq mille volontaires français débarquèrent sous les batteries des Turcs.

La ville n'était plus qu'un monceau de décombres, sous lesquels campaient quelques milliers de défenseurs. Ces gentilshommes, à peine débarqués, forcèrent Morosini à les laisser braver le feu des Ottomans en pleine campagne ; ils rougissaient de couvrir leur intrépidité de fossés, de bastions et de murailles. Le duc de Navailles, le duc de Beaufort, Castellane, Choiseul, Dampierre, Colbert, leurs chefs, restèrent sourds aux représentations du général vénitien. Cette sortie funeste, dans laquelle les Français furent promptement refoulés par les Turcs, ramena sur leurs traces l'ennemi vainqueur jusque sous la porte de la ville. Cinq cents d'entre eux périrent entre les remparts et le camp de Kiuperli. Les têtes coupées d'un comte de Rauzan, d'un Lesdiguières, d'un Fabert, d'un marquis d'Uxelles, d'un Castellane et de soixante mousquetaires, furent jetées devant la tente du grand vizir.

Le duc de Beaufort ne reparut plus. « Il est blond « et de haute taille, » écrivit Morosini pour le redemander vivant ou mort aux ennemis. « S'il est vi- « vant, nous vous donnerons pour sa rançon tout ce « que vous demanderez; s'il est mort, nous vous « payerons son cadavre au poids de l'or. »

On le chercha en vain parmi les morts ou parmi les prisonniers; soit qu'il eût été englouti dans le cratère d'une mine, soit qu'il eût rougi de honte de rentrer dans la ville après une fuite qui humiliait son orgueil, et qu'il eût poussé son cheval dans les solitudes inaccessibles de l'île, on n'entendit plus parler de ce brillant héros de nos guerres civiles. Le bruit courut longtemps qu'il s'était fait ermite dans les hautes forêts de Crète, et qu'il y avait achevé, dans le désert et dans la pénitence, une vie prédestinée par ses vicissitudes aux aventures de la guerre, des révolutions, de l'amour et de la religion.

XXX

Le duc de Navailles, par une inexplicable versatilité de parti, si ce ne fut pas par un ordre secret de Louis XIV, abandonna la ville à ses dangers après l'avoir compromise par sa fougue. Les Français repartirent deux mois après leur débarquement. Cette défection, funeste aux Vénitiens comme à leur honneur, entraîna celle des auxiliaires italiens, des chevaliers de Malte et des Allemands de la garnison. Morosini les supplia en vain de lui laisser trois mille hommes jusqu'à l'hiver ; rien ne put retenir ces infidèles alliés. Le héros de Venise resta seul avec une poignée de braves dans les débris de ses fortifications, en face de deux cent mille Ottomans.

Kiuperli lui offrit, par politique autant que par admiration, une capitulation digne de son caractère. Elle fut signée sur les ruines du bastion de Morosini, et, le 26 septembre, la croix fit place au croissant sur les dômes à demi écroulés de Candie. Le blocus ou le siége de cette capitale de la Crète avait duré vingt-cinq ans, et coûté trois cent mille hommes aux vainqueurs. Jamais l'ambition seule n'aurait donné une telle persévérance à un ennemi, une telle constance aux défenseurs ; mais Candie était le champ de bataille de deux religions, et les religions ont les antipathies aussi longues que les siècles.

Kiuperli traita Morosini en ennemi digne de lui : il lui accorda pour lui, ses soldats et les habitants, la liberté et le temps d'évacuer l'île. Il ne resta dans la ville que deux prêtres grecs, une femme et trois Juifs. Kiuperli reçut de leurs mains sur la brèche du bastion Saint-André, appelé aujourd'hui le bastion de la Conquête, les quatre-vingt-trois clefs de la ville dans un bassin d'argent. Morosini s'embarqua pour Venise, où il ne trouva de nouveau que des calomniateurs qui l'accusaient d'avoir vendu la Crète, un procès politique et des fers. L'ingratitude obstinée de sa patrie ne lassa pas le patriotisme de ce grand homme, que les Turcs devaient bientôt retrouver en Morée comme l'Annibal des Ottomans.

XXXI

Le soir de la capitulation, Kiuperli écrivit pour la première fois au sultan, à qui il avait juré de ne pas envoyer d'autre lettre qu'une lettre de victoire. Le lendemain, il accomplit avec une touchante piété filiale un devoir plus cher à son cœur : il alla déposer sa victoire aux pieds de sa mère au village d'Emadia, voisin de son camp. Cette femme, supérieure d'esprit, de vertu et de courage, avait voulu suivre son fils dans son expédition, pour le fortifier dans les revers, ou pour jouir de son triomphe. Le grand vizir écoutait avec respect ses conseils, et se glorifiait de devoir à sa mère ses plus sages et ses plus généreuses inspirations. Il déposa avec larmes les clefs de la ville à ses pieds, et l'embrassa comme la source vénérée de sa vie et de sa gloire.

Plus avide de consolider la conquête de Candie pour les Ottomans que d'aller en étaler l'orgueil à Constantinople, Kiuperli séjourna encore neuf mois en Crète pour relever les fortifications des villes et pour organiser l'administration des provinces. La nombreuse population grecque, respectée par lui dans sa religion, dans ses propriétés et dans ses mœurs, continua à faire des campagnes de Crète le jardin de la Méditerranée et l'appendice de l'Égypte.

XXXII

Rien n'avait troublé gravement ni l'empire ni la cour, gouvernés de loin par le génie de Kiuperli, pendant les trois années de son séjour au camp devant Candie. Le vaisseau qui le rapportait en Europe jeta l'ancre devant l'île de Cos; le grand vizir s'y reposa quelques jours avec sa mère, dans les gracieux paysages de l'île, au bord des fontaines ombragées d'orangers, entre les souvenirs de sa longue campagne et les prévisions des affaires qui l'attendaient à Andrinople. La passion de la nature, de la contemplation et du loisir, est le sens originaire et indélébile de l'Ottoman. On le retrouve dans ses héros les plus actifs comme dans ses sages les plus recueillis.

Kiuperli consomma ces jours trop abrégés de l'été en entretiens philosophiques avec les poëtes et les historiens de sa suite, et avec les livres dont la lecture assidue nourrissait son âme. Il débarqua enfin à Rodosto, et rencontra Mahomet à Timourtasch, où ce prince était venu, en chassant, recevoir lui-même son vizir. Mahomet IV n'était point jaloux d'une gloire qui lui paraissait sa propre gloire. Il remit de nouveau l'empire agrandi entre les mains de son ministre. Son fanatisme contraignit seulement Kiuperli à sévir plus qu'il ne l'aurait voulu contre les violateurs du Coran, et surtout contre les buveurs de vin grec. Le vizir, sans scrupules sur cette observance religieuse, avait appris, dans ses campagnes de Crète et de Hongrie, à savourer, avec tempérance, cette boisson qui active l'imagination des poëtes et le courage des guerriers. « Pendant son séjour de quinze jours sous les oran- « gers de l'île de Cos, au bord de ses fontaines aux « ondes de cristal, où il n'avait voulu voir que ses fa- « miliers, » dit l'historien turc de savie, « Kiuperli, « oubliant les affaires d'État, avait fait rafraîchir « souvent le vin doux de Méthymne dans la source « d'Homère, qui murmurait à côté de lui. »

XXXIII

Louis XIV envoya son ambassadeur, M. de Nointel, à Constantinople, avec une escadre de cinq vaisseaux, sous le commandement de M. d'Apremont. Le caïmakam ayant refusé le salut des batteries du sérail, par ressentiment de la conduite ambiguë de la France pendant la guerre de Crète et de Hongrie, l'escadre passa devant le sérail sans saluer le palais du sultan. La sultane Validé assistait du balcon du kiosk *de la mer* à l'entrée de l'escadre. Offensés du silence des batteries françaises, les Turcs murmuraient sur le rivage. Un coup de feu, parti d'un bâtiment turc, blessa un matelot de l'escadre; un combat naval allait s'engager dans le port. La sultane, admiratrice des

Français, s'interposa; elle fit prier M. d'Apremont de la saluer de ses salves le lendemain pendant qu'elle traverserait le Bosphore pour se rendre à son palais de Scutari. Les Français accordèrent à une femme, mère du souverain, ce qu'ils avaient refusé au représentant de l'empire.

M. de Nointel, après cette réconciliation, fit son entrée solennelle à Constantinople. Appelé de là à Andrinople, il y fut accueilli froidement par Kiuperli et par le sultan. Ayant parlé dans son entretien avec le grand vizir des armes de Louis XIV, encore jeune alors : « Votre padischah est le padis-« chah d'un grand peuple, » lui répondit Kiuperli; « mais son épée est encore neuve. » Cependant, après une lente négociation, M. de Nointel obtint la signature de nouvelles capitulations en soixante et un articles, favorables au commerce français et au droit de protection de la France sur les Lieux saints et sur la liberté des pèlerinages.

M. de Nointel profita de son séjour en Turquie et de ses priviléges d'ambassadeur pour visiter un des premiers les ruines et les sites de l'Archipel et de la Grèce. Suivi de cinq cents personnes, parmi lesquelles des dessinateurs, des peintres et des érudits, il explora les chefs-d'œuvre de la nature et les vestiges de l'antiquité grecque et romaine, sur cette scène aujourd'hui vide du monde antique. Il découvrit la grotte merveilleuse d'Antiparos, où les girandoles de stalactites éblouissantes réfléchirent l'éclat de milliers de cierges et de lampes pendant la nuit de la naissance du Christ, dont il fit célébrer la commémoration dans ce temple naturel.

XXXIV

Les Hongrois autrichiens envoyèrent, à la même époque, un de leurs magnats, le comte Zriny, à Andrinople, pour offrir un tribut annuel de soixante mille ducats à la Porte, si Kiuperli voulait les soustraire, selon l'expression de leur ambassadeur, à la tyrannie des Allemands et des Jésuites, qui violentaient leur liberté et leur conscience. Kiuperli, attentif à d'autres côtés de l'empire, éluda, sans les rejeter, les offres des magnats de la basse Hongrie.

Les Cosaques du Don, race perpétuellement flottante entre les Russes, les Tartares, les Polonais et les Turcs, s'étaient divisés en deux factions, dont l'une avait nommé pour hetman, Brukozki, dévoué aux Russes; l'autre, Doroszenko, hetman des Cosaques *du Roseau*. Doroszenko, attaqué, contre les intentions de la Porte, par les Polonais, en ce moment alliés des Russes, réclama la protection de la Porte, et reçut l'investiture et les queues de cheval, signe de sa nationalisation parmi les protégés des Ottomans. L'alliance des Cosaques qui occupaient le vaste territoire indécis entre le Dniéper et le Dniester donnait une frontière solide aux Turcs, contre la Pologne inconstante et contre la Russie hostile.

Kiuperli marcha, avec cent cinquante mille hommes, contre les Polonais, qui venaient de faire invasion sur les terres des Cosaques. Le sultan, las cette fois d'une oisiveté qui lui faisait donner le surnom humiliant d'Avadji (chasseur), suivit l'armée. Elle passa le Danube, et s'avança vers la forteresse polonaise de Kaminiec, bâtie sur un rocher entouré du Smotrix, qui lave ses murs. Sa chute rapide entraîna celle de toute la Podolie. La Pologne, vaincue et humiliée, implora, par l'organe de Jean Sobieski, son héros futur, l'ajournement du tribut de trois cent mille ducats dont elle venait d'acheter la paix.

Sobieski, le seul homme de sa nation qui ne désespéra pas de sa patrie, fut nommé commandant général des débris de l'armée vaincue. Il attendit à Choczim ou une paix plus honorable ou une bataille désespérée contre les Turcs. Les Valaques et les Moldaves de l'armée de Kiuperli passèrent au milieu de la bataille à Sobieski. Le Dniester, à peine dégelé, engloutit, par la rupture d'un pont de bateaux, des milliers de Turcs; le reste, coupé par le fleuve, du centre de l'armée, périt sous le canon de Choczim, et sous le sabre des Polonais. Sobieski conquit dans ce sang l'estime, l'enthousiasme et le trône de sa patrie. Son génie éclata tout à coup dans la fortune relevée des Sarmates. Un homme avait ressuscité un peuple.

On négocia la paix sur une base plus équitable. Le sultan, le vizir et l'armée rentrèrent pour la discuter à Andrinople.

XXXV

Les fêtes du sérail, à l'occasion de la circoncision de son fils, effacèrent de la mémoire de Mahomet IV le revers de Choczim.

Les trois sultanes Tarkhan, Gülmisch, et une nouvelle sultane, appelée la petite favorite, à qui l'histoire ne donne pas d'autre nom, assistèrent, selon l'usage, à cette magnifique cérémonie, tout à la fois *baptême et robe virile* des princes musulmans. Elles versèrent toutes trois, dit Abdi, des larmes abondantes aux cris de douleur du jeune Moustafa, fils de Gülmisch *aux lèvres de rose;* mais ces larmes de femmes ne coulaient pas, dit-il encore, d'une même source, et n'avaient pas la même signification dans leurs yeux. Gülmisch pleurait de joie de voir son premier né, fils unique du sultan, consacré par une si auguste cérémonie au trône où elle régnerait avec lui ; la petite favorite pleurait de douleur et de jalousie de sa stérilité, qui, malgré l'amour de Mahomet IV, lui refusait dans un fils le gage de la perpétuité de sa faveur ; enfin, la sultane Validé Tarkhan pleurait d'angoisse sur l'avenir sinistre de son autre fils, Souleïman, dont la vie inutile et dangereuse désormais à Mahomet, son frère, pouvait être sacrifiée à chaque instant à la passion du sultan pour le fils de Gülmisch.

Le sultan, en effet, craignant de laisser après lui dans Souleïman un compétiteur à son fils Moustafa, préméditait depuis longtemps un crime que les traditions, les lois et les exemples lui présentaient comme une prévoyance et presque comme une vertu de la politique. Ce n'étaient pas les scrupules, c'étaient les supplications et les larmes de la sultane Validé, et les grâces innocentes de l'enfant, qui le faisaient hésiter à l'accomplir. Plusieurs fois il avait donné et révoqué l'ordre fatal ; quelques semaines avant la circoncision de Moustafa, troublé jusque dans un songe par l'obsession de cette pensée du meurtre, il s'était levé en sursaut de sa couche, et il était entré le poignard à la main dans la chambre de la sultane Validé, pour frapper lui-même dans son sommeil l'enfant envers lequel il se reprochait sa propre pitié; mais Souleïman dormait, par pressentiment maternel de ses périls, dans la chambre et à côté du lit de la Validé.

Éveillée par les pas de Mahomet sur le tapis, et saisie d'effroi à la vue du poignard, elle s'était élancée de sa couche, et elle avait couvert Souleïman de son corps. Le sultan, ému des sanglots de sa mère, épouvanté de ses malédictions, avait laissé tomber le fer de sa main, et il était rentré dans ses appartements humilié de sa faiblesse.

Kiuperli le détournait avec horreur d'un crime qui déshonorait l'humanité pour affermir le trône. Son opposition constante et efficace à ces coups d'État par l'assassinat politique lui conciliait la reconnaissance et l'appui de la sultane Validé. La petite favorite, présent récent de la Validé à son fils, et dévouée par rivalité à sa protectrice, protégeait les jours de Souleïman, et l'adoptait dans son cœur à défaut de fils. Enfin, Gülmisch, *aux lèvres de rose*, malgré sa tendresse pour son fils Moustafa, ne sollicitait pas un crime qui lui aurait attiré à jamais la haine et la vengeance de la mère de son époux; reconnaissante envers Kiuperli, qui lui avait conquis son royaume de Crète, elle continuait à le servir de son crédit presque absolu dans le harem; en sorte que ces trois femmes, rivales sous certains rapports les unes des autres, concouraient toutes par un intérêt particulier à protéger Souleïman, et à consolider la fortune de Kiuperli, qui était en réalité celle de leur ambition et celle de l'empire.

XXXVI

Rien ne la troublait en ce moment que les dissensions éternelles, mais subalternes, entre les Latins et les Grecs, relatives aux priviléges de possession des Lieux saints à Jérusalem, et dans les sanctuaires voisins, consacrés aux mystères chrétiens.

L'ambassadeur français, M. de Nointel, sous prétexte d'exercer le droit de protection nationale que les dernières capitulations accordaient à la France sur les priviléges des catholiques, des couvents et des pèlerinages, avait voulu visiter lui-même Jérusalem, avec toute la pompe et l'autorité d'un représentant de Louis XIV. Sa partialité impolitique avait ravivé les compétitions et les haines des Grecs, en concédant aux Latins, par une extension abusive des capitulations, les possessions exclusives des clefs du Saint-Sépulcre, de l'église de Bethléem, ainsi que de l'usage des candélabres et des tapis qui avaient de tout temps appartenu aux Grecs.

Le divan, importuné comme de nos jours de ces querelles incessantes entre des moines représentant quelques milliers de catholiques latins et le patriarche, représentant huit millions de chrétiens grecs, sujets de l'empire, rendit une décision conforme à celle d'Amurat IV, qui restituait aux Grecs la possession de leurs priviléges dans les Lieux saints. C'est cette même querelle, malheureusement renouvelée de M. de Nointel dans ces derniers temps, qui a enfin allumé aux feux de l'autel l'incendie qui dévore en ce moment l'Orient.

XXXVII

Tout prospérait à l'empire. Sobieski, son seul ennemi, après une nouvelle et glorieuse campagne à Zurawno contre Ibrahim-Pacha et contre les Tartares, où il avait contenu deux cent mille hommes avec quinze mille Sarmates adossés au Dniester, venait de conclure une paix modeste, mais urgente pour sa nation, entre les deux camps. La Pologne, malgré ses deux victoires, perdait, par ce traité, la

Podolie et l'Ukraine; mais elle avait conquis un héros. Kiuperli pouvait l'anéantir avec les deux cent mille soldats de Mahomet IV, les Tartares et les Cosaques en ce moment réunis sous sa main contre les Polonais; mais il était trop politique pour abuser de sa force contre un État dont la Turquie n'avait rien à redouter, et qui pouvait, au contraire, comme dans les périodes précédentes, devenir son avant-garde contre les Russes, les Hongrois ou les Allemands.

Les Sarmates, selon Kiuperli, étaient les plus braves cavaliers de l'Europe; mais leur caractère était aussi léger que le sable de leurs steppes. La Pologne était tour à tour un camp ou une faction ; elle n'était jamais un gouvernement à longue pensée, redoutable à ses voisins : il fallait la réprimer, jamais la détruire. Il l'admirait sans la craindre. Le fond de ces pensées était vrai; mais le temps n'était pas loin où, sous la main de Sobieski, cette faction équestre, devenue une armée invincible, allait venger le Danube et sauver l'Allemagne.

La mort précoce de Kiuperli hâta cette heure. Il succombait lentement, comme M. Pitt, sous le poids d'un empire dont il était à lui seul l'âme et la main, et qui sollicitait sans cesse sa pensée et son bras des confins de l'Éthiopie, du Tigre, de l'Euphrate, du

Don, de l'Adriatique, jusqu'aux confins de l'Autriche. Son courage d'esprit lui faisait illusion sur l'épuisement de ses forces. En ramenant le sultan de Constantinople à Andrinople, il mourut à deux stations de la capitale, dans une chaumière du village de Karabéber, après une maladie de vingt jours.

Jamais l'empire n'avait tant perdu dans un seul homme. Sa vertu était telle que nul n'avait à se réjouir de sa mort, et sa vie était tellement identifiée à la grandeur de sa nation, que l'empire crut mourir avec lui. Pour juger ce grand homme, fils d'un grand homme, il n'y a pas besoin de panégyrique, il suffit de se souvenir à quel degré d'anarchie et d'abaissement les deux Kiuperli avaient pris le trône et le peuple, et de voir à quel degré de sécurité et de grandeur le père et le fils avaient relevé la monarchie. Heureux les hommes qui n'ont pas besoin de paroles, et dont la gloire est écrite dans les frontières et dans les institutions de leur pays! mais malheur aux peuples qui placent leur destinée sur la tête d'un seul homme d'État, fût-il aussi grand, aussi vertueux et aussi heureux que Kiuperli, et qui vivent ou meurent dans un seul homme! ils ont de beaux règnes, ils n'ont pas de longues destinées. Le temps appartient aux individus; l'éternité n'appartient qu'aux peuples.

LIVRE VINGT-HUITIÈME.

I

Les deux grands ministres que la destinée avait accordés dans la même famille à Mahomet IV avaient tellement soulagé l'esprit de ce prince des soucis du trône, que régner, pour lui, se bornait à reprendre un instant l'empire des mains d'un grand vizir pour le déposer aussitôt dans les mains d'un autre. L'habitude aussi de voir depuis tant d'années le pouvoir se succéder dans la famille des Kœprilü ou Kiuperli, interdisait, pour ainsi dire, toute ambition du vizirat, même aux favoris du sultan, et ne laissait pas douter aux Ottomans que le sceau de l'empire ne passât comme un joyau de la succession de Mustapha-Beg, jeune frère de Kiuperli.

Mustapha-Beg le croyait lui-même ; il eût été heureux pour l'empire que le sultan eût respecté en lui cette désignation pour ainsi dire dynastique au gouvernement. Mustapha-Beg, en suivant de plus près les traditions de son père et de son frère, aurait sauvé à la monarchie les calamités et les hontes qui allaient découler d'une autre politique. Mais l'homme qui devait entraîner et briser l'empire ottoman sur l'écueil de sa puissance était né : c'était Kara-Moustafa, beau-frère du grand Kiuperli et caïmakam de Constantinople.

II

Kara-Moustafa était un Asiatique des environs de Merzifoùn ; son père, chef d'une tribu guerrière et puissante de Mésopotamie, avait été tué en combattant pour les Turcs contre les Persans au siége de Bagdad. Le vieux Kiuperli, qui commandait l'armée ottomane en Mésopotamie, avait adopté l'enfant orphelin par reconnaissance pour le père. Il l'avait fait élever dans sa maison avec ses propres fils ; il l'avait promu, de grade en grade, au rang d'écuyer du sultan, de général, de capitan-pacha, et enfin de caïmakam de Constantinople, sorte de vice-vizir qui gouverne la capitale en l'absence du véritable vizir. Pour mieux l'incorporer dans sa famille, il lui avait donné sa fille pour épouse. Kara-Moustafa avait donc contracté dans cette maison toutes les parentés de l'adoption, de la consanguinité, de la toute-puissance ; mais il n'en avait contracté ni le génie ni les vertus. C'était un caractère de satrape asiatique, superbe, insatiable et féroce. Gâté dès son enfance par une fortune complaisante, il avait reçu du hasard toutes les dignités, sans en avoir conquis aucune par son propre mérite ; l'habitude de commander était sa seule capacité au commandement. Des richesses incalculables, des convoitises plus insatiables encore, un luxe oriental qui dépassait les convenances d'un sujet, un harem de quinze cents femmes consacrées à son ostentation ou à ses voluptés, des esclaves et des chevaux sans nombre, des domaines sans limites l'égalaient aux rois d'Asie.

Cet orgueil et cette pompe étaient un des motifs qui déterminaient le sultan à lui remettre le sceau de grand vizir. Ce prince, tremblant toujours au souvenir des factieux qui avaient élevé dans son enfance leurs séditions jusqu'à son trône, voulait mettre une distance immense entre son grand vizir et ses autres serviteurs. L'orgueil de Kara-Moustafa lui plaisait, car si l'orgueil provoque quelquefois, plus souvent encore il écrase. Réprimer les factions dans leur germe renaissant, était tout le règne de Mahomet IV.

III

Les premiers actes de Kara-Moustafa attestèrent son incapacité politique. Au lieu de suivre les traditions de son père et de son frère adoptifs, les deux Kiuperli, politique qui avait consisté à n'avoir jamais à combattre qu'un ennemi de l'empire à la fois, et à pacifier les uns pendant qu'il luttait contre les autres, Kara-Moustafa sembla coaliser à plaisir tous les ennemis de l'empire contre les Ottomans. Il insulta gratuitement, en plein divan, l'ambassadeur de Louis XIV, M. de Nointel, pour une vaine question d'étiquette, et le livra aux brutalités de parole et de geste des chiaoux, qui l'expulsèrent de sa présence. Il irrita, par ses dédains et par ses exigences, l'ambassadeur polonais, qui entrait dans Constantinople avec une suite de gentilshommes dont les chevaux étaient ferrés d'argent; les fers de ces chevaux, attachés par un seul clou mal rivé, se perdaient avec intention pendant la marche, comme pour attester la profusion et la libéralité des Polonais.

« Il faut que ces hommes aient des têtes de fer, » dit le grand vizir, « pour semer ainsi leur argent ! « Leur suite n'est pas assez nombreuse pour assiéger « Constantinople ; elle l'est trop pour venir baiser le « seuil de la Sublime-Porte ; mais je crains qu'il « ne soit souillé par les lèvres de tant d'infidèles « chrétiens : au reste, le sultan est bien en état de « nourrir trois cents Polonais, lui qui en compte « trois mille ramant esclaves sur ses galères ! »

Les négociations des Polonais, pour obtenir du grand vizir la restitution d'une partie de la Podolie et la protection de la Porte contre les Tartares, subirent des lenteurs qui aigrirent ces républicains mobiles et qui les rejetèrent à contre-cœur dans l'alliance des Russes. Kara-Moustafa, au lieu de désintéresser les Russes de ses différends avec les Polonais et les Autrichiens, les fit attaquer sur le Dniester par Ibrahim, pacha de Bosnie. Défaits par les Russes et poursuivis par les Cosaques jusqu'au Boug, les Turcs s'abritèrent dans Bender.

Ibrahim, en rentrant à Constantinople, rencontra le sultan qui marchait lui-même avec son grand vizir vers Silistrie pour venger ce revers. A l'aspect de son général vaincu, le sultan, aux yeux de qui toute défaite était crime, ordonna au bourreau de lui trancher la tête. Ibrahim descendit de son cheval et découvrit sans murmure sa gorge aux bourreaux. Sa résignation fléchit Mahomet IV; il commua sa peine en un emprisonnement dans le château des Sept-Tours; mais il lui ordonna de s'y rendre à pied, indigne qu'il était, dit-il, de remonter à cheval après sa défaite. Les chiaoux ayant representé au sultan que ce vieillard infirme était incapable de parcourir à pied les douze lieues qui le séparaient de sa prison, Mahomet révoqua encore son ordre, et exigea seulement que le serdar se traînât pendant quelques pas pour lui obéir. On le laissa poursuivre ensuite sa route à cheval; l'épouse d'Ibrahim, qui avait été nourrice du sultan, parut à ce moment, se jeta aux pieds du cheval du sultan, et implora, le front dans la poussière, la grâce de son mari. Mahomet, incapable de rien refuser à celle qui lui avait donné son lait, changea la prison en exil.

IV

L'armée, lentement rassemblée à Silistrie autour des tentes du sultan, menaçait les Russes de leur enlever l'Ukraine. L'hiver, qui sévissait dans ce rude climat, rendait le séjour de Silistrie fastidieux aux sultanes, accoutumées aux délices des palais de Constantinople et d'Andrinople; elles obsédaient Mahomet IV de leurs plaintes et de leurs regrets dans des termes et dans des chants conservés par les historiens turcs de cette campagne :

« Ce ne sont plus là, disaient-elles dans leurs vers plaintifs, ces rivages du Bosphore où soufflent les vents tour à tour tièdes et rafraîchissants de l'Archipel ! où l'on voit les poissons argentés bondir, en sortant du filet, sur le sable de la grève, au pied des murs du sérail ! où les dauphins labourent les sillons écumants des vagues ! où des bains aux ondes bleues et des fontaines murmurantes réjouissent de tous côtés la vue ! où les cris des hirondelles, les soupirs de Bulbul, et le gazouillement de mille autres oiseaux enchantent les oreilles et provoquent les rêves d'amour sous les feuilles ! Qui nous rendra les haleines parfumées et les délicieux frissons des zéphyrs de Marmara ? »

V

Les ennuis de ces femmes lassaient d'avance le voluptueux Mahomet IV d'une campagne à peine commencée ; il tournait sans cesse les yeux vers Andrinople, à peine retenu au camp par les instances de Kara-Moustafa. L'armée russe, forte de cent mille combattants, attendait les Turcs au delà du Dniester.

Le khan des Tartares, appelé par le grand vizir, rejoignit les Turcs devant Cehryn. La ville, emportée d'assaut pendant une nuit d'ivresse de la garnison russe, devint un champ de feu et de carnage. Les Russes, ralliés en force à quelque distance, menacèrent de venger Cehryn dans le sang des Turcs. Satisfait de cet incomplet triomphe, Kara-Moustafa se replia devant eux, et le sultan revint triompher sans gloire à Constantinople.

Le grand vizir, resté en arrière, pressura les principautés de Moldavie, de Valachie, de Transylvanie, pour grossir son trésor personnel. Il vendit à un Cantacuzène la principauté de Valachie à prix d'or; il ordonna en même temps un inventaire du trésor impérial de Constantinople pour y faire réintégrer les objets précieux dilapidés par d'infidèles gardiens.

« L'un des joyaux les plus précieux de ce trésor des sultans, raconte M. de Hammer d'après les chroniques du temps, le gros diamant de vingt-quatre carats et de la plus belle eau, qui, dans les jours d'apparat, orna depuis l'aigrette du panache impérial, avait été découvert une année auparavant, par un pauvre homme, sur un tas de fumier, près de la porte d'Égrikapou. Comme il n'en connaissait pas la valeur, il l'échangea contre trois cuillers; le nouvel acquéreur de cette pierre la vendit dix aspres à un orfévre ; mais plus tard, ayant soupçonné qu'elle valait bien davantage, il en demanda à son acheteur un prix plus élevé. Le différend fut porté à la connaissance du chef des orfévres, qui s'appropria le diamant pour une bourse d'or ; le grand vizir voulut le lui enlever de force, lorsque parut un édit impérial qui définitivement adjugea le diamant au trésor impérial. C'était le second que l'on trouvait ainsi : sans doute ils provenaient tous deux des trésors de l'antique Byzance. Le premier, qui était encore plus beau et d'un poids supérieur, avait été découvert par un enfant, sous le règne de Mahomet II, dans le *Haïwanseraï* ou l'*Hebdomon*. Peut-être avait-il appartenu à la couronne des empereurs byzantins, qui, la vingt-deuxième année du règne de Justinien, s'était égarée, par la faute des maîtres de la garde-robe, sur la place de l'Hebdomon, pendant une marche triomphale. »

VI

La pensée d'immoler ses deux jeunes frères, fils d'Ibrahim, obsédait de plus en plus Mahomet IV à mesure que ces princes avançaient en âge et en grâces. Cette obsession était d'autant plus atroce, que ce prince, qui n'était pas sanguinaire d'instinct, leur servait de tuteur et de père, et que c'étaient des fils autant que des frères dont une odieuse politique lui demandait le meurtre. Kara-Moustafa, n'osant combattre directement une résolution qui lui faisait horreur, dont Kiuperli, son maître, lui avait appris à détester l'usage, engagea le sultan à consulter le divan et le muphti sur la légitimité d'une telle exécution.

Le divan et le muphti furent unanimes à lui refuser la sanction légale ou religieuse de ce crime. Mahomet IV s'arrêta devant la réprobation de son conseil. Il laissa vivre ses frères, et maria ses sœurs, Aïsché et Aatika, à des vizirs.

Une paix précaire suspendit les hostilités entre les Turcs et les Russes, qui s'interdirent également d'élever des forteresses dans le territoire neutralisé, entre le Boug et le Dniester.

VII

Cependant, au commencement de 1682, les dissensions intestines de la Hongrie, dont une moitié penchait pour les Allemands, l'autre moitié pour les Turcs, fournirent à Kara-Moustafa les prétextes, les motifs et l'occasion d'accomplir la longue pensée des deux Kiuperli contre l'Autriche.

Les prétextes étaient en effet nombreux, les motifs fondés, l'occasion opportune ; mais depuis que les deux grands ministres dormaient ensevelis dans le même tombeau, la tête et la main manquaient également à l'exécution d'un si vaste plan. Il est rare dans l'histoire qu'une pensée conçue par un homme de génie n'avorte pas sous la main d'un homme médiocre. Kara-Moustafa avait hérité d'une entreprise plus forte que lui.

Reportons un moment nos regards sur la rive gauche du Danube.

VIII

L'empereur Léopold, instrument de la persécution religieuse contre l'Allemagne protestante, avait ajouté en Moravie et en Hongrie les griefs de la conscience libre aux ombrages de la nationalité outragée. Le sang de l'aristocratie hongroise, dévouée à la patrie et à la réforme, ne cessait de couler sous la hache des bourreaux ; les comtes de Serin, de Nadasti, de Frangipani, de Trattembach, décapités par les bourreaux de l'empereur catholique, en 1671, avaient laissé des vengeurs dans leurs enfants et dans leurs compatriotes.

L'un de ces chefs des réformés et des rebelles hongrois, le comte Tékéli, était mort sur le champ de bataille en disputant son pays à ses oppresseurs; la moitié de la Hongrie avait vu mourir en lui son Machabée, mais elle n'était pas morte avec lui. Cette race héroïque et constante n'accepte aucun joug, même de la victoire ; elle croit au droit plus qu'à la fortune ; elle ne cède jamais vivante ce qu'on veut lui arracher de sa liberté. Elle avait retrempé ses forces dans le sang de ces grands martyrs de sa cause ; elle choisit pour chef le jeune fils du patriote Tékéli, mort pour elle : elle pensa que celui qui avait son père à venger en défendant sa patrie serait plus irréconciliable avec la tyrannie que tout autre de ses grands citoyens. L'amour, la liberté, la vengeance filiale se confondaient dans le cœur du jeune Tékéli, pour en faire le héros de l'indépendance par la nature comme par la politique ; il était, par sa mère, petit-fils du comte de Nadasti, un des noms les plus imposants de l'aristocratie hongroise; il était depuis son adolescence épris des charmes de la fille du comte de Serin, dont l'Autriche lui avait disputé la main pour la donner à son protégé le prince de Transylvanie. Il voulait la reconquérir au prix de son sang; sa passion était le second mobile de sa gloire. *Pour Dieu et pour la pa-*

trie, était l'inscription de ses étendards. Pour la comtesse de Serin, était la secrète devise de son cœur. Rien de vénal dans l'héroïsme de ses troupes; elles n'étaient soldées que par les acclamations de leur patrie et par les dépouilles de leurs ennemis.

Trois fois en trois ans, sous le commandement de Tékéli, les Hongrois avaient triomphé en bataille rangée des armées de Léopold ; les généraux n'avaient que de la science militaire, Tékéli et ses compagnons avaient le génie de la terre libre qui s'insurgeait sous leurs pas. Les ministres de Léopold ne pouvant le vaincre, tentèrent de le séduire. Des trêves honorables entre les Impériaux et lui furent conclues; on l'appela à Vienne pour y traiter d'égal à égal des conditions qui pouvaient pacifier la Hongrie et du partage de ces provinces entre Léopold et lui.

Dans ces négociations il entrevit des piéges contre sa liberté ou contre sa vie; il s'évada de Vienne, il revint au milieu de ses camps, il invoqua, comme tous les chefs de factions civiles, le secours de l'étranger et de l'infidèle contre ses compatriotes d'un autre parti que le sien. Les Hongrois, ligués de nouveau par lui avec les Turcs, jadis ennemis, aujourd'hui libérateurs, devinrent l'avant-garde des Ottomans en Allemagne ; Tékéli, flatté par

Kara-Moustafa de l'espoir de la couronne de Hongrie, fut en effet proclamé par le divan roi de la Hongrie supérieure, sous le titre de roi des Hongrois et des Transylvains ; il épousa et couronna de sa propre main sa fiancée, la belle Hélène de Serin, devenue veuve du prince transylvain, vaincu et tué. Comme tous les transfuges, il surpassa contre sa patrie les férocités des Ottomans, dont il dirigeait les invasions dans la Hongrie allemande.

Des milliers de ses compatriotes tombèrent sous le sabre de ses cavaliers. Semblable aux Espagnols du nouveau monde, qui avaient associé les brutes elles-mêmes à leur extermination des innocents Indiens de l'Amérique, il avait dressé des chiens molosses à flairer, à poursuivre et à déchirer, jusque dans les cavernes des montagnes de Moravie, les partisans de la domination impériale. Il ne remettait de sa patrie que des ossements et des cendres aux détachements turcs du pacha d'Ofen, qu'il précédait dans leurs invasions sur les territoires de l'Autriche ; la terreur de son nom courait du Danube au Rhin et de la Vistule aux Alpes.

Il traçait, longtemps avant que la guerre fût déclarée, entre Mahomet IV et Léopold, une large voie de flamme et de sang aux armées du grand vizir ; toutefois, il était loin d'encourager, par ses agents de Constantinople, Kara-Moustafa à marcher sur Vienne. Il était, sinon trop chrétien, au moins trop politique pour convertir une guerre civile des réformés contre les catholiques en une croisade de l'Europe occidentale contre les musulmans ; il voulait seulement arracher par le fer des Turcs la Hongrie et la Transylvanie aux serres de l'Autriche, pour en faire sous sa propre souveraineté un royaume annexé à l'empire ottoman. Ses crimes, dans cette entreprise, égalèrent ses exploits. Aussi intrépide, aussi cruel, mais moins patriote que Scanderbeg, l'aventurier hongrois eut le sort de tous les Coriolans que le désespoir pousse jusqu'à la trahison de leur race : il reçut un empire précaire des mains des étrangers, il le perdit par leur retraite. Il finit ses jours dans l'exil, à Nicomédie, et ses cendres mêmes après lui ne trouvèrent d'hospitalité que sur la terre des ennemis de son Dieu et de sa patrie.

IX

Mais, au moment où il rêvait l'accomplissement des plans des deux Kiuperli sur Vienne, Tékéli, déjà proclamé roi des Hongrois et maître de la Transylvanie, flanquait avec une armée de soixante mille cavaliers les troupes du pacha d'Ofen, prêt à se joindre aux Turcs et aux Tartares, à qui la Porte avait déjà assigné le rendez-vous du Danube dans les plaines de Pesth. Le nouveau roi des Hongrois, Tékéli, sous le nom de roi des Kruczes, les pachas de Roumélie, de Temeswar, d'Erlau, le prince actuel de Transylvanie, Apafy, dix-huit régiments de janissaires, des nuées de cavaliers spahis s'emparaient ensemble de la forteresse de Fulek, et entassaient des milliers de prisonniers dans des puits creusés d'avance pour servir de cachots ou de tombes aux partisans de Léopold.

Le comte Kohary, noble hongrois, condamné à ce supplice par Tékéli, l'apostropha en y descendant avec la constance d'un patriote et d'un croyant qui ne veut à aucun prix, même pour la liberté civile, trahir sa religion et son peuple.

« J'aime mieux descendre dans ces ténèbres, » dit-il en passant enchaîné devant Tékéli, « que de
« voir la couronne de Hongrie placée par la main
« des infidèles sur le front d'un traître qui s'est fait
« esclave pour être roi. »

X

De tels actes d'hostilité avant la déclaration de

guerre étaient habituels, en Hongrie, entre les Ottomans et les sujets de l'empire d'Allemagne. On négociait encore à Constantinople, on combattait déjà sur le Danube. Le comte Caprara, ambassadeur de Léopold, suivi d'un cortége nombreux et porteur de riches présents, conférait pour la forme avec le reïs-effendi, ministre des affaires étrangères. Ces conférences, envenimées d'un côté par l'exigence de Kara-Moustafa, qui réclamait des tributs antiques et des cessions de provinces et de forteresses inadmissibles, d'un autre côté par les agents de Tékéli, d'Apafy et des envoyés transylvains, intéressés à une guerre irréconciliable qui protégeait leur indépendance, consumèrent vainement les jours. Les préparatifs immenses de cette campagne s'achevaient à Constantinople, sous les yeux de Caprara et de ses gentilshommes. L'ambassadeur, congédié par le grand vizir, ne tarda plus à reprendre le chemin de Vienne.

L'armée, forte de deux cent vingt mille hommes, aguerris dans les campagnes de Candie, de Bagdad et de Perse, sous les Kiuperli, campait déjà sous ses tentes dans la plaine de Daoud-Pacha, ce champ de Mars des Ottomans aux portes de Constantinople, du côté de l'Europe. Le sultan devait l'accompagner jusqu'à sa résidence d'Andrinople. Le grand Soliman n'avait pas déployé plus de pompe royale et militaire à l'ouverture de ses mémorables expéditions contre la Germanie ou contre la Perse.

Les récits du comte Caprara, conservés dans les archives de Vienne, et recueillis par Hammer, sont des pages d'histoire qui ressemblent à des poëmes d'Orient.

« C'était d'abord la salle du divan, soutenue par huit colonnes, disposée en forme de baldaquin, tendue en velours, et ornée de vases de fleurs d'où retombaient des franges d'or et d'argent ; partout brillaient en lettres d'or des inscriptions arabes, persanes et turques. La salle d'audience reposait sur trois piliers ; dans le milieu, on voyait une estrade couverte de riches tapis de Perse, où s'élevait le trône, avec ses colonnettes et ses coussins de soie. Enfin, la chambre à coucher, qui avait la forme d'une bombe, était tendue à l'intérieur de damas écarlate, et extérieurement de drap rouge ; le lit, fait avec des fourrures de zibeline, était surmonté d'une coupole en damassé d'or ; la couverture et les matelas étaient de velours bleu orné de broderies somptueuses, le sol était couvert de tapis en poils de chameau. C'était devant cette chambre que veillait le silihdar. Ces trois appartements et le kœschk de la justice étaient fermés par une cloison de forte toile, assez semblable à un vieux mur de forteresse, et dont les échancrures imitaient assez bien des créneaux. Dans un rayon d'un quart de mille, s'élevaient les trente tentes destinées aux pages, ainsi qu'au personnel des cuisines et des écuries.

« Au lever du soleil, le pacha, quartier-maître, ouvrit la marche avec deux queues de cheval, et précédant huit mille janissaires, qui marchaient sur deux de front. Les officiers (porteurs d'eau) de cette milice étaient à cheval, et derrière chaque compagnie venait le capitaine (maître-cuisinier), dont l'approche était annoncée par un cliquetis de chaînes et de cuillers d'argent. Les colonels à cheval, couverts d'une éclatante armure, portaient sur leur turban un panache de plumes de héron en forme de croissant; ils étaient armés d'un arc et d'un carquois; chacun d'eux avait derrière lui son sommelier et son porte-fusil, deux aides bien nécessaires dans une campagne. Venait ensuite l'aga des janissaires avec deux queues de cheval et trois drapeaux de soie; il était suivi de cinquante volontaires sur les épaules desquels étaient rejetées des peaux de léopard; ils précédaient vingt pages âgés de vingt à vingt-quatre ans, armés de cottes de mailles, de casques étincelants, et vêtus d'étoffes en soie rouge, portant sur leurs épaules des carquois ornés de riches broderies; dans leurs mains étaient des lances de bambous; cinquante autres étaient armés de fusils; quatre porte-étendards tenaient des drapeaux blancs, verts, rouges et jaunes. Les musiciens, parmi lesquels on remarquait six joueurs de flûte, six tambours et quatre timbaliers, et qui étaient au nombre de trente, s'avançaient tous à cheval. Venaient ensuite les gens de l'arsenal, les rameurs du capitan-pacha, et vingt-quatre porteurs d'eau, mille canonniers, divisés en quatre détachements, dont chacun conduisait trente canons en bois peint. Ils étaient suivis du topdjibaschi (général de l'artillerie), entouré de cinquante kouloukschis (aides), avec trois drapeaux, deux rouges et un vert; des agas et des pages du caïmakam Ibrahim-Pacha, armés de lances, de flèches, de carquois et de casques; de quarante mouteferrikas, ou fourriers feudataires, accompagnés chacun de vingt lanciers à pied, huit cavaliers couverts de riches armes, et ses chevaux de main; quarante chambellans en turbans de cérémonie, vêtus de caftans blancs, suivis chacun de quarante pages avec boucliers, lances, flèches et arcs, montés sur des chevaux dont les flancs disparaissaient sous les plus riches armures.

« On voyait ensuite apparaître la cour du vizir favori, quarante agas, portant des fourrures de zibeline, et montés sur des chevaux couverts de somptueuses chabraques ; leurs pieds reposaient sur des étriers d'argent, et ils tenaient en main des rênes de même métal ; ils étaient suivis de chevaux de main et de trente pages richement équipés. Le kiaya du favori s'avançait avec deux queues de cheval, portées à l'extrémité de bâtons bleus et rouges, et sept chevaux de main, le bouclier fixé sur la selle, la masse d'armes et le sabre pendant de chaque côté, tous plus richement harnachés les uns que les autres, et conduits par des palefreniers. On vit défiler ensuite les membres de la chancellerie d'État, les deux maîtres des requêtes, le chancelier d'État, le secrétaire de la trésorerie, avec une troupe de vingt-sept musiciens ; cinquante delis, ou volontaires, coiffés de bonnets rouges que surmontaient des ailes de différents oiseaux ; leur aspect était fort bizarre : ils portaient des fourrures de zibeline et des lances, auxquelles étaient appendus des glands de soie verte, jaune et blanche ; d'autres, désignés sous le nom de gonüllü, c'est-à-dire courageux, étaient vêtus de taffetas rouge carmin, et de peaux de léopard, du reste semblables aux précédents, à cette différence près que leurs bonnets étaient verts. Après eux venaient encore cinquante delis en kalpaks semblables à ceux que portent les Hongrois ; seulement ils étaient ornés d'une plus large fourrure de zibeline.

« Venait ensuite la maison du grand vizir, la plus brillante et la plus nombreuse qu'on eût vue jusqu'à ce jour. On y voyait figurer : cent soixante-dix seghbans à cheval (arquebusiers), armés de fusils, de boucliers et de sabres; vingt-quatre pages, deux cents fourriers, deux cents agas bien méritants, titre qui leur était commun avec les Orozanges, dignitaires qui appartenaient à la cour des anciens rois de Perse; quarante agas du grand vizir, accompagnés chacun de trente pages qui portaient des lances de bambous; quarante pages du grand vizir en habits couleur de citron, des carquois pareils brodés d'or, des rênes et des étriers d'argent ; deux cents autres pages répartis entre six détachements, dont chacun se distinguait par une couleur particulière, et suivis de cent vingt-cinq palefreniers ; le neveu du grand vizir et le vizir-gouverneur de Mossoul avec leurs sommeliers et leurs porte-fusils, le premier suivi de cent cinquante pages, de cinquante agas du trésor de Kara-Moustafa, portant des carquois brodés d'or, et de trois étendards ; le kiaya (ministre de l'intérieur), entouré de douze tschaouschs; enfin les musiciens du grand vizir.

« A ce dernier succédèrent le capitaine du guet et le prévôt, faisant faire place pour le sultan. Soixante-dix candidats des fermages, soixante-dix-sept tschaouschs avec leurs grands turbans et leurs bâtons argentés, et vingt-deux fourriers précédaient les jurisconsultes, les mollas et les mouderris ; ces derniers étaient suivis des quatre maîtres des chasses, du grand veneur pour les chasses au faucon, au vautour, à l'épervier et au milan. Le porte-étendard, prince du drapeau, portait le grand étendard vert du Prophète, au milieu de derviches, de khalwatis, de djelwetis, de mewlewis et de roufayis, qui remplissaient l'air de leurs acclamations. Après eux s'avançaient cent cinquante émirs, descendants du Prophète, en turbans verts, guidés par leur chef, élu de la noblesse; douze scheiks, prédicateurs dont les vêtements étaient tissés en poil de chameau ; cent cinquante tschaouschs, devant les quatre drapeaux qui précédaient les deux magistrats les plus élevés en dignité, le juge de Constantinople et le grand juge d'Europe et d'Asie, que distinguaient leurs énormes turbans roulés en forme de bourrelets. Puis venaient à droite et à gauche le vizir favori et le vizir caïmakam, escortés de quarante suivants à pied, couverts de peaux de léopard et armés de cannes à épée (prandistocco); les deux vizirs portaient des turbans d'apparat (kalewis), autour desquels un large galon d'or serpentait comme un fleuve doré dans une mer d'argent; ils avaient auprès d'eux leurs sommeliers et leurs porte-fusils. Le grand vizir, vêtu d'une fourrure écarlate doublée de zibeline, s'avançait ensuite sur un cheval richement harnaché et couvert d'une éclatante armure; ses rênes et ses éperons étaient d'argent doré; vingt-quatre serviteurs le suivaient à pied, en habits de velours rouge et portant des ceintures à écailles d'or; à peu de distance derrière lui marchait son odabaschi (président des chambres), le mouhziraga, colonel des janissaires et capitaine de la garde personnelle du grand vizir; à gauche de ce dernier, on voyait le muphti, vêtu de fourrures blanches et coiffé d'un énorme turban; derrière lui venaient les lieutenants-généraux des janissaires, dont l'un était en même temps gardien des dogues du sultan, ce qu'attestaient trente-trois couvertures de damas brodé d'or appartenant à ces animaux, que l'on portait derrière lui. Quatre cavaliers avaient en croupe un pareil nombre de chats-léopards dressés pour la chasse (gatti pardi); soixante-quatre lanciers de la garde les suivaient deux à deux, coiffés de bonnets à plumes dorés et argentés, la taille ceinte de précieuses écharpes, vêtus de pourpoints dorés, dont le bas atteignait à peine les genoux, et chaussés de brodequins rouges.

Venaient ensuite, deux à deux, quatre cents archers de la garde, dont la coiffure était surmontée d'une touffe de plumes en forme de croissant, comme celle des colonels de janissaires; les palefreniers du sérail en turbans d'apparat, conduisant également vingt-quatre chevaux de main couverts de chabraques dorées, de selles, de boucliers et d'armes également dorées, et de plus ornées d'émeraudes, de rubis, de turquoises et de perles, les étriers et les rênes étaient dorés comme tout le reste; deux chameaux consacrés, dont l'un portait le Coran et l'autre un fragment de la couverture de la Kaaba.

« Enfin parut le sultan, vêtu d'une pelisse en damas blanc fixée sur sa poitrine par douze agrafes en diamants, et par derrière garnie jusqu'au bas de zibeline noire; sur son turban de petite dimension, qui descendait fort avant sur son visage, s'élevaient trois panaches enrichis de diamants. D'un côté, le khassekiaga (celui qui vient après le bostandjibaschi), et, de l'autre, le solakbaschi, tenaient le bord de son vêtement. Cinquante lanciers et cinquante archers des gardes du corps étaient rangés autour de lui; en sorte qu'au milieu de ces casques reflétant les rayons du soleil et de ces plumes flottantes, sa figure tantôt apparaissait et tantôt disparaissait dans l'auréole de lumière dont elle semblait environnée. Immédiatement après le sultan s'avançait le prince héritier, alors âgé de dix-huit ans, vêtu d'une simple pelisse verte ou peau de lynx, et suivi seulement de deux domestiques à pied. La modestie de ce cortége avait pour objet de prévenir toute jalousie de la part du sultan. Le prince était suivi de quarante pages de la chambre intérieure, revêtus des insignes de leur charge, du silihdar, du dülbenddar et du tschokadar, qui portaient le sabre, le turban et le manteau du sultan; après eux venaient les pages des trois autres chambres, avec les eunuques blancs, leurs maîtres d'hôtel et les baltadjis du sérail. La marche était fermée par six voitures à six chevaux, une grande voiture d'apparat et quatorze autres traînées par des buffles; enfin quinze cents spahis et silihdars armés de lances de bambous et de guidons flottants, semblables à ceux des uhlans.

« Le sultan organisa, dans le courant de ce mois, à Tschataldjé et à Yapagdji, une grande partie de chasse, semblable à celle qui avait eu lieu avant son départ de Constantinople. A cet effet, trente mille individus, amenés de toutes parts comme un vil bétail, furent chargés de battre la campagne et de lancer le gibier; on pourvut à leur subsistance au moyen d'une contribution de cent cinquante mille écus, frappée sur les juridictions comprises entre Gallipoli et Philippopoli. On ne réussit à tuer dans cette chasse qu'un verrat, sept chevreuils et trente lièvres; mais elle coûta la vie à un bien plus grand nombre de chasseurs qui succombèrent à la fatigue. Cette chasse fut d'autant plus meurtrière, que, pour y prendre part, on avait mis en réquisition les pauvres rayas de Belgrade. Le sultan, en voyant les cadavres de ceux qui avaient péri, dit à sa suite : « Sans doute, « ils auraient médit de moi, et ils en ont reçu le châ- « timent d'avance. »

« Au milieu de janvier, les tentes du sultan furent dressées à une demi-lieue de la ville, dans la prairie de Tschoukourtschaïri (15 janvier 1683); elles étaient neuves, elles surpassaient en magnificence celles que nous avons décrites, et coûtaient plus de cent mille écus. Mais ce fut surtout le luxe des préparatifs de guerre qui effaça tout ce qu'on avait vu jusqu'alors dans l'empire ottoman, grâce à l'ostentation et à la vanité du grand vizir et à la partialité du sultan pour le harem, qui ne fut jamais si brillant ni si nombreux que pendant cette campagne. Les soldats dirent même, en murmurant, que l'armée des femmes était aussi nombreuse que celle des hommes; que le sultan Amurat IV n'emmenait avec lui dans ses campagnes qu'une seule femme et deux pages, tandis que maintenant les carrosses du harem étaient au nombre de cent. Celui de la sultane Khâsseki était monté en argent et avait des roues garnies du même métal; les selles et les harnais des chevaux attelés à chacune de ces voitures étaient doublés de velours. Les chars et les chevaux du grand vizir n'étaient pas moins luxueux et rappelaient la somptuosité que les anciens rois de Perse, comme Darius et Xerxès, étalaient dans leurs guerres. On vit ensuite défiler successivement les corps de métiers et les ouvriers de Constantinople, qui avaient reçu l'ordre de se rendre à Andrinople et de suivre l'armée, afin qu'on n'y manquât de rien : des tours de bouffons et de bateleurs égayèrent la marche de ces corporations. Le lendemain, dix mille janissaires furent passés en revue, puis le sultan sortit du sérail pour entrer sous la tente (18 mars 1683). Il s'éleva à ce moment un si violent orage que le turban de Mahomet IV faillit tomber ou tomba réellement, ce qui fut considéré comme un mauvais présage.

« Le 31 mars, jour auquel avait été conclue l'alliance offensive et défensive de l'empereur Léopold et du roi de Pologne, le camp des janissaires fut levé, et le jour d'après le sultan quitta Andrinople. L'internonce impérial Caprara suivit l'armée avec toute sa suite, dont la garde était confiée aux janissaires; du reste, on continua à le traiter honorablement.

« La queue de cheval, remise aux mains du quartier-maître, précédait l'armée ottomane. Les villages que l'on traversait étaient tenus de fournir du foin, de la paille, de l'orge et des pieux pour supporter les tentes. Des gardes empêchaient leurs habitants de prendre la fuite avant le passage du sultan; mais ensuite ils demeuraient libres d'incendier leurs maisons, et de se retirer dans les montagnes pour échapper aux vexations des troupes asiatiques qui suivaient Mahomet IV. En avant de l'armée marchait un troupeau de moutons dont on abattait chaque soir un certain nombre, pour être distribués le lendemain matin. L'itinéraire de l'armée était indiqué par de petites buttes en terre, élevées de distance en distance ; deux situées en face l'une de l'autre signalaient le passage du sultan ; une seulement, celui du grand vizir. Devant les bêtes de somme qui portaient les bagages de chaque régiment, un bruit de grelots et de sonnettes annonçait l'approche du cheval qui portait les chaudrons et les puisoirs. Dans les bourgs et les villages, la musique se faisait entendre; les poëtes des janissaires (un certain nombre de ces chanteurs forains étaient attachés à chaque régiment) chantaient des vers plaisants ou obscènes, tandis qu'on bernait les maraudeurs. Chaque soir, de bruyantes acclamations appelaient tout le monde à la prière commune, que terminaient des vœux adressés au ciel pour le bonheur du padischah, et les cris de *hou!* et de *Allah!* »

XI

Mahomet IV s'arrêta à Belgrade ; il y reçut les hommages et les tributs des envoyés de Tékéli et de la république alliée de Raguse; il remit au grand vizir l'étendard vert du Prophète, un cheval de guerre, un sabre, une fourrure, un panache de héron, signe de sa toute-puissance pendant la campagne. Tékéli lui-même, suivi de cent vingt gentilshommes hongrois à cheval, de cent-cinquante hussards aux vestes brodées d'une épée d'or, vint rendre hommage de sa couronne au sultan. Il était vêtu avec ce luxe guerrier que les Hongrois empruntaient des Tartares et des Asiatiques. Six heiduques à pied, vêtus de peaux de tigre, le précédaient; l'étendard vert de Hongrie flottait au-dessus de sa tête ; cet étendard était déchiré en deux lambeaux, image du déchirement de la patrie en deux nations adverses. Une nuée d'heiduques et de cavaliers, dont les bonnets étaient surmontés de plumes blanches, caracolaient autour de leur nouveau roi; lui-même, couvert d'une pelisse courte de zibeline, et revêtu d'armes éclatantes, portait les insignes de sa royauté conquise avec son épée. Kara-Moustafa le reçut en roi, et laissant le sultan à Belgrade, s'avança sur les pas de Tékéli, à travers la Hongrie, dont ce transfuge ambitieux lui traçait la route. Moitié par patriotisme, moitié par terreur, tout plia sous ce déluge d'Ottomans. La présence de Tékéli et des magnats de son parti faisait taire la nationalité outragée.

L'armée autrichienne, bientôt heurtée par l'avant-garde des Turcs, fut refoulée par cette masse jusqu'à Raab. Cette forteresse à investir et à emporter irritait Kara-Moustafa, impatient d'atteindre l'empire au cœur, en marchant sur Vienne. Il tint un conseil de guerre en vue de Raab, pour décider de la direction de la campagne. Le vieux guerrier Ibrahim, vainqueur des Polonais et des Russes, lui représenta vainement le danger de s'avancer dans un pays ennemi et inconnu, en laissant derrière lui des places et des garnisons qui lui fermeraient le retour en cas de revers.

« Un roi de Perse, » lui dit Ibrahim, pour appuyer son avis par un symbole, « fit déposer un
« trésor contenu dans une bourse sur un large tapis,
« et appelant ses courtisans, il donna le trésor à
« celui qui trouverait le moyen de prendre la

« bourse sans marcher sur le tapis. La munificence
« du roi paraissait illusoire, quand un des assis-
« tants, repliant et roulant le tapis par ses bords,
« atteignit ainsi la bourse de la main sans avoir
« foulé la natte ! — Suis cet exemple, ô vizir ! » ajoute
Ibrahim, « et replie l'Autriche pièce à pièce, avant
« de toucher à la capitale, qui n'aura plus de nation
« pour la défendre.

« Vieux radoteur, » dit brutalement Moustafa
au vieillard, « tu raisonnes comme une tête affai-
« blie par tes quatre-vingts ans ! Tu resteras ici
« comme un homme incapable de combattre, et
« tu te chargeras d'approvisionner de loin mes
« troupes. »

« Vizir, » lui répondit avec hardiesse le sage
Houssein, gouverneur de Syrie, et que les mœurs
arabes avaient accoutumé au respect de la sagesse
du vieillard, « n'outrage pas ainsi notre père le
« pacha, qui te donne le meilleur conseil. »

XII

Les seuls conseillers de Moustafa étaient sa témérité et son ignorance. Il laissa Ibrahim en réserve
avec une poignée de Tartares pour assurer les convois, franchit la Leitha, emporta les forteresses,

dispersa une seconde fois la faible armée de Léopold au delà de Pesth, lui tua cinq cents de ses plus braves chevaliers, et blessa à mort le prince Louis de Savoie, volontaire dans l'armée des Impériaux. Les deux meilleurs généraux de Léopold, Caprara et Montecuculli, inégaux par le nombre aux Ottomans, s'abritèrent derrière les murs de Vienne, semant par leurs récits la terreur des Turcs, dont les immenses colonnes ressemblaient à une migration de peuple plus qu'à une armée. Le timide Léopold ajouta lui-même à cette terreur en s'éloignant précipitamment de sa capitale, précédant la nuit avec sa famille, sa cour, ses trésors, et en cherchant pour sa sûreté l'asile des Alpes de Styrie. La flamme des villes et des villages, la multitude de peuple, de femmes, d'enfants, de troupeaux, fuyant leurs demeures incendiées et couvrant les routes des gémissements d'une nation entière, précédaient les Turcs.

Au lever du soleil, le 14 juillet 1683, les Tartares, avant-garde de Kara-Moustafa, apparurent aux habitants consternés de la capitale. L'égorgement en masse, par les Tartares, de trois mille cinq cents suppliants enfermés dans une tour, sortis sur la foi d'une capitulation et précédés d'une belle jeune fille couronnée de fleurs qui présentait les clefs de la tour, fit retentir jusqu'à Vienne le cri des victimes et la joie féroce des bourreaux. On vit, du haut des murs, des convois de quarante mille esclaves, chassés comme des troupeaux devant les chevaux des Tartares, sillonner de leurs files lugubres les routes de Styrie. Le comte de Stahremberg, gouverneur de Vienne, résolu de s'ensevelir avec sa garnison de dix mille hommes sous les débris de la capitale, ne répondit à la première sommation de Kara-Moustafa qu'en brûlant lui-même les vastes faubourgs de Vienne. Les Turcs, étonnés, comprirent qu'une capitale qui s'enveloppait ainsi elle-même d'une ceinture de feu et de fumée était décidée à s'immoler pour la religion et pour la patrie.

XIII

Pendant que cette fumée dérobait Vienne aux yeux des Turcs, le duc de Lorraine, généralissime des troupes allemandes, sortait de la ville à la tête de trente mille hommes de cavalerie autrichienne, croate, polonaise, et, traversant le Danube, marchait à la rencontre des renforts que l'Allemagne et la Pologne lui promettaient pour revenir au secours de Vienne. Le Danube, dans lequel le duc de Lorraine jeta ses ponts derrière lui, sauva ce noyau d'armée.

Vienne, à défaut de régiments, se leva et s'arma tout entière; ouvriers, étudiants, bourgeois, vieillards, tout fut soldat. On enleva le battant de l'énorme cloche de la tour de Saint-Étienne, cathédrale et tombeau de l'empire, pour que la sonnerie de ce beffroi n'avertît pas les Turcs des mouvements de la ville. De petites clochettes, portées dans les rues par la main des enfants, devinrent le seul tocsin à voix basse de la ville muette. Aux tintements de ce tocsin confidentiel, les soldats, les bourgeois, les étudiants devaient courir chacun au poste qui leur avait été assigné d'avance.

Pendant ces préparatifs de détresse, les trois cent mille Turcs, Tartares, Hongrois, complétant l'investissement de la ville, et rétablissant les ponts de bateaux sur le Danube, dressaient leurs tentes et creusaient leurs tranchées en une vaste circonvallation qui enserrait le fleuve lui-même dans ses lignes. Le Grec Cantacuzène, prince de Valachie, surnommé par les Turcs eux-mêmes Scheïtanoghli, *fils de Satan*, avait formé ses lignes et dressé ses batteries sur une éminence boisée, séparée des Turcs ses alliés près d'Hetzendorf, au bord d'une forêt, dont il coupa les arbres pour construire les ponts du Danube. Cet ennemi implacable des chrétiens avait élevé une croix en pierre de dix toises de hauteur, au-dessus d'un autel où il faisait célébrer la messe par ses prêtres en vue du croissant de ses maîtres; séducteur perfide de l'épouse de son prédécesseur sur le trône de Valachie, parvenu à la souveraineté par la ruse, l'adulation, la versatilité, les armes de ce Grec étaient l'effroi de la population de Vienne. Sa piété contrastant avec la cause qu'il servait, et avec ses crimes, faisait du nom de Scheïtanoghli, descendant des empereurs byzantins, Cantacuzènes, le symbole de l'apostasie.

XIV

Le siége, aussi acharné que celui de Candie, durait depuis soixante et dix jours, avec ses alternatives de dix-huit assauts donnés et repoussés, et ses extrémités de détresse et de disette, sans que les Viennois, abandonnés à eux-mêmes, eussent reçu aucun indice de secours apporté par la chrétienté à ses derniers défenseurs. L'Europe, indifférente aux dangers d'un empire dont l'ambition avait dépopularisé la cause par sa prétention à la monarchie universelle, n'armait pour l'Autriche que quelques rares volontaires. L'incohérence et la distension des éléments mal reliés entre eux, dont se composaient et dont se compose encore aujourd'hui la nationalité allemande, donnaient à la confédération germanique la lenteur et l'égoïsme des membres sans tête, plus inhabiles à se défendre qu'à attaquer. Le fanatisme chrétien des croisades était aussi éteint que le fanatisme musulman des conquêtes ; tout était politique dans cette guerre, où l'on voyait des Hongrois calvinistes, des Moldaves, des Valaques, des Transylvains, des Serbes, des Grecs chrétiens, célébrer leurs mystères au milieu des mahométans sur les collines de Vienne.

Un Polonais intrépide, ancien interprète des ambassadeurs de sa nation, à Constantinople, fut le premier qui trompa la vigilance des Turcs pour rapporter aux défenseurs de Vienne l'espérance qui commençait à les abandonner. Cet aventurier, nommé Koltschitzky, traversa le camp de Moustafa, en chantant, sous le costume d'un musicien de rue, des chansons turques qui attroupaient le soldat ; parvenu au bord du Danube en face des remparts, il se précipite dans le fleuve, et il échappe, en nageant entre deux eaux, aux balles des Turcs. Il apportait à Stahremberg des nouvelles de l'approche du duc de Lorraine et du roi de Pologne Sobieski, à la tête de soixante et dix mille combattants. Des fusées lancées pendant la nuit suivante, du haut de la tour de Saint-Étienne, apprirent aux généraux de l'armée impériale que Vienne respirait encore sous les décombres de ses bastions et que leur message avait réjoui le cœur de ses patriotes.

XV

La Pologne était la seule nation que le catholicisme de ses peuples et l'héroïsme de son roi Jean Sobieski avaient suscitée au secours de l'Autriche. Les longs ressentiments de ses vieilles humiliations devant les Turcs et la gloire récente de la victoire de Choczim, qui lui avait appris à mépriser son ennemi, avait popularisé la guerre sainte contre les Ottomans dans la Pologne. L'entraînement de son roi avait fait le reste.

Nous l'avons dit plus haut, l'héroïque Pologne avait été de tout temps une faction plus qu'une nation. Elle avait fini, en 1382, par se donner une constitution aussi anarchique que son caractère. Louis d'Anjou, de la maison royale de France, le dernier des rois héréditaires en Pologne, n'avait laissé en mourant que des filles.

La seconde et la plus belle de ces filles, nommée Edwidge, n'avait que quatorze ans à la mort de son père. Les Polonais, séduits par sa beauté précoce

et par ses vertus en espérance, la proclamèrent reine
de Pologne, sous condition que la nation conserverait sur sa jeune souveraine l'autorité paternelle et
lui ferait épouser un prince de son choix. Mais le
cœur d'Edwidge avait choisi avant la diète de Pologne. Un de ses cousins, Guillaume d'Hapsbourg,
duc d'Autriche, élevé avec elle dans le palais de son
père, était l'époux et le roi qu'elle se destinait. Ce
jeune prince, par ses grâces, son éducation, sa
valeur, aurait attiré les regards de toutes les princesses de son temps ; mais une affection, pour ainsi
dire natale, lui assurait le cœur d'Edwidge. « Il
« lui semblait, » disait-elle aux Polonais, « qu'ils
« avaient été élevés dans le même berceau. »

Guillaume d'Hapsbourg, appelé secrètement par
elle à Cracovie pour solliciter sa main devant la
diète, ne put fléchir la noblesse polonaise, qui craignit dans un prince de la maison d'Autriche un
dominateur plus qu'un roi. Ni les angoisses ni les
larmes d'Edwidge ne purent attendrir son peuple.
Un barbare idolâtre, vêtu de peaux de bêtes, de
mœurs aussi féroces que l'aspect, Jagellon, duc de
Lithuanie, fut imposé pour époux à la petite-fille
de saint Louis, et pour roi aux Sarmates policés,
ces Italiens du Nord.

L'ambition de fortifier la Pologne contre les Russes, les Tartares et les Cosaques par l'adjonction de la Lithuanie, décida la diète à sacrifier à ce barbare la fille de ses rois. Résignée à son sort et fervente de zèle pour la conversion des Lithuaniens à la foi catholique, Edwidge commença par convertir son époux, et poursuivit avec lui en Lithuanie, tantôt par la persuasion de ses charmes et de son éloquence, tantôt par la force, la conversion de son nouveau peuple au Dieu de son enfance. L'histoire retrace, et avec admiration et avec horreur, le récit de cette étrange mission d'Edwidge et de Jagellon en Lithuanie pour y substituer le christianisme à l'idolâtrie.

Tandis que la belle et éloquente reine de Pologne prêchait les foules pressées par l'étonnement et l'attrait sur ses pas, le barbare Jagellon, suivi de prêtres aussi implacables que lui, contraignait et martyrisait les obstinés au vieux culte. Afin d'épargner le temps des missionnaires dans les cérémonies d'un baptême individuel, le roi poussait sous le glaive de ses soldats des multitudes entières dans le courant du fleuve et les faisait baptiser ainsi en masse, ne donnant souvent qu'un seul nom de saint à toute une horde.

XVI

Depuis l'extinction des Jagellons, la Pologne, de plus en plus républicaine, avait élu dans ses diètes, sénat aristocratique et militaire, des rois plus semblables à des consuls qu'à des monarques. Sa constitution tribunitienne et prétorienne semblait avoir combiné dans ses institutions tous les vices du gouvernement monarchique, du gouvernement soldatesque, du gouvernement féodal et du gouvernement républicain. Son existence n'était qu'une perpétuelle candidature de ses nobles turbulents au trône, et une perpétuelle faction contre le roi qu'ils s'étaient choisi.

La politique des Polonais au dehors se ressentait de ces compétitions éternelles du pouvoir au dedans; chaque parti, tour à tour ébranlant sa patrie pour rester fidèle à ses préférences ou à ses antipathies, cherchait ses appuis et ses alliés à l'étranger. Au milieu de tant d'agitations intestines, une seule vertu restait à la noblesse polonaise, l'héroïsme. C'étaient les premiers soldats du monde. On a vu leur oscillation perpétuelle entre la Hongrie, l'Autriche, la Suède, la Russie, la Turquie, la Tartarie même : peuple jusque-là plus oriental qu'européen, ils avaient accepté longtemps la vassalité des Ottomans ; mais leur mobilité les rendait aussi incapables de servitude que de liberté. L'excès en tout était leur nature ; ils avaient de beaux jours sur le champ de bataille, point de sécurité dans leur patrie.

XVII

Telle était la Pologne au moment où il lui naissait un de ces hommes qui sauvent et illustrent les nations, quand les nations peuvent être sauvées. Cet homme était Sobieski, prédestiné à couvrir un jour l'Europe.

Jean Sobieski, selon son historien moderne, M. de Salvandy, auteur d'une étude justement estimée sur ce héros, était né en 1624, dans les monts Carpathes, au château d'Olesko, pendant un orage mémorable où la foudre, en menaçant son berceau, sembla annoncer à la Pologne un homme d'éclat et de bruit venant au monde. Il était du sang de ces héros sarmates appelés les nobles du *bouclier*, qui confondaient leurs noms avec les origines fabuleuses de la patrie. Il a raconté lui-même, dans une notice historique, les exploits de son père Jacques Sobieski, le vainqueur des Turcs aux combats de Choczim.

« Le souvenir de Jacques Sobieski, fils de Marc,

dit-il, reste profondément gravé dans mon cœur ; c'était mon père. Il fit ses premières armes sous le grand Zolkiewski, dans cette ancienne guerre de Moscovie qui livra au jeune Wladislas le trône des czars; dans l'expédition suivante, il fut au nombre des chefs chargés, sur le refus de Zolkiewski, de commander l'armée et de présenter le prince au peuple qui l'avait choisi pour maître. Blessé au bras à l'assaut de Moscou, mon père assista cependant depuis lors à toutes les campagnes de ces temps orageux, toujours suivi de ses hussards d'ordonnance qu'il entretenait à ses frais, et que leur valeur éclatante, comme leur riche tenue, faisaient nommer *la troupe d'or*. Ce fut lui qui, dans la campagne glorieuse de Choczim, membre d'une commission investie des pleins pouvoirs de la diète pour conduire les hostilités, réussit à conclure la paix avec l'empereur Othman II. Depuis ce succès, il fut chargé de toutes les négociations de la république avec les Suédois, les Cosaques, les Tartares, les Moscovites, les Turcs. Quatre fois les nonces le mirent à leur tête dans les diètes, en l'élisant maréchal, et il finit par arriver, de charge en charge, au poste de premier sénateur séculier de la Pologne, sous le titre de castellan de Cracovie. »

Sa mère, Théophile Danilowiczowna-Sobieska

était la petite-fille de l'illustre grand hetman Zolkiewski, conquérant de Moscou. Au début de ce même été, où elle mit au monde son glorieux fils, une bande de Tartares avait envahi son manoir d'Olesko ; elle s'y trouvait avec sa mère, Danilowiczowna et sa grand'mère, la veuve de Zolkiewski. Ces trois femmes, à la tête de leur domesticité, défendirent vaillamment leur château, leur liberté, leur honneur, le héros qui allait naître et que le bruit des armes venait trouver avant le berceau.

Jean avait un frère aîné, dont il dit dans la même note manuscrite : « Mon frère aîné, nommé Marc, « comme mon bisaïeul, ne devait parvenir à l'âge « d'homme que pour être égorgé par les Tartares. « Tous les miens ont ainsi trouvé la mort sous les « coups des infidèles pour la défense de notre reli- « gion sainte ; moi seul étais réservé à d'autres des- « tins par la volonté divine. » Il semble que Jean Sobieski se soit expliqué tout entier dans cette parole modeste et pieuse.

Son père, Jacques, vainqueur d'Othman II, avait donné à sa patrie la paix qu'apporte la victoire. Son enfance s'écoula pendant les années prospères que cette paix valut à la Pologne, et sous l'influence du courant de civilisation qui parvenait enfin jusqu'à ces contrées, toujours foulées et dévastées par le pied des soldats. Son éducation en profita, il parlait sept ou huit langues, connaissait les littératures étrangères, jouait de plusieurs instruments, peignait avec facilité, de même qu'il montait supérieurement à cheval et maniait toutes les armes avec une admirable dextérité. Son père, dont l'éloquence avait souvent dominé la diète et qui connaissait l'empire de la parole dans les républiques, l'exerça à manier aussi cette arme de l'âme; il le rendit plus éloquent que lui-même. Il le fit aussi voyager, d'abord à Paris, pour compléter son éducation; puis en Turquie, pour lui faire mesurer les proportions et sonder les forces de cette puissance formidable, qu'il désignait à sa pensée et à sa foi comme l'ennemi qu'il fallait combattre et vaincre.

Sa mère avait réuni à Jolkiew, centre des vastes possessions de la famille, tous les restes de ses parents tombés sous les coups des Ottomans et des Tartares. Jacques avait même racheté d'Othman II la tête du grand Zolkiewski, longtemps attachée aux portes du sérail après la fatale journée du Kobilta, pour l'apporter à ce rendez-vous de la mort et de l'héroïsme. Un monastère de Dominicains, élevé par Théophile, en avait reçu le dépôt, et l'on raconte qu'elle conduisait, presque tous les jours, ses enfants à ces reliques vénérées. Là, elle les faisait prier, et enflammait leur imagination et leur cœur à tous les combats, à tous les martyres de sa famille. Souvent la catastrophe du Kobilta revenait dans ces récits renouvelés entre des tombes et un autel. L'enfant en était toujours profondément ému. On lui relisait alors une lettre d'adieu, adressée au roi Sigismond par son aïeul le grand hetman, et datée de ce dernier champ de bataille, comme un testament de politique et de guerre.

XVIII

Pendant que son père commandait les troupes polonaises sur le Boug et s'illustrait dans les diètes, le jeune Sobieski, accueilli et admiré en France pour sa beauté martiale et son génie précoce, s'éblouissait de l'éclat naissant de la cour de Louis XIV, s'enrôlait, pour apprendre le métier des armes, dans les mousquetaires de la garde du roi, et se formait, dans la familiarité du grand Condé, à l'école de l'héroïsme. Poursuivant ses voyages de Paris à Constantinople, il avait été rappelé dans sa patrie par la guerre civile entre deux factions armées, celle du roi Wladislas et celle de Chmielnicki, ce Coriolan polonais, amenant les Cosaques dans sa patrie.

L'interrègne, après la mort de Wladislas, en ouvrant l'ère des anarchies, avait uni la Pologne aux barbares. La noblesse, rassemblée à Varsovie, pour s'entre-déchirer en se disputant l'élection du trône, allait être cernée dans sa capitale. Zamosc, déjà investi par les Cosaques et par les Polonais, leurs alliés, était prêt à livrer aux Barbares la dernière citadelle de la liberté. Sobieski s'y jeta à travers les ennemis, releva les courages, soutint le siége, écarta les barbares. Le nouveau roi élu, Jean-Casimir, obtenait une paix précaire, bientôt suivie d'une nouvelle confédération contre lui. Sobieski en triompha dans la victoire, à Beredesco, qui laissa respirer la patrie. Mais les dissensions prévalaient toujours chez un peuple qui ne reconnaissait de la patrie que les camps. Les Russes de Pierre le Grand inondaient les provinces du Nord; les partisans du roi de Suède, Charles-Gustave, lui livraient à son tour le trône de Pologne; le mot final de partage de la Pologne était hautement prononcé par les Suédois et les Russes.

Mais l'heure de ce crime européen, malheureusement provoqué par la turbulence de cette aristocratie, n'avait pas encore sonné. Il restait à la Pologne un grand citoyen dans son héros. L'inspiration du danger suprême le fit élire généralissime. Inondés de Cosaques, de Tartares, de Russes, de Hongrois, de Transylvains, appelés par les Polonais dans leurs provinces, il fallait aux Sarmates un soldat étranger à tous ces partis et les dominant tous par son impartialité supérieure. Sobieski accepta le commandement comme le poste périlleux, la brèche de la patrie. Il prend en main l'épée de la Pologne.

XIX

Mais l'extrémité du danger ne suffisait pas à remplir le grand cœur de Sobieski ; la noble passion qui s'allie le mieux à l'héroïsme dans les hommes à larges proportions de nature, l'amour dévorait le héros. Il adorait la belle comtesse Zamoyski, que la mort de son mari venait de rendre libre au moment du couronnement de Sobieski. La comtesse Zamoyski était une jeune Française, amenée en Pologne, comme dame de la cour, par la dernière reine des Polonais, princesse de Nevers. Son nom était Marie-Casimire d'Arquien ; sa beauté et son esprit l'avaient signalée à l'admiration de Varsovie.

Sobieski, moins roi qu'amant, oublia pour elle la politique qui lui conseillait de chercher une alliance avec les grandes maisons de sa patrie ; il oublia même la décence qui interdit à une veuve de huit jours de passer du deuil aux noces ; son impatience de bonheur la lui fit épouser avant que la semaine eût séché les larmes qu'elle devait à un premier époux. Prêt à rentrer en campagne contre des ennemis nombreux et acharnés, il ne voulait pas mourir sans avoir possédé l'épouse qu'il préférait à un empire. Nous verrons bientôt cette femme, devenue reine, faire les délices et le supplice de celui qui lui avait donné un trône avec son cœur.

XX

Une bataille de dix-sept jours à Podhaïc, contre les Polonais, les Cosaques, les Tartares, les Turcs confédérés, lui rend le sol polonais ; une seconde bataille contre deux cent mille Turcs d'Ibrahim-Pacha lui donne une renommée européenne. La chrétienté fait retentir son nom dans tous ses temples ; il reçoit le nom de *Bouclier du Christ,* ce premier surnom de ses pères. Il revient assister de près avec sa poignée de patriotes à la diète turbulente, où la noblesse, partagée entre les différentes puissances de l'Europe, déchirait la patrie et préparait une proie aux étrangers. La nation entière est enfin convoquée pour arracher la Pologne aux nobles. La reconnaissance prononce le nom de Sobieski. La Pologne entière y répond par une acclamation qui le nomme roi. Il refuse en vain, le salut public le contraint d'accepter la couronne. Tous les partis se taisent un moment devant ce nom. Il confirme cette nomination par la victoire de Choczim contre les Turcs, première supériorité des Sarmates sur les Ottomans. Les Turcs le nommèrent le *Lion du nord.*

On a vu que, loin d'abuser de son triomphe, Sobieski avait envoyé des ambassadeurs et des présents à Constantinople pour confirmer la paix après la victoire. La témérité et l'ignorance de Kara-Moustafa avaient aigri ces négociations. Sobieski, averti des préparatifs du grand vizir, avait en vain convié l'Europe à une croisade défensive contre les Ottomans. L'empereur Léopold lui-même, plus menacé que toute autre puissance, avait décliné ses offres. La noblesse polonaise, toujours du parti opposé à ses rois, avait refusé à Sobieski son consentement à la guerre. La France, alliée à la Turquie et ennemie de l'Autriche, fomentait à Varsovie l'esprit de résistance aux plans de Sobieski. Mais les trois cent mille hommes de Kara-Moustafa franchissant le Danube pour inonder l'Allemagne, l'obstination de Sobieski, l'enthousiasme désintéressé et religieux du peuple polonais pour sa foi, contraignent enfin la diète de ratifier à contre-cœur l'alliance de la Pologne et de l'Allemagne.

La voix de Sobieski avait réveillé la Savoie, l'Italie, l'Espagne, le Portugal : Turin envoyait à l'empereur des subsides et des volontaires ; le roi d'Espagne vendait sa vaisselle d'or et d'argent pour solder les défenseurs de sa maison et de sa foi ; les couvents d'Espagne et d'Italie se cotisaient pour subvenir aux frais de cette guerre de salut universel; les cardinaux de Rome, à l'exemple du pape Clément XI, aliénaient les biens ecclésiastiques pour défendre l'Église menacée si près des Alpes ; les provinces catholiques du Midi étaient sillonnées de pèlerinages et de processions à tous les autels, pour implorer l'assistance des miracles en faveur de Sobieski. Mais Sobieski était le vrai miracle.

Les Turcs s'avançaient sur Pesth; le duc Charles de Lorraine, généralissime de Léopold, mais généralissime presque sans armée, appelait impatiemment les Polonais à une jonction, qui pouvait seule suppléer à sa faiblesse ; Léopold, exilé de sa capitale, offrait la Hongrie tout entière au roi de Pologne pour prix de son assistance. Sobieski, plus chevaleresque et plus chrétien qu'ambitieux, ne voulait d'autre prix que la victoire ; il aurait rougi de combattre comme mercenaire pour la chrétienté. La gloire et le ciel étaient les seules soldes de son héroïsme. Après avoir visité à pied et en pèlerin toutes les églises de Cracovie, le jour de la fête de l'Assomption, il s'élança, avec l'élite des armées polonaises, au secours de Vienne. L'Allemagne le salua d'un cri d'espérance. Des arcs de triomphe, dressés partout sur son passage, portaient pour inscription ces mots latins, allusion à sa destinée future : « *Salvatorem expectamus !* (*Nous attendons un sauveur !...*) »

C'était en effet le salut de Vienne qui s'approchait avec lui. Trois jours plus tard, le boulevard de l'Empire, de l'Autriche, de l'Italie, de la chrétienté, allait s'écrouler. Les deux armées de Charles de Lorraine et de Sobieski, en se réunissant à une marche de Vienne, ne s'élevaient ensemble qu'à soixante mille combattants. C'est là tout ce que la chrétienté, refroidie par l'inanité de ses anciennes croisades et désaffectionnée de la maison d'Autriche par son ambition universelle, avait pu rallier contre les trois cent mille Asiatiques de Kara-Moustafa.

XXI

L'heure pressait. Vienne, écrasée sous les mortiers de l'artillerie ottomane, n'était plus qu'un champ labouré par l'explosion continue des bombes; les églises, les monastères, le palais de l'empereur, les quartiers entiers de la capitale fumaient d'un continuel incendie; les pans de muraille obstruaient les rues; la tranchée n'était qu'à trente pas de la contre escarpe; des batteries armées des mêmes canons monstrueux qui avaient ouvert les brèches de Constantinople, de Rhodes, de Candie, préparaient de larges voies aux derniers assauts. Le comte de Stahremberg, blessé d'un éclat de bombe, ne commandait plus que de son lit de douleur; les soldats et les habitants, en mesurant chaque matin de l'œil les pertes faites la veille et la réduction rapide de leurs bataillons, commençaient à s'entretenir d'une inévitable et prochaine capitulation.

Deux mois s'étaient écoulés dans la plus terrible perplexité, dans des combats de tous les jours. L'épidémie se joignait au bombardement, aux chocs sur la brèche ou dans la nuit des mines pratiquées par les Turcs. Les munitions s'épuisaient, un morne désespoir s'emparait de toutes les âmes. En septembre, une demi-lune était tombée au pouvoir des assiégeants, une partie de la muraille même s'était écroulée. Il fallut improviser des retranchements à l'entrée des rues : c'était le dernier effort. Stahremberg n'espérait plus tenir que trois jours, et chaque nuit des signaux de détresse annonçaient à Charles de Lorraine que la chute devenait inévitable. Au milieu de la nuit qui précédait ce troisième et dernier jour des prévisions de Stahremberg, un cri de joie retentit tout à coup du haut de la tour Saint-Étienne. C'était la sentinelle qui venait d'apercevoir une flamme brillante sur les sommets du Calenberg, et qui signalait à l'horizon l'armée polonaise. Le soleil levant éclata sur une forêt de lances et de banderoles qui se déroulaient sur la montagne.

On vit alors les Turcs se diviser en trois parts : l'une se tourner vers le nouveau combattant qui se présentait, l'autre se préparer à l'assaut ; la troisième, symptôme de délivrance, n'était qu'une multitude désordonnée qui fuyait vers la Hongrie toute chargée de butin. L'évêque de Neustadt, Collonitz, qui avait combattu en soldat à Candie, et qui maintenant s'était enfermé dans Vienne, où sa foi, son courage, sa parole animaient la défense, où son exemple et sa charité aidaient à supporter tant de maux, appela aussitôt les femmes et les enfants aux églises, tandis que Stahremberg entraînait les hommes aux remparts.

XXII

Depuis quelques jours déjà Charles de Lorraine avait couru se joindre à Sobieski, pour apprendre, disait-il, le métier de la guerre sous un si grand maître. Les Impériaux pleurèrent de joie en voyant l'illustre chef dont le nom seul était une première victoire. La discorde, qui s'attache toujours aux revers, paralysait leurs dernières forces ; elle s'éteignit aux pieds du héros de Choczim, qui rencontra dans ses nouveaux soldats une obéissance qu'il n'avait jamais trouvée dans ses propres sujets.

Cependant Charles de Lorraine avait pu jeter un triple pont sur le Danube, à six lieues en deçà de Vienne, sans que le grand vizir eût rien fait pour l'en empêcher. « Vous voyez bien que le général « qui, à la tête de trois cent mille hommes, a laissé « construire ce pont à sa barbe, ne peut manquer « d'être battu, » s'écria Sobieski, pour entraîner au delà du Danube les Impériaux, qui hésitaient à le suivre.

Le lendemain, le Danube fut franchi. Les Polonais marchaient les premiers ; leur magnificence, la beauté de leurs armes et de leurs chevaux étonnaient leurs alliés. Un seul régiment d'infanterie faisait tache par le délabrement de ses vêtements. Comme il défilait : « Celui-là, » dit Sobieski, « c'est une « troupe invincible, qui a fait serment de ne jamais « être vêtue que des dépouilles de l'ennemi. » « Si ces paroles ne les habillaient pas, dit l'abbé Coyer, un des historiens de Sobieski, elles les cuirassaient. »

Sobieski ne s'était jamais vu à la tête de forces aussi considérables. La chaîne escarpée du Calenberg, couverte de forêts sur ses pentes, sillonnée de gorges étroites, faciles à garder, le séparait encore de Kara-Moustafa, qui ne songeait même pas à profiter d'une barrière si difficile à franchir. Rien ne pouvait émouvoir la confiance du vizir. La marche laborieuse des alliés à travers la montagne dura trois jours; ils furent obligés d'y abandonner leur artillerie de gros calibre. Les premiers éclaireurs qui, du haut des dernières crêtes, aperçurent le camp formidable des Ottomans, prirent aussitôt la fuite, et répandirent dans les rangs la terreur dont ils étaient frappés; les Impériaux surtout étaient profondément inquiets. Sobieski raffermit les courages par sa gaieté martiale et son assurance. Il avait enrôlé dans sa garde une troupe de janissaires qu'il avait faits prisonniers autrefois. A la veille de combattre les Turcs, il leur proposa de retourner aux bagages, ou même de rejoindre le camp de Kara-Moustafa. Tous répondirent, les yeux mouillés de larmes, qu'ils ne voulaient vivre et mourir que pour lui.

XXIII

Ses lettres à sa femme, Casimire d'Arquien, révèlent mieux que l'histoire le travail d'esprit, l'angoisse de cœur et le refuge de ses pensées, cherché dans le sein de l'amour par Sobieski, la veille du jour où il allait livrer la bataille du christianisme contre les trois cent mille Ottomans déjà sous ses yeux. Les héros qui écrivent, tels que César, Frédéric et Sobieski, la veille et le lendemain des batailles, sont les confidents de la postérité.

« Si parfois je manque à vous écrire longuement, ma chère épouse, n'est-il donc pas facile de s'expliquer ma précipitation sans le secours de suppositions injurieuses? Les combattants des deux parties du monde ne sont plus qu'à quelques milles les uns des autres : il faut penser à tout, il faut pourvoir au moindre détail.

« Je vous conjure, mon cœur, pour l'amour de

moi, de ne pas vous lever aussi matin; quelle est la santé qui pourrait y tenir, surtout en se couchant aussi tard que vous en avez l'habitude? Vous m'affligerez sensiblement si vous n'avez pas égard à ma prière; vous m'ôterez le repos, vous m'ôterez la santé, et, ce qui est bien pis, vous nuirez à la vôtre, qui est ma seule consolation en ce monde. Quant à notre affection mutuelle, voyons lequel des deux se refroidit davantage. Si mon âge n'est pas celui de l'ardeur, mon cœur et mon âme sont toujours aussi jeunes qu'autrefois. N'étions-nous pas convenus, mon amour, que ce devait être votre tour maintenant, et que c'était à vous à faire les avances? M'avez-vous tenu parole, mon cœur? Ainsi donc, n'allez pas rejeter votre propre tort sur un autre. »

XXIV

A peine cette lettre de tendresse à sa femme était-elle écrite, la nuit du 12 septembre 1683, que Sobieski, sortant à l'aurore de sa tente au bruit du canon de l'armée ottomane, vit d'un côté les colonnes des janissaires se masser pour le dernier assaut devant les brèches des remparts de Vienne, et vit de l'autre le vieil Ibrahim-Pacha, le héros octogénaire des Turcs, fondre avec l'impétuosité du fatalisme sur les avant-gardes de l'armée polonaise aux flancs des montagnes. Ibrahim, traversant au galop ces avant-postes, descendit de cheval avec ses spahis au pied des retranchements élevés par le duc de Lorraine. Sobieski, sans se hâter d'accourir, mais cherchant son appui et son inspiration dans la prière, entendait en ce moment la messe en plein air, d'un pauvre ermite, près d'une chapelle ruinée, d'où le regard embrassait toute l'étendue du champ de bataille. L'ermite, la croix dans la main, ayant béni l'armée chrétienne, Sobieski, pour graver dans la mémoire de son fils enfant l'héroïsme par la solennité de la scène, l'arma chevalier de sa propre main, et, remontant à cheval, s'élança sur l'ennemi suivi de sa cavalerie polonaise.

Les chrétiens, marchant sur cinq colonnes, enlevèrent une à une, de ravin en ravin, de précipice en précipice, de défilé en défilé, de bois en bois, les positions sur lesquelles se repliaient pas à pas les escadrons chargés de les arrêter. De la brèche, la garnison de Vienne assistait à ce cours irrésistible de ses libérateurs; elle-même faisait d'héroïques prodiges pour n'être pas écrasée avant l'heure du salut. Jusqu'alors Kara-Moustafa restait immobile entre ces deux batailles.

A onze heures, les alliés étaient en plaine. C'était

déjà une victoire. Leurs adversaires culbutés leur laissèrent le temps de prendre haleine. A midi, les musulmans s'étaient ralliés et grossis de puissants renforts; ils soutinrent une seconde lutte plus terrible encore. Mais les savantes dispositions de Sobieski, ses manœuvres impétueuses et sûres l'emportèrent, et l'armée chrétienne parut sur le glacis du camp. Là recommença une troisième et suprême bataille. Toute l'armée ottomane se pressait autour de l'étendard du vizir, Kara-Moustafa la commandait en personne. Un ravin profond, des retranchements, une artillerie formidable la couvraient de tous côtés; elle était immense encore et semblait n'avoir pas été entamée. Il était cinq heures du soir; le roi mesura l'obstacle et n'espéra pas finir la lutte ce même jour. Il songeait donc à passer la nuit dans ces nouvelles positions, lorsqu'en courant les lignes de ses troupes, il les trouva plus exaltées qu'abattues de leur course victorieuse à travers tant de combats et sous le poids d'une chaleur étouffante. L'attitude des Ottomans, au contraire, lui parut morne et découragée. Il aperçut au loin, à travers des flots de poussière, les longues files de chameaux qui se pressaient sur les routes de la Hongrie. L'attaque fut décidée.

Cependant l'assurance du grand vizir n'était pas

ébranlée; il était assuré que les chrétiens viendraient se briser au pied de ses retranchements. On le voyait, abrité par une tente en soie cramoisie contre les rayons du soleil, prendre le café tranquillement entre ses deux fils. Sobieski, furieux de cette inepte et dédaigneuse sécurité, ordonne à l'officier français qui commande son infanterie de s'emparer d'une redoute qui domine les quartiers de Kara-Moustafa. Cet ordre est exécuté avec vigueur. L'ennemi en est ébranlé. Au même instant, Kara-Moustafa, qui s'émeut enfin, appelle à sa défense l'infanterie de son aile droite ; ce mouvement découvre son armée et trouble la ligne entière. C'était le pivot de la victoire. Sobieski le saisit en maître : il pousse aussitôt le duc de Lorraine sur le centre entr'ouvert, tandis qu'il court lui-même au plus épais des masses qui couvrent la tente du grand vizir. Les Tartares et les spahis le reconnaissent. Son nom vole sur tout le front de l'armée ottomane. On y croit enfin à sa présence. « Par Allah ! » s'écrie le khan des Tartares éperdu, « le roi est avec eux. »

Les hussards de Sobieski ont franchi, bride abattue, un ravin où l'infanterie eût hésité ; ils se précipitent dans les rangs ennemis et coupent en deux leur corps de bataille, tandis que le prince de Waldeck tourne le camp. La journée est décidée ; le grand vizir, tombé du haut de son arrogance, pleure comme une femme. Cependant il essaye de rallier ses troupes, qui lâchent pied. Tout fuit; il s'enfuit lui-même au milieu de cette armée en désordre, qui n'est plus qu'une multitude épouvantée. C'était le flot de la puissance ottomane qui reculait pour toujours. L'Europe entière vit un miracle dans la terreur panique des Turcs. Ce dernier combat n'avait duré qu'une heure; il fut donc plus décisif que meurtrier. Il ne paraît pas que l'armée du grand vizir ait perdu plus de 8 ou 10,000 hommes. Dans sa terreur cependant, elle ne s'arrêta que sous les murs de Raab, tandis que le roi, craignant un retour offensif, prenait toutes les précautions d'une prudence inquiète et désormais inutile.

Le lendemain, Sobieski entra dans la ville délivrée, par cette brèche que l'ennemi allait franchir.

XXV

Vienne sortit tout entière de ses murs en ruines pour faire cortége à l'armée de son libérateur. Le contraste de Léopold absent et du roi de Pologne sacrifiant son sang et celui de son peuple pour la délivrer, aurait pu faire en ce moment de Sobieski l'empereur d'acclamation de l'Autriche et de la Hongrie. *Il y eut un homme envoyé de Dieu qui s'appelait Jean,* lui dit le clergé de Vienne en lui appliquant les paroles de l'Évangile. Màis Sobieski ne voulait de sa victoire que l'honneur d'avoir sauvé l'Occident. Il ne se vengea de l'abandon où l'avaient laissé les puissances de l'Europe qu'en annonçant, de sa main, au roi très-chrétien de France, la victoire des chrétiens remportée sans lui et contre lui! Ce furent ses seules représailles.

Sa lettre à sa femme, écrite le soir de la bataille sous la tente de Kara-Moustafa devenue sa dépouille, fait pénétrer la postérité dans l'âme tendre et pure du héros : le seul orgueil est dans la date :

« Dans la tente du grand vizir, le lundi 13 septembre, la nuit.

« Seule joie de mon âme, charmante et bien-aimée Mariette,

« Dieu soit béni à jamais! Il a donné la victoire à notre nation; il lui a donné un triomphe tel que les siècles passés n'en virent jamais de semblable. Toute l'artillerie, tout le camp des musulmans, des richesses infinies, nous sont tombés dans les mains. Les approches de la ville, les champs d'alentour sont couverts des morts de l'armée infidèle, et le reste fuit dans la consternation. Nos gens nous amènent à tous moments des chameaux, des mulets, des bœufs, des brebis que l'ennemi avait avec lui, et en outre une multitude innombrable de prisonniers. De plus, il nous arrive un grand nombre de transfuges, la plupart renégats, bien habillés et bien montés. Le victoire a été si subite et si extraordinaire, que dans la ville comme dans notre camp on était toujours en alarmes; on croyait voir l'ennemi revenir à tout moment. Il a laissé, en poudres et munitions, pour la valeur d'un million de florins.

« J'ai été témoin cette nuit d'un spectacle que j'avais désiré depuis longtemps. Nos gens du train ont mis le feu aux poudres en plusieurs endroits; l'explosion a été comme celle du jugement dernier, cependant sans blesser personne. J'ai pu voir en cette occasion de quelle manière les nuages se forment dans l'atmosphère; mais c'est une mésaventure. Il y a là certainement pour plus d'un demi-million de perte.

« Le vizir a tout abandonné dans sa fuite; il n'a gardé que son habit et son cheval. C'est moi qui me suis établi son héritier; car la plus grande partie de ses richesses me sont tombées dans les mains.

« Avançant avec la première ligne, et poussant le vizir devant moi, j'ai rencontré un de ses domestiques qui m'a conduit dans les tentes de sa cour privée; ces tentes occupent à elles seules un espace grand comme la ville de Varsovie ou de Léopold. Je me suis emparé de toutes les décorations et drapeaux qu'on a coutume de porter devant le vizir. Quant au grand étendard de Mahomet, que son souverain lui a confié pour cette guerre, je l'ai envoyé au Saint-Père par Talenti. De plus, nous avons de riches tentes, de superbes équipages, et mille autres hochets fort beaux et fort riches. Je n'ai pas encore tout vu; mais il n'y a pas de comparaison avec ce que nous avons vu à Choczim. Rien que quatre ou cinq carquois, montés de rubis et de saphirs, équivalent seuls à quelques milliers de ducats. Vous ne me direz donc pas, mon cœur, comme les femmes tartares à leurs maris, lorsqu'ils reviennent sans butin : Tu n'es pas un guerrier, puisque tu ne m'as rien rapporté; car il n'y a que l'homme qui se met en avant qui peut attraper quelque chose.

« J'ai aussi un cheval du vizir avec tout le harnais. Lui-même a été poursuivi de fort près; mais il a échappé. Son *kihag* ou premier lieutenant a été tué, ainsi que nombre d'autres des principaux officiers. Nos soldats se sont emparés de beaucoup de sabres montés en or. La nuit a mis fin à la poursuite; et d'ailleurs, tout en fuyant, les Turcs se défendent avec acharnement. A cet égard, *ils ont fait la plus belle retirade du monde.* Cependant les janissaires ont été oubliés dans les tranchées, et la nuit on les a tous taillés en pièces. Tels étaient l'orgueil et la présomption des Turcs, que tandis qu'une partie de l'armée nous présentait la bataille, une autre donnait l'assaut à la ville. Aussi avaient-ils de quoi fournir à tout cela. Je les estime, sans les Tartares, à trois cent mille combattants; d'autres ont compté trois cent mille tentes, ce qui composerait un nombre d'hommes au delà de toute proportion connue. Pour moi, je compte à peu près cent mille tentes, car ils occupaient trois camps immenses. Depuis deux nuits et un jour, s'en empare qui veut; ceux mêmes de la ville sont venus prendre part au butin; je suis sûr qu'ils en ont pour huit jours. Les Turcs ont laissé en fuyant beaucoup de captifs du pays, surtout des femmes, mais après en avoir massacré tout ce qu'ils ont pu. Il y a donc, par conséquent, beaucoup de femmes tuées; mais aussi beaucoup ne sont que blessées, et elles peuvent encore se rétablir. J'ai rencontré hier un enfant de trois ans, un charmant petit garçon, à qui un de ces lâches a hideusement fendu la tête par la bouche. Le vizir s'était emparé, dans un des châteaux de l'empereur, d'une très-belle autruche vivante ; mais il lui a aussi fait couper la tête pour qu'elle ne retombât point au pouvoir des chrétiens. Il est impossible de détailler tous les raffinements de luxe que le vizir réunissait dans ses tentes. Il y avait là des bains, des petits jardins avec des jets d'eau, des garennes à lapins, enfin jusqu'à un perroquet, à qui nos soldats ont fait la chasse, mais qu'ils n'ont pu saisir.

« Aujourd'hui, je suis allé voir la ville, elle n'aurait pu tenir au delà de cinq jours. Le palais impérial est criblé de boulets ; ces immenses bastions, crevassés et à moitié croulés, ont un aspect épouvantable ; on dirait de grands quartiers de roc.

« Toutes les troupes ont bien fait leur devoir ; elles attribuent à Dieu et à nous la victoire. Au moment où l'ennemi a commencé de plier (et le plus grand choc a eu lieu là où je me trouvais, vis-à-vis le vizir), toute la cavalerie du reste de l'armée s'est portée vers moi à l'aile droite, le centre et l'aile gauche ayant déjà fort peu à faire ; j'ai vu alors accourir M. de Bavière, le prince Waldeck et autres ; ils m'embrassaient, ils me baisaient le visage ; les généraux me baisaient les mains et les pieds ; les soldats, les officiers, à pied et à cheval, s'écriaient : Ah! *unser brave Konig!* (Ah! notre vaillant roi !) Tous m'obéissaient encore mieux que les miens.

« Le commandant de la ville, Stahremberg, est aussi venu me voir aujourd'hui. Tout cela m'a embrassé en me donnant le nom de sauveur. J'ai été dans deux églises où le peuple m'a baisé les mains, les pieds, les habits ; d'autres qui n'y pouvaient toucher que de loin, s'écriaient : Ah ! donnez-nous à baiser vos mains victorieuses ! Ils avaient l'air de vouloir crier *vivat ;* mais ils étaient retenus par la crainte des officiers et autres supérieurs. Cependant un gros du peuple fit entendre une espèce de *vivat*. Je remarquai que les supérieurs le voyaient de mauvais œil ; aussi après avoir dîné chez le commandant, me hâtai-je de quitter la ville et de revenir au camp. La foule m'a reconduit jusqu'aux portes. Je vois que Stahremberg est en mauvaise intelligence avec les magistrats de la ville. En me recevant, il ne m'a présenté aucun des employés civils. L'empereur m'a fait savoir qu'il était à un mille d'ici..... Mais voilà le jour qui commence à poindre ; il faut que je finisse cette lettre. On ne me laisse plus la faculté d'écrire et jouir plus longtemps de votre aimable tête-à-tête.

« Nous avons perdu beaucoup des nôtres dans la bataille ; nous regrettons surtout deux personnes dont Dupont vous parlera. Parmi les étrangers, le prince de Croy a été tué; son père est blessé, et ils ont encore perdu quelques autres personnages de marque.

« Il Padre d'Aviano m'a embrassé un million de fois dans l'effusion de sa joie ; il prétend avoir vu, pendant la bataille, une colombe blanche planer sur nos armées.

« Nous nous mettons en marche dès aujourd'hui, pour poursuivre l'ennemi en Hongrie. Les électeurs m'ont dit qu'ils m'accompagneraient.

« C'est vraiment une grande bénédiction de Dieu. Honneur et gloire lui en soient rendus à présent et à jamais !

« Dès que le vizir se fut aperçu qu'il ne pouvait plus tenir, il fit appeler ses fils auprès de lui, et se mit à pleurer comme un enfant. Il dit ensuite au khan des Tartares : « *Sauve-moi, si tu peux.* » Le khan lui répondit : « *Nous le connaissons bien, le roi de Pologne; il est impossible de lui résister; songeons plutôt à nous tirer de là.....* »

« Je suis au moment de monter à cheval pour marcher en Hongrie, et j'espère, comme je vous l'ai dit en vous quittant, vous revoir à Itryi. Que Wyszynoki y fasse réparer les cheminées et préparer les appartements.

« Cette lettre est la meilleure gazette, et vous pouvez vous en servir à cette fin, en prévenant que c'est la lettre du roi à la reine.

« Les princes de Bavière et de Saxe sont décidés à me suivre jusqu'au bout du monde. Il nous faudra doubler le pas pendant les deux premiers milles, à cause de l'insupportable infection des cadavres, tant d'hommes que de chevaux et de chameaux.

« J'ai écrit au roi de France, je lui ai dit que c'était à lui particulièrement, comme roi très-chrétien, qu'il me convenait de faire mon rapport de la bataille gagnée et du salut de la chrétienté.

« L'empereur est à un mille et demi. Il descend le Danube en chaloupe; mais je m'aperçois qu'il n'a pas grande envie de me voir, peut-être à cause de l'étiquette. Il se presse d'arriver à Vienne pour faire chanter le *Te Deum*. Voilà pourquoi je lui cède la place. Je suis fort aise d'éviter toutes ces cérémonies; on ne nous a régalés que de cela jusqu'à ce jour. Notre fils est brave jusqu'à l'excès. »

Ce bulletin domestique, qui fait lire le bonheur de l'amant et du père dans le cœur du héros, est le plus vivant récit de la bataille qui sauva l'Europe. La gloire ordinairement féroce ou superbe y devient pathétique comme l'amour, l'accent de tristesse qui transpire sous le bonheur, dans le bulletin de Sobieski, était le pressentiment de l'indifférence de l'Allemagne pour un si grand service, et des persécutions qui l'attendaient chez ses ingrats et factieux compatriotes.

XXVI

Ce pressentiment ne le trompait pas.

Léopold, qui ne savait ni vaincre ni même combattre, jaloux, offensé de la gloire de Sobieski, ne lui pardonnant pas les services qu'il venait d'en recevoir, étonna le monde par son ingratitude : il semble que ce soit de tout temps la destinée du gouvernement impérial.

Tandis que tous les peuples de l'Europe poussaient des cris d'enthousiasme comme celui de Vienne, et se sentaient délivrés avec lui; tandis que les protestants comme les catholiques célébraient la victoire de Sobieski, que toutes les chaires retentissaient de ce nom glorieux, qu'Innocent XI tombait au pied du crucifix et fondait en larmes de joie, en recevant l'étendard du Prophète que lui envoyait le vainqueur, Léopold, préoccupé des prérogatives de son rang, humilié de lui-même, irrité contre les transports de ses sujets, offusqué par son libérateur, inquiet des promesses qu'il lui avait faites pour décider son alliance, au lieu de courir à sa rencontre, ne rentrait dans Vienne qu'en l'évitant et ne tenait conseil que pour discuter la question des préséances à son égard.

Sobieski trancha cette puérile difficulté, ainsi qu'il le raconte lui-même. L'entrevue eut lieu à cheval. Léopold resta glacé et fut à peine convenable : il n'eut pas même l'hypocrisie de la reconnaissance ! Le roi, étonné d'une si sordide ingratitude, ne put s'empêcher de lui dire : « Je suis bien « aise, sire, de vous avoir rendu ce petit service. » Ce fut toute sa vengeance, mais celle de Léopold ne s'arrêta pas là. Les tracasseries, les difficultés entourèrent Sobieski et son armée. On leur disputait, on leur dérobait leurs trophées. On refusait des secours à leurs blessés, une sépulture chrétienne à leurs morts. On les laissait exposés à mourir de faim sous les murs de Vienne !

« Aujourd'hui, écrivait le roi, nous avons l'air de pestiférés que tout le monde évite ; tandis qu'avant la bataille, mes tentes, qui, Dieu merci, sont assez spacieuses, pouvaient à peine contenir la foule des arrivants. » Il voulait marcher en avant, profiter de la victoire, on lui créait mille obstacles.

Au reste, cette ingratitude de l'empereur s'étendit à presque tous ceux qui avaient contribué à le sauver; elle fut proportionnée aux services. Les alliés, indignés, abandonnaient en foule le camp impérial. Sobieski, presque seul, malgré ses officiers et toute l'armée, qui le pressaient de se dérober enfin à l'outrage, resta fidèle à la cause qu'il avait embrassée.

« Ma destinée, » disait-il, « est d'obliger tout le monde et de n'avoir rien à attendre que de Dieu. » Il se mit donc en mouvement; il voulait *porter un second coup décisif*, comme il l'écrivait à la reine. Il s'avançait déjà dans les plaines de Hongrie, toujours poussant les bandes turques devant lui, que les Impériaux étaient encore à délibérer sous les murs de Vienne.

XXVII

Cette lenteur des Allemands dans la poursuite du grand vizir sauvait les débris de l'armée ottomane et leur permettait de se rallier derrière Gran. L'empereur Léopold, comme nous l'avons dit, s'était décidé enfin à éluder cette puérile difficulté en rencontrant Sobieski à cheval; cette froide entrevue entre le héros et le fugitif restauré dans sa capitale, est naïvement retracée dans cette lettre de Sobieski à sa femme :

« L'empereur, » dit-il, « avait à sa suite une cinquantaine de courtisans et de ministres. Des trompettes le devançaient; des gardes du corps et une dizaine de valets de pied le suivaient. Je ne vous ferai pas le portrait de l'empereur, car il est connu. Il était monté sur un cheval bai de race espagnole; il avait un justaucorps richement brodé, un chapeau à la française, avec une agrafe et des plumes blanches et rouges, une ceinture montée en saphirs et en diamants, l'épée de même. Nous nous sommes salués assez poliment; je lui ai fait mon compliment, en latin et en peu de mots; il m'a répondu dans la même langue, en termes choisis. Étant ainsi vis-à-vis l'un de l'autre, je lui ai présenté mon fils, qui s'est approché et l'a salué. L'empereur n'a pas seulement mis la main au chapeau; j'en ai été comme terrifié. Il en a usé de même avec les sénateurs et les hetmans, et même avec son allié, le prince palatin de Belz. Pour éviter le scandale et les gloses du public, j'ai encore adressé quelques mots à l'empereur, après quoi j'ai tourné mon cheval : nous nous sommes salués mutuellement et j'ai repris la route de mon camp. Le palatin de Russie a fait voir notre armée à l'empereur, ainsi qu'il l'avait désiré; mais nos gens ont été très-piqués et se plaignaient hautement de ce que l'empereur n'avait pas daigné les remercier, ne serait-ce que du chapeau, pour tant de peines et de privations. Après cette séparation, tout a changé subitement; c'est comme si on ne nous connaissait plus.

« On ne nous donne plus ni vivres ni fourrages; on refuse d'enterrer nos morts dans les cimetières de la ville! Moi-même j'ai eu toute la peine du monde à obtenir l'hospitalité dans un couvent pour reposer ma tête. Après une si grande bataille, où nous avons perdu tant de monde et tant de fils de nos familles les plus illustres, nous perdons encore nos chevaux et nos bagages, et nous sommes exposés à la pitié et à la risée de ceux que nous avons délivrés! Sur mon Dieu! il y a de quoi mourir dix fois par jour de voir échapper, par leur lenteur, tant de belles occasions d'anéantir les Turcs et tant de glorieuses journées! Je me remets en marche aujourd'hui pour m'éloigner de cette ville de Vienne où l'on fait feu sur mes soldats!»

XXVIII

Pendant ces tergiversations et ces délais des troupes de l'empereur, qui semblait craindre de donner une seconde victoire à Sobieski, Kara-Moustafa, à l'abri derrière Raab, rejetait sur ses lieutenants la honte de son désastre. Reprochant au vieux et brave Ibrahim-Pacha, gouverneur d'Ofen, ses trois cents canons laissés dans les batteries de Vienne, ses tentes et ses trésors devenus les dépouilles des infidèles : « Toi, vieux vizir, » lui dit-il en plein divan, « toi, dont les cheveux ont blanchi au ser-« vice de la Porte, tu t'es laissé vaincre, et tu as « tourné bride pour satisfaire ta jalousie contre « moi ; mais tu vas porter la peine de notre dé-« faite. »

Il ordonna au chef des tschaouschs de trancher la tête du vieillard devant sa tente. La tête du plus brave des Ottomans roula pour expier la déroute d'un vizir incapable. Cette exécution souleva les murmures de l'armée, mais retrempa par la terreur la discipline des troupes ralliées autour de Moustafa.

Sobieski, impatient d'attendre les auxiliaires allemands, suivait trop témérairement les deux cent mille Ottomans, en recueillant sur sa route les débris du grand vizir. Son humanité épargnait les vaincus.

« Ma chère âme, j'avais quitté Vienne, et je marchais avec l'avant-garde : j'aperçois dans une vallée un grand château non ruiné. Je demande ce que ce peut-être ; sur la réponse que c'est l'endroit où l'on entretient les lions, je m'en approche, et j'entends des coups de feu (c'est ce qu'il me faut aussi mentionner dans la gazette). Je fais prendre des informations sur ce que cela veut dire, et j'apprends que c'est une cinquantaine de janissaires, échappés pendant la nuit des tranchées de Vienne, et qui étaient venus s'enfermer dans une tour, espérant que le vizir se raviserait et reviendrait à la charge. Ils se refusaient à toute capitulation avec les Allemands. En effet, ils avaient déjà tué beaucoup de monde, et on ne pouvait guère les déloger que par une explosion de mine. Je leur ai fait dire que j'y étais en personne; alors ils se sont rendus, et on les a conduits sains et saufs dans mon camp. J'ai trouvé dans le château une lionne très-affamée, à qui j'ai fait donner à manger ; mais ce qui valait bien mieux, nous y avons trouvé du biscuit pour en charger cinquante mille chariots ; car c'est d'ici qu'on approvisionnait chaque jour l'armée du vizir.

« La Hongrie que je parcours, » écrivait-il à sa chère Marie, « est une motte de terre qui, si on la pressait dans la main, ne rendrait que du sang. L'empereur est reparti de Vienne pour Linz. Je lui ai envoyé quelques beaux chevaux de selle, qu'il a paru désirer, équipés de harnais, couverts de diamants, de rubis et d'émeraudes ; j'ai envoyé aussi au prince d'Anhalt, mon ami, un beau cheval caparaçonné. Quant à moi, je serai peut-être réduit à revenir en Pologne avec des buffles et des chameaux. La tente du grand vizir était pleine de parfums, de baumes et de bijoux qu'on ne peut se lasser d'admirer ; il nous a laissé de bien belles choses, particulièrement tout ce qui touchait à son corps étaient les choses les plus rares et les plus merveilleuses du monde. »

XXIX

Une maladie semblable à la peste décima ses troupes et l'atteignit lui-même sur les bords marécageux du Danube, près de Presbourg. Ce fléau même ne parvint pas à le détacher de la poursuite des Turcs. Sa femme, plus ambitieuse que lui, ne cessait de lui reprocher, avec amertume, de ne pas s'attribuer, pour prix de la victoire, le royaume de Hongrie. Sa loyauté répugnait à dépouiller l'empereur qu'il était venu assister. La reine, objet d'une si constante tendresse, s'unissait à ses ennemis de Varsovie pour le gourmander durement de ce qu'il ne faisait pas la paix avec les Ottomans, à ce prix de la Hongrie arrachée à l'Autriche et abandonnée par eux à la Pologne.

« Non, non, » lui répondit-il, « sachez, mon

cœur, qu'il faut d'abord conquérir ses quartiers d'hiver avant de retourner près de vous; autrement les Turcs reviendraient à la charge et ne nous laisseraient pas en repos. Mais vous faites la guerre, mon amour, selon vos fantaisies. Je vous suis bien reconnaissant de cette preuve de tendresse, et je ne demande pour toute grâce que d'être aimé présent comme je le suis maintenant dans l'absence ; bien que l'amour soit charmant en souvenir, il ne vaut cependant pas autant qu'en réalité. Puisque je ne puis jouir de votre présence, je laisse au moins un libre cours à mon imagination, et j'embrasse un million de fois mon adorable Mariette ! »

XXX

Cependant, les factions intérieures de la Pologne auxquelles sa femme elle-même s'associait contre la politique héroïque de son mari, retentissant jusque dans son camp, semaient l'insubordination dans son armée et le faisaient abandonner tour à tour par les nobles des partis contraires, volontaires presque indépendants dont la défection lui enlevait leurs vassaux ; il restait seul avec une poignée d'hommes devant l'armée recomposée par le grand vizir. Rejoint, enfin, sur les bords du Danube, près de

Comorn, par le duc de Lorraine, il fit résoudre, dans un conseil de guerre, le passage du fleuve par l'armée combinée.

Pendant qu'il suivait la rive, presque en face de l'armée ottomane, cherchant un site favorable à ce dessein, les Turcs, fortifiés par Tékéli, débouchant au nombre de cent vingt mille hommes par la tête du pont de Parkan, l'enveloppent entre le Danube et leur armée ; tout fuit devant ce déluge de Tartares, d'Ottomans, de Hongrois résolus de venger la honte de Vienne. Sobieski persiste seul à combattre avec un noyau de six mille hussards polonais ; débordé par ses flancs, séparé de son infanterie, emprisonné dans un tourbillon de fer et de feu, foudroyé par l'artillerie du grand vizir, assailli par les charges répétées de Tékéli et de ses uhlans, un cavalier turc lève sur sa tête sa hache d'armes. Un de ses gentilshommes, donnant sa vie pour la sienne, détourne l'arme du spahis et reçoit le coup mortel ; ses escadrons jonchaient de leurs chevaux et de leurs cadavres la plaine marécageuse et coupée de fossés, par laquelle ils cherchaient leur seul refuge contre les Turcs. La vigueur du cheval de Sobieski semblait redoubler par l'intelligence du danger de son maître ; il sauvait le roi presque à son insçu. Sobieski, à peine rétabli de la maladie qui avait épuisé sa vigueur, énervé par de longs combats, couvert de sang, écrasé de douleur, n'avait plus la force de guider son cheval ; soutenu en selle par deux de ses pages, qui le tenaient de la main sous l'aisselle, le buste courbé en avant, la tête chancelante sous le casque, comme un homme ivre de vin ou de sang, il ne savait où l'emportait le galop de sa faible escorte, et ne se réveillait de sa léthargie que pour demander avec terreur où était son cher enfant séparé de lui par la mêlée.

Parvenu au pied d'une colline d'où le feu de son artillerie écartait les spahis, on le coucha inanimé sur une botte de roseaux; son fils, sauvé par un gentilhomme français qui l'avait abrité dans une chapelle en ruine, écartée du champ de carnage, tomba dans ses bras ; le père et l'enfant confondaient leurs pleurs. Le duc de Lorraine arriva enfin avec le corps d'armée, et releva généreusement Sobieski de son abattement. Le héros ne chercha pas à pallier sa défaite. « J'ai été bien battu aujourd'hui, » dit-il au duc de Lorraine, « songeons à vaincre demain ! »

Trois jours après il remportait la dernière de ses victoires sur la plaine même témoin de son désastre, et forçait les Turcs à repasser le fleuve sur le pont de Gran, rompu et submergé par son artillerie ; le Danube engloutit trente mille Ottomans, Tartares et Hongrois qui se précipitèrent dans ses ondes pour fuir le sabre des hussards de Sobieski. Lui-même dirigeant l'assaut de son infanterie contre la forteresse de Gran, dont les créneaux et les palissades étaient couronnés des têtes coupées de ses soldats récemment tués au pied de ses murs, cinq pachas et des milliers de Turcs y furent égorgés par les Polonais et les volontaires français de l'armée du roi. Un jeune page de la reine, son parent, nommé la Mouilly, se couvrit de gloire et de sang en fermant presque à lui seul le pont-levis de la forteresse par où les Turcs voulaient se précipiter hors du château.

Tékély, à cheval, avec sa femme, la belle Hélène de Serin, qui le suivait jusque dans la mêlée, parut trop tard avec son corps d'armée sur les hauteurs pour participer au combat. Les Turcs l'accusèrent, non sans apparence, de s'être égaré à dessein pour laisser triompher Sobieski. Son importance en Hongrie tenait à la balance qu'il maintenait entre les Turcs et les Polonais ; il voulait grandir de la ruine des uns et des autres. Dans cette pensée, il envoya complimenter Sobieski sur son héroïsme, et s'offrit *comme un intermédiaire de paix* aux Turcs et aux Polonais.

XXXI

La lettre de Sobieski à la reine, datée du champ de bataille de Gran, respire la reconnaissance envers Dieu et ses soldats.

« Quand on a annoncé avant-hier à mon infanterie que j'avais succombé dans la fuite, ils se sont écriés : Que nous importe à présent de vivre, puisque nous avons perdu notre père ? menez-nous au feu et mourons avec lui !...

« A présent que je suis rétabli, je veux vous avouer, mon cher cœur, que j'ai été tellement foulé et meurtri par les fuyards, que dans beaucoup d'endroits, mon corps était noir comme du charbon. Le pauvre Palatin de Pomérélie a été retrouvé sans tête ; presque tous nos pages ont péri dans l'action ; notre petit nègre Joseph est tombé dans les mains des Turcs, qui lui ont coupé la tête. J'avais aussi un jeune hongrois, qui parlait plusieurs langues, il a péri ; mais apprenez, mon amie, le sort de mon petit calmouck : vous savez son habileté à la chasse du lièvre à la course, eh bien ! toute son adresse à cheval n'a pu le sauver ; je ne sais par quel heureux hasard les Turcs, qui l'avaient pris, l'ont épargné. Hier, après la déroute des infidèles, on l'a retrouvé sous une de leurs tentes ; les nôtres l'avaient aussitôt reconnu, ainsi que son cheval attaché au pilier de la tente, lorsqu'un Allemand accourut et lui lança un coup d'espadon dans la figure ; malgré les promesses des chirurgiens, je ne sais s'il en réchappera.

« C'est une chose étrange, » ajouta le héros superstitieux comme tous les hommes qui jouent les grands enjeux contre le destin, « c'est une chose bizarre, jeudi, lorsque nous marchions à l'ennemi, un chien noir, sans oreilles, était constamment devant nous sans qu'il fût possible de le chasser ; ajoutez qu'un aigle noir a plané, pendant quelque temps, presque au niveau de nos têtes, et puis s'est envolé derrière nous. Hier, au contraire, un pigeon blanc s'est placé plusieurs fois devant nos escadrons ; un très-bel aigle, tout blanc aussi, s'est abattu devant nos lignes, et rasant presque la terre, il a semblé nous conduire sur l'ennemi !... Kara-Moustafa s'est enfui jusqu'à Belgrade pour prévenir la colère et fléchir la justice de son maître ; comme il proposait une escorte au juif chargé de ses diamants, de peur qu'il ne fût dévalisé par ses propres soldats en fuite : « Non, » lui a répondu son trésorier, « je me coifferai « de mon bonnet allemand, et toute votre armée « prendra la fuite devant moi ! »—« Hélas ! hélas ! »

s'est écrié le vizir, « cela est trop vrai, et le proverbe
« ottoman a bien raison de dire : *Ceux que Dieu a*
« *mis en fuite auraient peur même d'un Hébreu !* »

« Fanfan, notre jeune fils, s'est bien aguerri au
feu dans la journée d'hier, car l'artillerie du château de l'autre côté du Danube nous a canonnés
sans cesse; on ne peut nier que le sang de la noblesse polonaise n'ait abondamment coulé pour la
cause de l'Allemagne et de la chrétienté.

« Seule joie de mon âme, charmante et bien
aimée Mariette, » lui écrivit-il quelques jours après,
« j'ai fait capituler cinq mille Turcs et le pacha
d'Alep, dans la forteresse de Strigonie, possédée
depuis cent cinquante ans par les Turcs. A quel
changement de fortune ce monde est sujet! Dieu
et la gloire, voilà notre seule récompense. »

XXXII

Au milieu de ces triomphes, il ressentait le cruel
abandon de sa patrie et la jalouse opposition de sa
noblesse et de son propre sang contre lui.

« Si la Pologne, » écrivait-il à Mariette, complice
de cette conjuration contre la continuation de sa
gloire, « si la Pologne était une île au milieu de
l'Océan, elle serait pour moi à présent comme celles

dont nous parlent les historiens qu'on voyait flottantes au-dessus des murs, tantôt visibles et tantôt submergées. Depuis cinq semaines je ne sais plus s'il y a une Pologne au monde ; ce n'est pas tant de ce silence sur les choses politiques dont je souffre, que de la privation des nouvelles de votre santé, d'où dépend mon bonheur et ma vie. »

Avant de revenir aux Ottomans, on se complaît à suivre ce héros sur son champ de victoire jusqu'à sa tombe. Resté forcément en Pologne par la contrainte de ses nobles, de sa diète et de sa propre femme, ligués contre sa gloire, il entre en triomphe à Varsovie, le jour où Kara-Moustafa, rentré lui-même à Belgrade, recevait de son maître l'ordre de mourir.

Mahomet IV ne le croyait pas coupable, mais la nation le croyait fatal ; son supplice était un sacrifice à la fatalité. L'aga des janissaires, envoyé d'Andrinople à Belgrade pour rapporter sa tête, lui laissa par faveur le privilége de se faire étrangler par ses propres serviteurs. Avant de mourir, Kara-Moustafa, qui prévoyait sa destinée, avait fait un voyage secret à Constantinople pour assurer à ses héritiers ses immenses richesses. Les ouvriers albanais qu'il avait employés à enfouir son trésor dans un souterrain connu de lui seul et de ses enfants, avaient été égorgés, par son ordre, sur leur ouvrage.

Revenu à Belgrade, un jour qu'il explorait du regard la campagne du haut de son palais, il aperçut un groupe de cavaliers qui descendaient la colline, il pâlit en pressentant le glaive ou le cordon apporté d'Andrinople par ces messagers. Il envoya un de ses pages au devant d'eux, les introduisit avec honneur, les fit asseoir, et tirant lui-même le sceau de l'empire de son sein, il le baisa en signe de reconnaissance pour le maître de qui il l'avait reçu, fit sa prière et ses ablutions suprêmes, puis s'étant agenouillé, il reçut le cordon des mains de ses serviteurs, le noua lui-même autour de son cou et expira en bénissant, non la justice, mais la volonté du maître qui lui faisait expier les revers de l'islamisme.

XXXIII

Le supplice de Sobieski fut plus long et peut-être plus cruel. La jalousie des grands, la popularité des tribuns, la turbulence des diètes, les dissensions de la république, l'ingratitude de la nation, qu'il avait élevée au sommet de la gloire et de la puissance, sans pouvoir l'y maintenir, les refus de subsides des Polonais, les intrigues de sa femme, la vieillesse enfin qui rouille tout, même le génie, la compétition anticipée au trône, qu'il occupait encore, et les trames impatientes contre sa vie dans sa propre cour, empoisonnèrent sa longue vie. Jamais nation n'apprécia moins le grand homme que la Providence lui avait signalé pour régénérateur de sa liberté.

Cette Mariette, qu'il avait tant aimée, ne fit qu'aggraver ses chagrins qui allaient flétrir et abréger les restes de cette grande vie.

« Marie-Casimire, » dit son historien, M. de Salvandy, « fut le fléau du héros qui l'avait couronnée. La montrerons-nous remplissant le palais, comme la république, de ses complots et de ses intrigues; mettant la main à toutes les affaires d'État ou de famille, et l'y mettant pour porter partout la discorde et la corruption ; troublant par son inconsistance, par sa mobilité, par son inquiétude d'imagination et d'esprit, l'intérieur du roi, quand ce n'était pas par son ambition et son avarice ; plus emportée dans ses caprices sans nombre à mesure que les ans, qui semblaient la respecter, lui faisaient craindre de plus près son déclin, jalouse de la confiance de son époux, comme une autre l'eût été de sa tendresse; disputant à ses vieux jours d'honorables et douces affections, après ne lui avoir pas contesté dans sa jeunesse les fantaisies de ses obscures amours; exilant du palais sa propre sœur, la grande chancelière Wielopolska, sa belle-sœur la princesse Sobieska-Radziwill, le savant Zaluski, tous les esprits capables de charmer la vie du roi, et livrant le pouvoir, qu'elle conservait ainsi, à deux femmes de chambre, la Letreu et la Féderba, ennemies acharnées, qui régnaient sur elle comme elle sur le roi, et remplissaient, à son exemple, la ville et la cour de menées, de discordes, de fureurs, de vénalité? Un trait fera juger de l'esclavage où l'amour de la paix domestique, le premier des biens, aux yeux de Jean, fit tomber l'infortuné monarque. Il avait promis les sceaux à Zaluski. Wielopolski mort, il les lui présente; car il était plus esclave encore de sa parole que de la volonté de Marie-Casimire. Mais, « mon ami, » lui dit-il, « si vous les acceptez, c'en est fait de moi. Je serai « obligé de fuir ma maison. Je n'imagine pas où « je pourrai aller mourir en paix! »

« La famille royale était, à l'image du palais, en proie aux haines et à l'anarchie. Là, comme dans l'État, Jean travaillait vainement à rétablir la concorde, partout troublée par les passions emportées et changeantes de la reine. Contenus comme les partis sous sa main royale, ses trois fils, ne pouvant se combattre hautement, se haïrent : ce fut une de ces haines fraternelles dont parle Tacite. Au sortir du berceau, ils n'étaient déjà plus des frères ; c'étaient des compétiteurs.

« Le roi vivant, sa famille, la Pologne et l'Europe disputaient son héritage. Lui-même, l'œil fixé sur le vide qu'il laisserait au sein de sa malheureuse patrie, n'était occupé qu'à le remplir. Du milieu de ses chagrins domestiques, sa pensée planait sur l'avenir de la Pologne ; et de toutes les sollicitudes qui assiégeaient son âme, il l'a dit mille fois, celles-là étaient encore les plus amères. »

Le gémissement public qu'il fit entendre en reproches au sénat de Pologne, peu de temps avant sa fin, est l'acte d'accusation le plus éloquent et le plus pathétique du patriotisme de ce héros, contre la turbulence de ses compatriotes.

« Hélas ! » dit Sobieski aux sénateurs sans cesse ameutés contre lui et contre la patrie, « celui-là
« connaissait bien les peines de l'âme, qui a dit que
« les petites douleurs aiment à parler, que les gran-
« des sont muettes. L'univers même restera muet en
« contemplant nous et nos conseils ! Il semble que
« la nature doive être saisie d'étonnement ; cette

« mère bienfaisante a doté tout ce qui a vie de l'ins-
« tinct de la conservation, et donné aux plus ché-
« tives créatures des armes pour leur défense; nous
« seuls dans le monde tournons les nôtres contre
« nous. Cet instinct nous est ravi, non par quelque
« force supérieure, par un inévitable destin, mais
« par un délire volontaire, par nos passions, par
« le besoin de nous nuire à nous-même. Oh! quelle
« sera un jour la morne surprise de la postérité, de
« voir que, du faîte de tant de gloire, quand le nom
« Polonais remplissait l'univers, nous ayons laissé
« notre patrie tomber en ruine, y tomber, hélas!
« pour jamais! Car, quant à moi, j'ai su vous ga-
« gner çà et là des batailles ; mais je me reconnais
« destitué de tout moyen de salut. Il ne me reste
« plus qu'à m'en remettre, non pas à la destinée,
« car je suis chrétien, mais au Dieu grand et fort,
« de l'avenir de ma patrie bien-aimée.

« Il est vrai que s'adressant à moi, on a dit qu'il
« y avait un remède aux maux de la république; ce
« serait que le roi ne fît point divorce avec la liberté,
« et la restituât..... L'a-t-il donc ravie, sénateurs,
« cette liberté sainte dans laquelle je suis né, dans
« laquelle j'ai grandi, reposé sur la foi de mes ser-
« ments? et je ne suis pas un parjure. Je lui ai
« dévoué ma vie dès mon jeune âge : le sang de

« tous les miens m'apprit à fonder ma gloire sur ce
« dévouement. Qu'il aille, celui qui en doute, visiter
« les tombeaux de mes ancêtres ; qu'il suive la
« route qui m'a été frayée par eux vers l'immor-
« talité. Il reconnaîtra, à la trace de leur sang, le
« chemin du pays des Tartares et des déserts de la
« Valachie. Il entendra sortir, du sein des entrailles
« de la terre et de dessous le marbre glacé, des voix
« criant : *Qu'on apprenne de moi qu'il est beau et
« doux de mourir pour la patrie !* Je pourrais invo-
« quer les souvenirs de mon père, la gloire qu'il
« eut d'être appelé quatre fois à présider les comices
« dans ce sanctuaire de nos lois, et le nom de *bou-
« clier de la liberté* qu'il mérita....... Croyez-moi,
« toute cette éloquence tribunitienne serait mieux
« employée contre ceux-là qui, par leurs désordres,
« appellent sur notre patrie le cri du prophète, que
« je crois, hélas ! entendre déjà retentir au-dessus
« de nos têtes : Encore quarante jours, et Ninive
« sera détruite.

« Vos dominations, illustrissimes, savent que je
« ne crois point aux augures ; je ne cherche point
« les oracles ; je n'ajoute point foi aux songes. Ce
« ne sont point des oracles, c'est la foi qui m'ensei-
« gne que les décrets de la Providence ne peuvent
« manquer de s'accomplir. La puissance et la jus-

« tice de celui qui régit l'univers règlent le destin
« des États ; et là où l'on peut impunément oser
« tout du vivant du prince, élever autel contre au-
« tel, chercher les dieux étrangers sous l'œil du vé-
« ritable, là grondent déjà les vengeances du Très-
« Haut.

« Sénateurs, en présence de Dieu, du monde, de
« la République entière, je proteste de mon respect
« pour la liberté ; je promets de la conserver telle
« que nous l'avons reçue. Rien ne pourra me déta-
« cher de ce saint dépôt, pas même l'ingratitude,
« ce monstre de la nature.... Je continuerai d'im-
« moler ma vie aux intérêts de la religion et de la
« République, espérant que Dieu ne refusera point
« ses miséricordes à celui qui ne refusa jamais de
« donner ses jours pour son peuple. »

La perte irrémédiable de la Pologne devait être la peine de son anarchie et de son ingratitude. Sobieski, qui ne croyait pas aux augures, était lui-même, à son insçu, dans ces magnifiques reproches, l'oracle vivant de la ruine de sa patrie.

XXXIV

Pour comble de revers, ses deux fils, animés d'une ambition fratricide, se menaçaient, les armes à la main, sous ses yeux, et déchiraient d'avance la nation en deux factions contraires. Pendant que la faction du prince Sapiéha ensanglantait la diète et offusquait le trône même dans sa capitale, Sobieski voyait s'élever en Russie, sous la main de Pierre le Grand, la puissance qui devait dévorer un jour la Pologne. La maladie le dévorait lui-même, aigri par le chagrin domestique dans la solitude champêtre où il fuyait envain le spectacle de l'anarchie des diètes; la reine le torturait jusque sur son lit de mort par la main de ses prêtres pour lui arracher une désignation au trône pour un de ses fils.

« Ce grand homme, » dit l'évêque qui lui portait les insinuations de la reine, » me peignit avec sanglots les souffrances de son corps et de son âme ; puis, comme un homme vaincu par la douleur : « N'y
« aura-t-il donc, » s'écriait-il, « personne qui veuille
« venger ma mort! Voyez dans cette nation le débor-
« dement des vices, la contagion de la démence, et
« je croirais, moi qui ne suis pas écouté vivant, que
« ce peuple exécuterait mes volontés posthumes? »

Enfin, revenu un moment d'un évanouissement qui avait suspendu ses peines avec sa vie : « Hélas! » dit-il en reprenant sa pensée et ses sens. « *J'étais*
« *si bien dans cet anéantissement de moi-même!*
« *Pourquoi renaître à la souffrance et à la vie?* » Un

second évanouissement fut mortel ; il expira comme il était né, au milieu d'une tempête, image de l'éternelle tempête de sa patrie vouée, comme son héros, aux convulsions de l'anarchie.

Sa veuve se ligua avec la faction des nobles pour combattre l'élection au trône de ses fils, offrant sa main aux ambitieux de la noblesse contre ses propres enfants. Le trône échappa à la fois à la veuve et aux fils ; quatre-vingt mille électeurs à cheval dans la plaine de Vola, nommèrent, le sabre à la main, deux rois à la fois, l'un protégé de l'Autriche, l'autre candidat de la France, aucun des deux patriote.

Le nombre des escadrons décida enfin l'élection en faveur d'un étranger, le prince Auguste de Saxe, candidat de l'Autriche et du Pape. Pendant ces orages, le corps de Sobieski attendit trente-six ans un tombeau.

Revenons à Andrinople.

XXXV

Le sultan, rentré dans son sérail d'Andrinople, nomma, après le supplice de Kara-Moustafa, Ibrahim-Pacha grand vizir. Le poste de caïmakam qu'il occupait depuis le commencement de la guerre l'avait préparé à cette dignité. C'était un homme intègre et fidèle, sans autre ambition que le service de l'État, et mûri dans l'administration et dans la guerre. Les traditions des deux Kiuperli revivaient en lui sans leur génie. La jalousie contre les ennemis favoris du sultan et du grand vizir Kara-Moustafa, était son seul vice. Il les éloigna tous par l'exil ou par le cordon. Mahomet IV, qui redoutait avant tout l'anarchie, fléau des premières années de sa vie, laissait régner complétement ses grands vizirs, même sur ses affections. L'unité du pouvoir était sa maxime ; la responsabilité de ce pouvoir était le supplice. Toutes les créatures de Kara-Moustafa tombèrent avec lui.

XXXVI

Cependant la Hongrie, livrée à elle-même, succombait ville à ville sous le canon du duc de Lorraine et des Polonais ; Pesth, sa capitale, capitulait sans siége ; Ofen soutenait de nombreux assauts sous le commandement de son intrépide gouverneur, Kara-Mohammed : la main mutilée par un boulet, à la tête de ses artilleurs, il ne cessa pas de commander les défenseurs d'Ofen. Couché sur un brancard à la porte de son sérail, il dirigeait la défense, quand, une bombe éclatant auprès de lui, déchira ses entrailles; il convoqua autour de son lit de mort tous ses généraux, et légua devant eux d'une voix ferme, avant d'expirer, le commandement au plus digne, Ibrahim-Pacha.

« Ibrahim, » selon l'historien Raschid, « anima d'un tel fanatisme ses dix mille guerriers, qu'ils coupèrent les têtes de milliers de chrétiens, suspendirent leurs sabres effilés aux étoiles du ciel, et que les anges qui soutiennent le trône de l'Éternel applaudirent du haut du firmament aux exploits de la garnison d'Ofen. »

Cette forteresse fut l'écueil des Impériaux. Ils levèrent le siége d'Ofen, pendant que Sobieski lui-même était contraint, après soixante jours de tranchée, de lever le siége de Kaminieck devant l'armée de Souleïman-Pacha, vainqueur des Polonais à Babataghi.

XXXVII

Les Vénitiens, immobiles jusque-là pendant la campagne indécise de Vienne, profitèrent enfin des victoires de Sobieski pour déclarer la guerre à la Turquie. C'était la Turquie qui avait attaqué la république. Le temps des représailles parut propice au sénat de Venise. Leurs escadres s'emparèrent des sept îles de l'Adriatique, opérèrent des débarquements sur le continent de l'Albanie, et menacèrent l'Archipel.

Un favori du sultan, Moustafa, devenu capitan-pacha, se borna à tenir la mer devant la flotte vénitienne entre Rhodes et Chio, et à lui enlever deux galères. Quatre-vingt mille hommes se rassemblaient en même temps à Belgrade pour secourir les villes de Hongrie que Tékéli défendait encore contre les Allemands. Trois armées ottomanes se formaient ainsi à la fois sous l'impulsion énergique du nouveau vizir, l'une destinée à refouler les Vénitiens en Dalmatie, l'autre à reconquérir la Hongrie sur le duc de Lorraine, la troisième à combattre les Polonais, si les négociations ouvertes pour la paix avec la diète de Varsovie ne faisaient pas tomber les armes des mains du roi de Pologne.

XXXVIII

Pierre Valiero, général des troupes de la république, avait soulevé facilement contre les Turcs les descendants des anciens Spartiates, les populations héroïques de la Maina et des montagnes de la Chimère; ces peuplades chrétiennes de la Morée, de l'Albanie, de la Dalmatie étaient toujours condamnées à changer de maîtres. La guerre presque civile dans ces montagnes, entre les populations divisées de cause, se borna à des siéges de châteaux et à des surprises de places où nul ne put s'attribuer la victoire.

En Hongrie, les Impériaux, tardivement rassemblés au nombre de soixante-quinze mille combattants, sous le duc de Lorraine, sous le comte de Leslie et sous le maréchal Schuelz, enveloppèrent, en se déployant, tout le territoire hongrois comme pour en balayer d'une seule campagne les débris des armées turques.

« Je vois qu'il n'y a plus de bonheur à espérer « ici-bas contre les chrétiens, » s'écria en se consolant de mourir le féroce Hassan, beglerbeg et gouverneur de Neuhœusel. Cette ville était assiégée par le duc de Lorraine pendant qu'Ibrahim-Pacha assiégeait avec ses quatre-vingt mille homme la ville de Gran, ce pivot des Ottomans en Hongrie, conquis l'année précédente par Sobieski. Attaqué dans son camp, devant Gran, par les troupes du duc de Lorraine, Ibrahim abandonna le siége et se retira en laissant mille chariots de six bœufs chargés de ses munitions et de ses vivres.

Le duc de Lorraine, revenu après ce triomphe sous les murs de Neuhœusel, emporta la place d'assaut, le 19 août 1685. Sans apercevoir le drapeau blanc que les Turcs arboraient sur les tours de la ville en signe de reddition, les Allemands les égorgèrent au nombre de quatre mille, et plantèrent la tête du pacha sur la porte de Vienne. Les femmes et les enfants mahométans furent vendus comme esclaves aux officiers de l'armée chrétienne. Le comte de Leslie soumettait, incendiait et massacrait de même la Croatie.

Ces désastres, attribués par le grand vizir à l'infidélité ou à la mollesse de Tékéli, ce roi tributaire de la Hongrie supérieure, le décidèrent à punir sur cet aventurier les fautes des généraux ottomans. Tékéli, invité à une conférence par le pacha de Wardein, fut enlevé dans l'entrevue aux regards de sept mille cavaliers dont il s'était fait accompagner, et conduit enchaîné à Constantinople. Le reste de sa vie ne fut qu'une alternative d'espérances et de déceptions, de liberté et de servitude. Il finit ses jours dans une ferme des environs de Nicomédie, où les Turcs ses alliés lui donnaient du pain au lieu d'un royaume.

XXXIX

Le changement de vizir n'avait pas changé la fortune. Bude, cette reine du Danube, rentra pour jamais, en 1686, sous la domination de l'Autriche ; Siklos fut emporté d'assaut, Essek incendié avec son pont de cinq milles sur la Drave, qui avait si souvent versé l'Asie sur l'Europe. Szégédin fut la dernière ville de la Hongrie recouvrée par les Allemands. Une triple alliance de l'empire germanique, de la Pologne et de la Russie, éleva contre les Turcs, au nord et au couchant, une barrière qui devait bientôt se resserrer sur eux. Le prince russe, Basile Galitzin, envahit la Crimée pendant que Sobieski ravageait la Moldavie. Pérécop seul, vaillamment défendu par les Tartares, sauva cette fois la Crimée de l'invasion des Russes.

Les murmures de l'empire qui se sentait mourir poursuivaient Mahomet IV jusqu'au fond des forêts d'Andrinople et de Macédoine, où sa passion croissante pour la chasse lui faisait oublier la Hongrie et la Crimée ; la religion ne protestait pas moins que l'orgueil national contre des revers attribués par les oulémas à l'incurie du chef des croyants. Une révolution patriotique grondait dans les casernes, dans les cafés, et surtout dans les mosquées de Constantinople. Le muphti, provoqué par les oulémas, rendait de lui-même un *fetwa*, où la liberté religieuse des reproches couvrait mal la sédition des murmures.

Mahomet, attentif à ces premiers symptômes du retour des révoltes qui avaient agité son enfance, accourut enfin à Constantinople, déposa le muphti, et lui reprocha avec raison d'avoir été le premier fauteur de la campagne de Vienne, qu'il accusait maintenant pour complaire au peuple. Il nomma caïmakam le fils du dernier des Kiuperli, digne de son nom par ses talents et par sa vertu. La sagesse de ce troisième Kiuperli apaisa un moment, par des mesures énergiques et judicieuses, le mécontentement public.

La témérité du grand vizir, Souleïman-Pacha, qui venait de repasser le Danube avec ses soldats découragés, et de les conduire à une nouvelle défaite et à une nouvelle fuite, détruisit en un seul jour tout l'effet des mesures de Kiuperli. La Hongrie, renonçant à jamais à l'alliance turque, venait, dans les états de Presbourg, de déclarer le royaume héréditaire dans la maison d'Autriche. Ce vaste démembrement d'un État que les Turcs considéraient depuis deux siècles comme partie intégrante de leur propre monarchie, frappa le peuple de consternation, l'armée de fureur. Le grand vizir, Souleïman, assailli par les janissaires dans ses tentes, fut obligé de s'évader la nuit de son camp pour éviter la mort. Siawousch-Pacha, jusque-là subalterne, fut proclamé, le lendemain, grand vizir par les soldats ameutés. Ils marchèrent sous ce tribun militaire sur Constantinople.

XL

Mahomet IV, incapable de leur opposer et une autre armée et un peuple qui appelait en eux des vengeurs, se hâta d'envoyer à Siawousch le sceau de l'empire, empruntant ainsi à la sédition la seule ressource des faibles, le moyen de réprimer la sédition. Siawousch-Pacha reçut le titre de grand vizir à Andrinople; flatté de ce titre et satisfait de sa fortune, il voulut contenir à Andrinople le mouvement qu'il avait favorisé à Belgrade. L'insubordination le submergea lui-même, les clameurs de l'armée le contraignirent à marcher sur la capitale. Le sultan l'y attendait comme un sauveur. Siawousch tenta, en effet, de changer de rôle et de conserver le trône au souverain dont il avait sapé l'autorité.

Le peuple et les oulémas ne ratifièrent pas ce pacte ordinaire entre la révolte et l'ambition. Une assemblée spontanée du clergé, des chefs de l'armée, des oulémas, des scheiks et des magistrats les plus populaires, se convoqua d'elle-même dans la mosquée des janissaires, pour délibérer sur le salut de la monarchie. Le caïmakam Kiuperli osa y paraître, couvert par le respect que son patriotisme et sa popularité inspiraient pour son nom. Il y plaida, avec éloquence, pour la vie de l'infortuné Mahomet IV : « Il mérite de descendre du trône « pour ses faiblesses et pour nos malheurs, » dit-il, « mais vous vous déshonoreriez à jamais en con-« damnant à mort le souverain que Dieu seul a « droit de juger. »

Avant d'entrer dans la mosquée pour y protéger la vie de son maître, le prudent Kiuperli, prévoyant le meurtre des frères et des fils du sultan, par ce prince si souvent tenté de l'accomplir, s'était rendu au sérail et avait enlevé ses frères et ses fils aux eunuques, pour les confier, dans son propre palais, à la protection des bons musulmans. Cette prudence du caïmakam préserva seule, en effet, ces princes de la mort. Mahomet IV les fit chercher en vain pour être les otages ou les victimes de sa sûreté.

Mahomet IV, en recevant l'arrêt de sa déposition de la bouche des envoyés du peuple, s'inclina sans murmurer devant la fatalité. « Que ma tête seule, » leur dit-il, « porte le poids de la colère divine si « justement excitée par les infidélités des musul-

« mans. Allez dire à Souleïman, mon frère, que
« Dieu déclare sa volonté par le cri du peuple, et
« que c'est à lui désormais de gouverner l'empire. »

Après ces paroles, il s'enfonça pour jamais dans les appartements reculés du sérail, pour y languir jusqu'à la mort ou pour y rêver dans l'ombre quelques-uns de ces retours soudains de la versatilité du peuple dont il avait été témoin dans son enfance, qui emportent du trône au cachot et qui rapportent du cachot au trône.

XLI

Les envoyés de la mosquée se rendirent, suivis de la multitude, dans la retraite où Kiuperli avait dérobé les princes à la mort.

« Que me voulez-vous et pourquoi venez-vous
« troubler mon repos? » leur dit le frère de Mahomet IV, Souleïman, dont la prison avait tourné depuis tant d'années toutes les pensées vers le ciel; « la
« nature a donné à mon frère le droit de vous gou-
« verner, et moi elle ne m'a fait naître que pour
« méditer dans l'ombre et dans le silence les vérités
« éternelles. »

« Le cri du peuple est l'oracle du ciel, prince, » lui répondit un des orateurs; « ce serait un crime

« contre la volonté de Dieu que de ne pas vous
« soumettre à la volonté des Ottomans. »

Accoutumé aux pratiques ascétiques de la vie de derviche, Souleïman ou Soliman III, monta, en tremblant, sur le trône qu'on lui avait préparé. Mais à peine s'y fut-il assis, qu'il en descendit aussitôt, comme s'il eût été souillé par le contact d'une chose prohibée, et qu'il se précipita à genoux pour faire les ablutions et les prières. Mal rassuré par la foule des dignitaires, des chefs et de soldats, prosternés avec le peuple au pied du trône où on l'avait forcé de se rasseoir, il regardait avec anxiété de tous les côtés de la salle pour voir si ce couronnement inattendu n'était pas un piége, et si son frère ne venait pas le punir d'avoir cédé à l'acclamation des séditieux.

XLII

L'armée présente à Constantinople lui commandait de donner aussitôt le sceau de l'empire au chef des révoltés, Siawousch-Pacha. Siawousch, pour se concilier les magistrats civils de la capitale, tenta de refuser aux janissaires et aux troupes les présents usités à l'avénement des nouveaux sultans, et d'éloigner successivement de la capitale les complices de la sédition militaire ; mais celui qui devait le pouvoir suprême à l'indiscipline n'avait pas le droit de rien refuser à l'avidité des soldats. Assiégé dans son palais par les janissaires, il s'y défendit en vain en lion ; poursuivi de chambre en chambre par les hordes effrénées d'assassins, seize janissaires tombèrent morts à ses pieds avant qu'il tombât lui-même sur ce monceau de cadavres.

Pour la première fois depuis les grandes émeutes des prétoriens de Constantinople, les soldats, violant le seuil sacré du harem du grand vizir, outragèrent l'épouse de leur victime ; ils la dépouillèrent de ses vêtements et l'exposèrent nue aux regards sacriléges de leurs compagnons ; ils coupèrent les oreilles de l'aînée de ses deux filles pour en arracher les anneaux de diamants, et vendirent la plus jeune au marché des esclaves, au prix de six piastres. Se répandant de là, les bras teints de sang et les mains chargées de pillage dans la ville, ils saccagèrent les maisons et massacrèrent impunément les serviteurs de tous les fonctionnaires partisans de Siawousch.

Constantinople ressembla pendant quelques heures à une ville prise d'assaut par une horde de barbares. Les oulémas épouvantés se rallièrent en masse autour du caïmakam Kiuperli, devant la porte du sérail, où le nouveau sultan, sans vizir et sans armée, tremblait au bruit de ce tumulte, et déployant l'étendard vert du Prophète, ils appelèrent du haut des minarets les bons musulmans au secours de la patrie, du trône et des lois. Les janissaires, intimidés par cette réprobation de leur crime, désavouèrent les assassins de Siawousch, et vinrent se ranger eux-mêmes devant le palais de ce nouveau maître. Leur aga, Ismaïl-Pacha, fut élevé, pendant quelques jours, au rang de grand vizir ; il se fit sans transition le bourreau de ses complices, et ses exécutions nocturnes couvrirent de cadavres noyés par ses ordres les grèves du Bosphore.

XLIII

Les désastres des frontières répondaient comme autant de contre-coups à ces convulsions de la capitale ; Belgrade elle-même capitulait après un long siége, et livrait au duc de Bavière ce boulevard de la Turquie occidentale. Les Vénitiens, sous Morosini, conquéraient la Dalmatie et assiégeaient Négrepont ; la cour de Vienne s'emparait d'avance, en esprit, de tous les démembrements de l'empire turc ; elle ne demandait rien moins, pour prix de la paix, que la Hongrie tout entière, l'Esclavonie, la Croatie, la Bosnie, la Servie, la Transylvanie, la

Valachie, la Moldavie, la moitié de la Tartarie, dévolue par la victoire aux Polonais, enfin, la Grèce avec ses dépendances pour les Vénitiens déjà maîtres du Péloponèse. Cet empire semblait s'écrouler aussi rapidement qu'il s'était fondé. La France seule restait pour alliée à la Porte et levait cent mille hommes pour combattre en Allemagne les ennemis de Soliman III.

XLIV

Le deuil et les larmes n'attristaient pas moins le harem que l'empire. Les fils et les favoris de Mahomet IV, détrôné, étaient ou exilés au fond de l'Égypte et de l'Arabie, ou relégués dans la *cage des Oiseaux*, kiosk sépulcral des jardins du sérail. La sultane favorite, Rebia Gülmisch, *rosée du printemps*, dominatrice absolue du cœur et des sens de Mahomet, était pour jamais séparée de lui et ensevelie dans le vieux sérail, séjour des disgrâces et des pleurs. Cette fille grecque de l'île de Crète, avait conservé toute la beauté, toute l'énergie et toutes les séductions qui avaient fait d'elle, dès son enfance, l'arbitre du règne. La délicatesse de ses traits, l'éclat de son teint, l'azur de mer de ses yeux, l'or bruni de sa chevelure, le timbre caressant de sa voix et le sortilége de son esprit la faisaient redouter encore pour compagne de prison d'un monarque déchu dont elle pouvait réveiller la langueur et renouer les intrigues du fond de sa captivité. Sa jalousie féroce avait surveillé avec une vigilance inquiète les moindres signes de préférence donnés par Mahomet aux femmes ou aux esclaves du harem.

On citait antérieurement avec terreur ses vengeances anticipées sur les rivales dont elle pouvait craindre la séduction sur les yeux du sultan. Un jour, que Mahomet IV se délassait le soir, au village de Kandilli, sur le Bosphore, des soucis du trône, en contemplant des danses de femmes et d'eunuques dans un kiosk d'été, au bord de la mer, elle crut apercevoir, dans les regards du sultan, plus d'admiration qu'il n'en convenait à sa jalousie pour les charmes et pour les mouvements gracieux d'une jeune Circassienne qui figurait dans ce spectacle. La sultane fit signe à un eunuque du Caucase, renommé pour son adresse et sa vigueur dans ces danses nationales, et lui dit quelques mots à l'oreille. L'eunuque, entendant à demi-mot l'intention sinistre de sa maîtresse, provoqua la Circassienne à danser avec lui une de ces danses énergiques où le danseur, ivre de plaisir, semble enlever dans ses bras, par un bond sauvage, sa danseuse, de la terre qui se dérobe sous leurs pas. Aucune balustrade ne séparait de la mer le plancher du kiosk, avancé sur les flots, où la cour respirait la brise de mer, et le flot rapide du Bosphore, sous les falaises de Kandilli, ne laissait pas l'espoir de regagner la rive à ceux qui tombaient dans le courant.

L'eunuque, après avoir dansé quelque temps au milieu de la salle, entraîna tout à coup la danseuse vers le bord, et, la soulevant dans ses bras, la précipita, comme involontairement, dans la mer. Le courant l'emporta morte à la côte d'Asie, et la sultane, rassurée par le cri qu'avait jeté en tombant sa victime, ne craignit plus cette rivale de beauté dans les yeux de son mari.

Tels étaient les crimes de l'amour, de la maternité et de l'ambition combinés avec la toute-puissance dans le cœur d'une esclave grecque, devenue reine des Ottomans. Rébia Gülmisch allait attendre, dans les langueurs du vieux sérail, ou la nouvelle du supplice de ses fils, ou l'heure de leur avénement à l'empire.

Le nouveau sultan, Soliman III, frère de Mahomet IV, dont elle avait contribué à sauver la vie pendant le règne précédent, n'avait aucune injure à venger sur elle ni sur ses fils. Pieux d'esprit, humble de cœur, clément de caractère, il gémissait le premier de son élévation et des rigueurs politiques que les janissaires lui imposaient. Parvenu à l'âge de quarante-cinq ans sans avoir entrevu le monde autrement que par les grilles de son kiosk, son extérieur sévère et recueilli, son teint basané, sa maigreur ascétique, ses mœurs simples et chastes, ses habitudes de méditations et de prières, son dévouement à la foi annonçaient en lui un souverain réformateur et austère qui retremperait dans la religion le patriotisme corrompu de l'empire, et à qui il ne manquerait qu'un grand ministre pour renouveler un grand règne.

Porté au trône par une révolution militaire qu'il détestait en la subissant, il ressentait secrètement, comme son peuple, cette indignation généreuse contre la tyrannie de l'armée, punition ordinaire et fatale des nations conquérantes : elles expient par leur propre asservissement aux caprices de la soldatesque la servitude qu'elles imposent elles-mêmes par cette soldatesque aux peuples conquis. C'est le talion des peuples. L'armée, instrument de leur injustice, devient, avec justice, l'instrument de leur servitude ; la logique est la vengeance de Dieu.

FIN DU TOME SIXIÈME.

Paris. — Typ. Morris et Comp., 64, rue Amelot.

www.ingramcontent.com/pod-product-compliance
Lightning Source LLC
Chambersburg PA
CBHW060928230426
43665CB00015B/1874